KB231398

사람을 쏘려거든
먼저 말을 쏘아라

사 경

（射　　經）

金 海 星 해역

자유문고

『사경(射經)』이란 어떤 책인가?

　『사경(射經)』이란 명(明)나라의 이정분(李呈芬)이 지은 저서 이름이다. 이정분은 별로 잘 알려지지 않은 사람으로 그의 행적을 자세히 엿볼 수 없다.

　중국(中國)의 역사를 보면 역대 왕조들의 수많은 전란(戰亂)이 기록되어 있다. 고대(古代) 주(周)나라의 왕조 때부터 "전쟁을 중지시키는 것은 무력이다."라고 한 것처럼, 여러 왕조가 교체되는 데에는 언제나 '무(武)'가 정치를 지배하는 힘이 되었던 것을 간파할 수 있다.

　그러나 일단 새 왕조가 성립되면 반드시 유학(儒學)을 숭상하여 그 사상을 배경으로 인의예지(仁義禮智)를 표방하는 '문(文)'의 정치이념을 높였으며 문인(文人) 우위의 역사가 면면히 이어져 명나라 때까지 미쳐왔던 것을 알 수 있다.

　따라서 무인(武人)에 속하는 사람이 역사책에 기록되는 일은, 왕조를 수립한 창업의 왕이나 상당한 무공(武功)을 세운 사람 이외에는 드문 일이었다.

　그런 까닭에 이정분도 이『사경』에 의해 성명(姓名)만 알려지고 그밖의 그의 행적 등을 문헌에서는 찾아볼 수 없는 것이다.

　그러나 다행히 이정분의 편찬으로 된『황명경세전서(皇明經世全書)』라는 책이 발견되었는데 이 책은 하동여(何棟如)라는 사람에 의해 서문(序文)이 붙여져 간행되었다.

이 저서에 서문과 이정분의 자서(自敍)가 존재함으로써 어느 정도 그의 윤곽을 엿볼 수 있을 뿐이다.

그는 안휘성(安徽省) 봉양현(鳳陽縣) 사람이었다. 그리고 이명회(李明晦)라고도 일컬어졌는데 명회는 아마도 그의 호(號)였던 것 같다.

자서(自敍)에 만력(萬曆) 27년(1599)이라고 기록되어 있는 것으로 보면 16세기 후기에서 17세기 초에 걸쳐 그의 생애를 보낸 것으로 알 수 있다.

이 시기는 명나라 최고의 장군인 척계광(戚繼光)이 남쪽을 정벌하고 다시 북쪽을 토벌하여 그 이름을 떨치던 때와 일치하는 것이다.

이정분의 편저(編著)인 『황명경세전서』의 내용을 참작해 보면 이정분이 지향(志向)하는 대강의 본뜻이 무엇인가도 짐작할 수 있다.

『황명경세전서』는 2부로 되어 있는데 명장 척계광을 주체로 하여 다른 병서(兵書)들도 참작해서 편찬한 것이 있고, '심즉리(心卽理)'의 심학(心學)을 창도(唱導)한 명나라시대 유가(儒家)를 대표하는 사상가이며 남경병부상서(南京兵部尙書)의 고위 관직에 올라 문신으로서는 드물게 무공을 세운 왕양명(王陽明)의 군략(軍略)을 논한 문장으로 구성되어 있다.

이정분은 척 장군을 크게 존경하고 숭배하였으며 왕양명에게도 크게 사숙(私淑)하였다고 볼 수 있다.

결국 이 두 사람에게 기울어진 경향으로 보아서 이정분은 유학을 근간으로 그 이면에 내재하고 있는 심학(心學)을 체득함으로써 비로소 외환(外患)에 대응할 수 있는 우수한 무공을 실현할 수 있다고 하는 문무양비(文武兩備)의 도(道)를 지향하는 것을 알 수 있으며 이 속에서 '경세(經世)'의 본질을 발견하고 있는 듯하다.

다시 끝부분에서 "대저 모든 사물은 하나의 이치요, 여러 가지 일은 하나의 기틀이다. 이 편(編)이 어찌 홀로 군략병법서(軍略兵法書)일 뿐이겠느냐."라 한 것을 보면 이 편저가 단순한 기술적인 병법서로만 한정될 수 있는 것이 아님을 주장하였다고 볼 수 있다.

확실히 여기서는 무(武)에 관한 이론이 제시되어 있으나 그 이론은 그것만으로 그치지 않고, 다시 문(文)의 영역에 속하는 경세(經世)까지를 포괄시키는 것으로 다루어졌다.

이러한 경향은 『사경』에 있어서도 마찬가지로 엿볼 수 있다. 『사경』에서는 활을 쏘는 기술적인 방면이 논해졌을 뿐 아니라 그 정신적인 면이 매우 중시되어 있다. 그것은 다시 활을 쏘는 의의를 경세적(經世的)인 시야에서 위치를 정해 주고자 했던 것이다.

『명사(明史)』의 기록을 보면 하동여(何棟如)는 "관직에 있으면서 바른 것을 수호한다."라고 평하였는데 이 하동여가 서문에서 이정분을 상당히 높이 평가하고 있다.

하동여가 평생 척계광의 저서와 왕양명의 저서를 읽고 나서 두 책을 합본(合本)하여 간행하고자 염원하고 있던 때에 이정분이 산서(山西)에서의 관직을 사양하고 돌아와 기이하게도 그와 같은 체재(體裁)의 편저를 제시하였던 것이다.

여기서 하동여는 이정분을 척계광과 대등하게 대할 정도로 '대장군(大將軍)'이라고까지 극찬하였던 것이다.

이와 같은 극찬을 받고 있는 이정분의 재주는 한때 조정에까지 알려졌으나 결국은 등용되지 못하고 불운한 상태에서 이 세상을 하직한 것 같다.

『사경』의 '경(經)'이란 사물의 중심을 이루는 일정불변의 근간을 나타내는 말이며, 나아가서는 유학의 여러 문헌을 경서(經書)라 일컫게 되고, 유학 자체를 경학(經學)이라 이르게 되었다.

이정분이 『사경』이라 이름을 붙인 것은 활을 쏘는 것에 관한 모든 것을 의거할 수 있는 진리가 설(說)해진 책이라는 뜻을 담은 것이다. 그리고 『사경』이라는 서명(書名)에는 유가의 사상이 이 책의 근저가 된다는 것을 보여주고 있는 것이다.

활쏘기는 고대(古代)의 유가(儒家)에 있어서 "활쏘기는 인(仁)의 도(道)다."라고 하여 정신적인 또는 인격적인 면에 있어서 수양의 과정이다. 또한 그 성과가 전형적으로 구현되는 행례(行禮)로서 깊이 뿌리박혀 왔다.

동시에 활과 화살의 실전적인 위력, 즉 고대에는 활이 살상(殺傷)이 가능한 최대의 거리를 가지고 있었던 것이다. 이러한 사실에서 활과 화살은 천하의 질서를 유지하고 평화를 가져오는 역량을 가져 경세(經世)의 상징으로 여겨져 왔다.

그런데 이 2가지 면에서의 이해는 필경 유가사상의 이념인 것이다. 유가에서는 수신(修身) 제가(齊家) 치국(治國) 평천하(平天下)라고 했듯이 개인의 수양과 천하의 모든 학문의 기본 이념으로 제시되어 일체화 되어 왔다.

이상과 같은 이념을 이 책의 배경으로 삼고 그 위에 당시의 현실 문제인 외부의 침략에 대항하기 위한 활과 화살의 기술적인 측면도 아울러 논한 것이다. 이 책 이름을 『사경』이라고 이름한 까닭도 여기에 있다.

그런데 『사경』이라는 책은 오늘날 2가지가 통용된다. 그 하나는 이정분의 논으로 된 이 책이요, 또 하나는 송(宋)나라 때 왕거(王琚)에 의한 저서인데 이것은 이정분의 『사경』에 비하여 간략하며 오늘날에는 이미 일서(佚書 : 없어진 것)가 되어 문헌에만 그 책의 이름이 남아 있을 뿐이다.

왕거의 『사경』 어느 부분은 고대의 군략(軍略)과 병술(兵術)에 관한 것을 많이 수록한 것으로 알려져 있는데 이정분이 자신의 저서에다 그 부분을 많이 채택하여 쓴 것으로 보여진다. 이것은 고대로부터의 전통적인 사훈(射訓) 등을 이 『사경』에 도입하려 했던 것으로 여겨진다. 그리하여 왕거의 『사경』을 이어받고자 하여 책 이름도 그대로 『사경』이라고 이름 붙이기에 이른 것이 아닐까 생각된다.

이 『사경』에서 논해지는 수법(手法)이나 신법(身法) 등은 실제로 쓰이는 방법을 자세하게 설명해 놓아 기술적으로도 매우 깊이 있게 다루어져 있다.

활쏘기를 단순한 기술론으로서만 다룬 것이 아니라 정신적으로 안정이 잘되 있는 사람만이 활을 쏘아 적중시킬 수 있다고 하여 이러한 정신적인 안정이 활쏘기의 근간이며 이것이 전제되어야만 활쏘기의 제 경지에 도달할 수 있다는 것을 강조하고 있다.

끝으로 『사경』을 해역하면서 필요를 느껴 뒤에 부록으로 『민족 생활어 사전』의 무기와 군장편에 있는 활의 모든 것에 관한 내용의 일부를 발췌하였고, 『예기』의 사의(射義)편과 항음주의편, 투호편을 그 뒤에 붙였다.

천학비재(淺學菲材)한 지식으로 독자를 현혹하지 않았나 두려움을 느낀다. 많은 질책을 구한다.

목천면 석천리 송재(松齋)에서
김해성(金海星) 씀

차　　례

제2부 명사수(名射手) 연마법 / 55

제3장 편리한 무기〔利器〕/ 57

제4장 목표를 정함〔辨的〕/ 73

제4부 부록 / 235

제16장 활과 화살 및 그밖의 것들 / 237

3. 활에 따르는 부품… / 246
　가. 깍지〔殼〕… / 246
　나. 팔찌… / 246
　다. 촉도리… / 247

4. 활터에 있는 것들… / 247
　가. 사정(射亭)과 편사(便射)… / 247
　나. 과녁… / 248
　다. 노루발과 망치… / 248
　라. 소포와 개자리… / 248
　마. 살구름판… / 249
　바. 벌터질… / 249
　사. 아귀손… / 249

5. 활 제작에 필요한 연장… / 250
　가. 뒤집 · 도지기 · 활창애… / 250
　다. 조막손이… / 250

제17장 사의(射義) / 251

　1. 활을 쏘는 것은 예에 맞아야 한다… / 251
　2. 사례는 성덕을 보기 위한 것이다… / 252
　3. 활쏘는 일은 남자의 일이다… / 253
　4. 덕을 바르게 하는 기구이다… / 255
　5. 공자가 확상 땅에서 사례를 행할 때… / 256
　6. 쏘아서 적중하면 제후가 된다… / 257
　7. 제사에 참여할 선비를 뽑는다… / 258
　8. 자기를 이긴 자를 원망하지 않는다… / 259

제18장 투호(投壺) / 262

　1. 투호(投壺)의 예(禮)는… / 262

제1부 활쏘기의 개요

제1장 활을 잘 쏠 수 있는 길

1. 비밀리에 전해오는 활쏘는 기술

가. 활쏘는 기술은 입으로만 전한다

나[李묏芬]는 다음과 같이 생각한다.

"옛날 사람들 가운데 '활을 쏘는 기술이 지극한 경지에 도달하는 일은 매우 어렵고 험난한 길이다.'라고 말한 사람이 있다. 그런데 그 말은 표면으로 꾸며낸 말에 지나지 않는 것이다.

우리가 도달할 수 있다면 상대방에서도 능히 도달할 수 있는 것이다.

사가(射家 : 활을 쏘아오던 집)에서는 실기(實技)와 입으로만 통해 그 깊은 이치를 전할 뿐이고, 문서(文書)로 기록하는 일은 하지 않았다. 그러나 어찌 2석(二石)이나 되는 아주 강한 활을 당기는 사수(射手)가 전

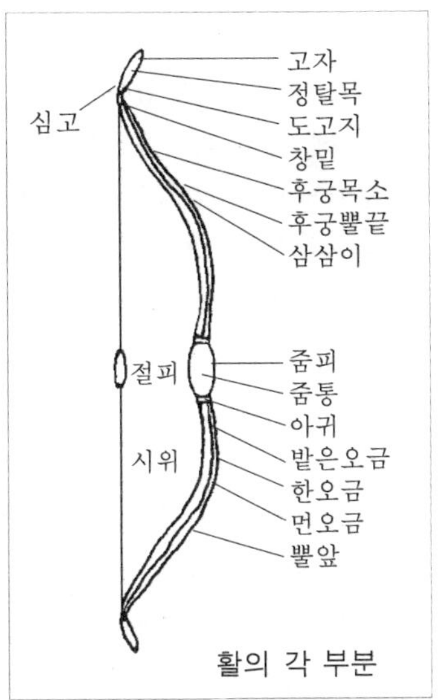

활의 각 부분

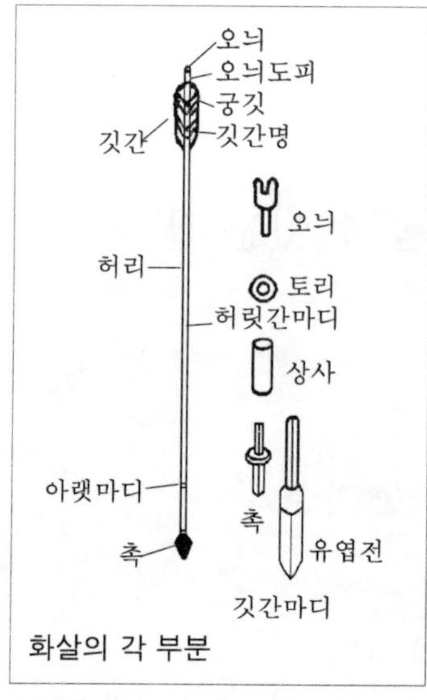

화살의 각 부분

혀 문자를 알지 못했다고 할 수 있겠는가.

요컨대 비밀리에 전해오는 것으로서 감추고 있었던 것이다."

▨ 우리나라에서도 활을 쏘는 법을 비밀스레 전하는 것으로 여겨서 구전(口傳)으로 전하고 있을 뿐 글로 적은 것은 거의 없었다. 또한 글로 적은 것이 있다고 해도 남이 보기에는 쓸데없는 몇글자로 적어서 전한다거나 구체적인 설명이 없는 단순한 목록(目錄)과 같은 것을 전수(傳授)해 주는 것이 전부였다.

이것은 어떤 파에서 갈려나온 갈래의 순수성 유지라는 취지이거나 가르치는 데 있어 해설의 곤란함이나 혹은 가르침을 독점하는 것에 의한 이익을 얻는 옹호 등에서 유래하는 것이었으리라.

오늘날의 궁도(弓道)에서는, 옛날부터 갈려나온 갈래가 지금까지 이어지는 것은 별문제로 치더라도 비밀스런 전승이라는 것은 없다. 그러나 '활쏘기는 입선(立禪)'이라고 말해지듯이, 궁도에 있어서의 정신성을 선(禪)의 진체(眞諦)를 살피는 것에 비교하여 정하는 일이 있으며, 그것을 연마하여 얻는 것은 쉽지 않았다.

중국에서는 옛날부터 향사례(鄕射禮)가 있었다. 향사례는 고을에서 활쏘기의 시험으로 선비를 뽑아 관료로 임명하는 관리의 등용문으로 삼기도 하였다. 또한 활쏘기는 남자의 일이라 하여 궁도(弓道)는 선비가 반드시 행해야 할 격식으로 여겨 옛날부터 아들을 나면 활을 잡도록 하였다.

　그러나 궁도를 서책으로 기록한 저서는 전하지 않고 단지 신묘한 기술의 비전만이 활쏘는 집안의 전통 가법으로서 대대로 구전으로 전해졌을 뿐이다.

　《이정분(李呈芬)은 말하기를 "전배(前輩)에 말이 있으니 병(兵)은 험도(險道)라고 하였으나 거짓으로 그것을 말한 것이고, 내가 능히 갈 수 있으면, 도둑도 또한 능히 갈 수 있다. 사가(射家)는 손과 입으로 서로 전하고 문자(文字)를 세우지 않는다. 어찌 2석(二石)을 당기면서 일정(一丁)을 알지 못한다고 이를 것인가. 필경 그것을 숨기는 것이다." 라고 하였다.》

　李呈芬曰 前輩有言 兵[1]險道也 而陽[2]言之 我能往 寇亦能往[3] 射家手口相傳 不立文字[4] 豈謂挽二石 不識一丁[5]耶 蓋秘之矣

1) 兵(병) : 무기(武器), 군대, 전쟁의 뜻인데 여기서는 활과 화살을 다루는 일을 말한다. 곧 사술(射術) 습득의 뜻으로 쓰여졌다.

2) 陽(양) : 거짓. 양(佯)과 그 음과 뜻이 통한다.

3) 我能往寇亦能往(아능왕 구역능왕) : 『춘추좌씨전(春秋左氏傳)』 문공(文公) 16년의 이야기이다. 초(楚)나라에 크게 기근(饑饉 : 흉년)이 들었는데, 그 때를 틈타 이민족이 쳐들어 왔다. 그래서 초나라 사람들은 도읍을 험요(險要)의 땅으로 옮겨서 그들을 막으려 했는데 위가(蔿賈)가 그 의견에 반대하고 적극적으로 싸울 것을 주장하면서 한 말로 "우리가 갈 수 있을 정도의 곳이라면, 적(敵)도 또한 공격해 올 수 있을 것이다." 라고 한 말이 본래 뜻이다.

4) 不立文字(불립문자) : 본래는 불교 선가(禪家)의 말로 참다운 깨달음은 말이나 문자를 통한 전승으로는 얻을 수 없고, 오직 이심전심(以心傳心)에 의할 뿐이라고 하는 생각.

5) 挽二石不識一丁(만이석 불식일정) : 『구당서(舊唐書)』 제129권(卷) 장홍정전(張弘靖傳)에 "지금 천하에는 전쟁이 없다. 그대들은 양석(兩

石)의 강한 힘이 있는 활을 당길 수는 있지만, 일정자(一丁字 : 단 하나의
문자)를 아는 것만 못하다."라고 하는 말이 있는데, 다만 무력(武力)이 외
길인 군사들을 모욕하는 말로 이 말을 근거로 한 것이다. '석(石)'은 궁력
(弓力)을 헤아리는 단위. '일정(一丁)'은 일개(一個)라는 뜻. 丁의 고
자(古字)인 '个'와 '個·箇'의 동자인 '个'가 서로 비슷하기 때문에 잘
못 사용된 것이다.

※원본에는 '총설(總說)'의 두 글자가 없으나 『고금도서집성(古今圖書集
成)』본(本)에 의해 보충해서 달아냈다.

2. 주례(周禮)의 5가지 활쏘는 방법

가. 5가지 활쏘는 방법을 가르치다

『주례(周禮)』의 주관(周官)에 보씨(保氏)가 귀족(貴族)의
자제(子弟)들에게 5가지 활쏘는 방법을 가르치는 일이 나오는
데, 보씨가 말하였다.

"첫째 '백시(白矢)'라고 하는 것은, 활시위를 잡아 당겨서 하
얗게 빛나는 화살촉이 궁수(弓手)인 왼손의 손가락까지 이르게
하는 것이다. 이것은 활을 당기는 활쏘는 방법이다. 말하자면 활
쏘기에 알맞은 거리를 보이는 것이다."

▨ 궁술(弓術)에서는 '활쏘기에 알맞은 거리'의 결정에 화살
의 길이는 상관하지 않고, 당겼을 때의 각자의 왼쪽 팔이나 오른
쪽 팔꿈치를 펴는 것과, 또는 가슴의 펴기나 기식(氣息)이라고
하는 것이 중요하다. 중국의 궁술은 어느 궁력(弓力)에 대하여
일정한 화살의 길이를 끌어넣는 것이, 활쏘기에 알맞은 거리의 결
정을 하는 것이 된다.

그런 까닭에 화살촉이 궁수(弓手 : 왼손)인 왼손 손가락에까지 닿는다고 하는 것이 중요한 의미를 가지게 되는 것이다.

다만 이 '백시(白矢)'에 대하여, 이정분(李呈芬)의 설(說)이 맞는가, 혹은 가공언(賈公彦)의 설이 바른 것인가는 별개의 문제다. 이정분의 설은 실제로 활쏘는 기술을 체험한 처지에서의 것이기 때문에 설득력이 있다. 그러나 '백촉(白鏃)'이라고 하는 것과 가공언의 설에 과녁의 가죽을 꿰뚫은 촉(鏃)이 희게 빛나서 나타난다고 하는 것이, 어쩐지 '백시(白矢)'에 걸려서 망문생의(望文生義 : 문자의 모양을 보아서 뜻을 생각해 내는 것)의 느낌이 있다.

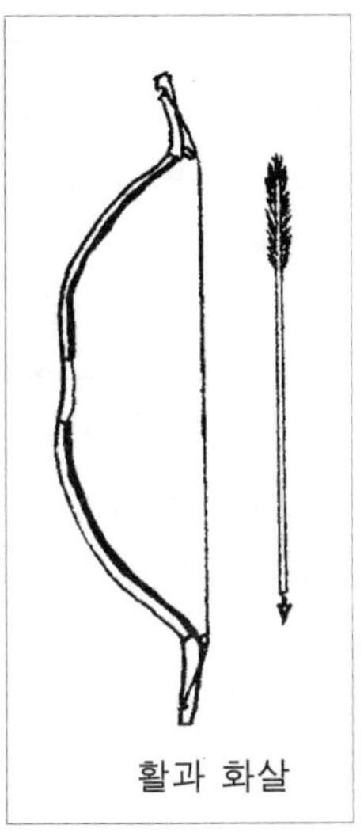

활과 화살

손이양(孫詒讓)은『주례정의(周禮正義)』권(卷) 26의 광운(廣韻)에 이 '백시(白矢)'를 '백균(白勻)'으로 한 것에서, '균(勻)'은 '작(勺)'의 오자로 이것을 '적(的)'의 약자로 보고 '백적(白的)'으로 되어야 한다고 하여 적(的)을 '확고하게 음미(吟味)하다'의 뜻으로 이해하였다. 그래서 '백(白)'을 희다고 하지 않고 '자세하게 하다'로 풀이하였다. 다만 손이양 자신이 이 설(說)에 대하여 불안함을 표명하고 있다.

그런데 이 '백시(白矢)'를 '화살을 분명하게 하다'로 해석하는 것은 결과적으로 이정분의 설과 같게 되는데 화살의 길이를 명백하게 감지(感知)하는 것으로 하고, '활쏘기에 알맞은 거리'를 결정하는 법으로 보고자 한다.

『주례(周禮)』고공기(考工記)에 보면 고인(槁人)에게는 궁제(弓制)가 3등급이 있고, 다시 궁인(弓人 : 활 만드는 사람)에게는 궁장(弓長)이 6척(六尺 : 尺은 주(周)나라 자로는 약 22.5cm) ·

6척 3촌·6척 6촌으로 규정되어 있다. 시제(矢制)도 마찬가지로 고인(槀人)에게 3등급이 있어, 대체로 3척 전후로 결정되어 있었다. 따라서 자연히 '활쏘기에 알맞은 거리'는 활과 화살의 길이에 의하여 결정되는 것이 된다.

궁인(弓人)에게 "이것을 당기면 삼(參)에 적중(的中)한다."라고 하였고, 이에 대하여『가공언소(賈公彦疏)』는 "이것을 당김에 이르러서는 모두 3척이 되는 것은, 그 화살의 길이가 3척으로서, 모름지기 찰 것이기 때문이다."라고 설명한 점으로도 추측되는 것이다.

《주관(周官)에 보씨(保氏)가 국자(國子)에게 오사(五射)를 가르치는데 말하기를 "백시(白矢)는 백촉(白鏃)이 손가락에 이른다. 이것은 활을 당기는 방법이다. 이른바 구율(彀率)이다."》

周官[1] 保氏[2] 敎國子[3] 五射[4] 曰白矢[5] 白鏃[6] 至指也 此彎[7] 弓之法 所謂彀率[8]也

1) 周官(주관) :『주례(周禮)』를 이르는 말. 유학(儒學)의 경전(經典) 중 한 가지로『의례(儀禮)』『예기(禮記)』와 함께 삼례(三禮)라고 불린다. 주공(周公)이 만든 것으로 알려지는데, 고대 중국의 이상적인 관료제도가 기록되어 있다. 여기는 지관사도교관(地官司徒敎官) 관직의 글이다.

2) 保氏(보씨) : 보씨(保氏)의 직책은『주례(周禮)』에 "왕(王)의 잘못을 간(諫)하고 국자(國子)를 양성함에 있어 도(道)로써 하는 것을 관장한다."로 되어 있고, 도덕적인 입장에서 주의를 주거나 가르치는 일을 행하였다.

3) 國子(국자) : 귀족(貴族). 곧 경(卿)·대부(大夫)·사(士)의 자제들을 이르는 말.

4) 五射(오사) : 후한(後漢) 정중(鄭衆)의 주석에 "백시(白矢)·삼련(參連)·염주(剡注)·양척(襄尺)·정의(井儀)이다."라고 기록되어 있다.

오사(五射)에 대하여 그 구체적인 명칭을 명시한 것은 이 정중(鄭衆)의 주석에서 비롯되었다. 따라서 이것이 주대(周代)의 사법(射法)을 전한 것인지는 확실하지 않고, 과연 무엇에 근거를 두고 이것이 명시(明示)되었는지도 분명하지 않다. 그러나 『후한서(後漢書)』정중의 전(傳)에 의하면 "군사 방면에도 공(功)이 있고, 흉노(匈奴)의 우두머리인 선우(單于)의 앞에서도 굴하지 않고, 중(衆)은 의기가 장용(壯勇)하여, 비록 소무(蘇武)라 하더라도 그보다 우월하지 못하다."라고 일컬어졌던 것으로 보아, 사술(射術)에도 살펴 능통해서 당시 전승되는 사법을 기술한 것이 아닌가 한다. 뒤에 이 오사(五射)에 대해 각각 논해질 것인데 그 상당 부분은 왕거(王琚)의 『사경(射經)』에서 이어받고 있다.

5) 白矢(백시) : 당(唐)나라 가공언(賈公彦)의 『주례주소(周禮注疏)』에 "시(矢), 후(侯)에 있어 후(侯)를 꿰뚫고, 지나서 그 촉백(鏃白)을 나타낸다."라고 했는데 백시(白矢)를 화살의 관통력이 강한 상징으로 보고 있어, 이 『사경(射經)』의 설과는 크게 다르다.

6) 鏃(촉) : 살촉. 화살의 촉. 적(鏑)이라고도 한다. 출토품(出土品)으로는 동제(銅製)의 살촉이 많이 나오는데, 여기서는 백촉(白鏃)이라고 하는 것으로 보아 철제(鐵製)의 살촉을 말하는 것으로 생각된다.

7) 彎(만) : 『소이아(小爾雅)』광고(廣詁)에 "만(彎)은 당기다."라고 하여, 끌어당긴다는 뜻이다.

8) 彀率(구율) : 활을 잔뜩 끌어당겨 마악 쏘려고 하여 만(滿)을 가지고 있는 상태의 균형을 말한다. 이른바 궁도(弓道)에서 말하는 '회(會)'라는 것이다. 활 시위를 당기는 한도. 화살을 맞히는 표준.

나. 화살을 연속적으로 발사하는 법

또 말하였다.

"둘째 '삼련(參連)'이란, 우선 그 첫째 화살을 쏠 때 다른 3개의 화살을 세 손가락 사이에 끼고 있다가 차례로 계속 쏘아 보내

화살 날아가는 것이 끊어지는 일이 없도록 하는 것을 말한다. 이
것은 화살을 연속적으로 발사하는 활을 쏘는 법이다."

　▨ 이 삼련(參連)에 관해서는 이의를 제기하는 이들은 없는 것
같다. 『장자(莊子)』 전자방편(田子方篇)에 "화살이 떠나서 다
시 겹쳐지고, 바야흐로 떠나려는데 또 화살을 활에 붙이다."라고
한 것은, 화살이 다음에서 다음으로 연발되는 미묘한 방법을 말
하고 있어, 삼련(參連)의 법을 말한 것으로 보인다.

《말하기를 "삼련(參連)은 먼저 일시(一矢)를 발(發)하고, 삼시(三矢)는
삼지(三指) 사이에 끼워 상계(相繼)하여 습발(拾發)하고, 단절(斷絶)됨에
이르지 않는 것을 이른다. 이것은 화살을 쏘는 법이다."》

　曰參連[1) 謂先發一矢 三矢夾于三指間[2) 相繼拾發[3) 不至斷絶 此
注矢之法也

1) 參連(삼련) : 5가지 활쏘는 방법 중에서, 다른 문헌에 의해 그 사용의 예
　가 발견되는 단 한 가지이다. 전한(前漢)의 유향(劉向)이 편찬한 『신서
　(新序)』 잡사(雜事)에 "왼쪽에 탄(彈)을 잡고, 오른쪽에 환(丸)을 쥐고
　서, 중심을 잡고 정하여 삼련(參連)을 자세하게 한다."라고 하였고, 또 후
　한(後漢)의 조엽(趙曄)이 편찬한 『오월춘추(吳越春秋)』 제5권(卷)에
　"활쏘는 도는, 분(分)에 따라 적을 바라보고 바로 삼련(參連)으로써 할
　것이다."라고 하였다. 가공언(賈公彦)의 주석에는 "먼저 일시(一矢)를
　쏘고, 뒤에 삼시(三矢)를 연속하여 쏜다."라고 설명하여, 이 이정분의 설
　명과 다르지 않다.

2) 先發〜三指間(선발〜삼지간) : 세 손가락 사이에 3개의 화살을 끼워서
　쥔다는 말. 궁수(弓手 : 左手)인지 마수(馬手 : 右手)인지는 알 수 없다.
　뒤의 '제3장 말 위에서 쏘는 법〔馬射〕'에서 달리는 말 위에서 쏠 때에는
　분명하게 대기 중인 화살은 궁수(弓手)에 쥐고 있는다고 했는데 이 경우

에도 손가락 사이에 낀다기보다는 손으로 활과 함께 움켜잡고 있는 것이다. 어쨌든 세 손가락 사이에 3개의 화살을 끼고서 쏘면, 궁수(弓手)의 손도 마수(馬手)가 해야 할 일도 어느 것도 안정되지 않을 것이다. 일본의 경우에는 마수(馬手)의 하는 일에 영향을 주지 않는 새끼손가락으로 대기 중인 을시(乙矢)를 쥐지만 삼시(三矢)가 되면 생각할 수 없다. 일본의 활쏘기에서는 갑시(甲矢)·을시(乙矢:두번째 화살) 2개를 일수(一手)로 하여 행하는 것이 보통인데, 중국에서는 여기에 보이듯이 4개의 화살, 곧 승시(乘矢)가 보통이었다. 그리하여 『의례(儀禮)』의 향사례(鄕射禮)·대사의(大射儀)에는 그 사례작법(射禮作法)이 상세하게 서술되어 있다. 이때 4개의 화살을 취급하는 것은 삼련법(參連法)과 관계가 없으나 "활을 잡아 셋을 꽂고 한 개를 끼다."라고 하고 있는데 일시(一矢)를 제이지(第二指)에 끼고, 삼시(三矢)를 허리띠의 우측에 꽂는 것이다.

3) 拾發(습발) : 『의례(儀禮)』 대사의(大射儀)에 "습발(拾發)하여 승시(乘矢)를 행하다."라고 하였고, 주석에 "습(拾)은 갱(更)이다."라고 한 것에서, 바꿔가면서 끊이지 않게 쏘아 보내는 일로 풀이한다.

다. 이것은 화살을 쏘아 보내는 방법이다

또 말하였다.

"셋째 '염주(剡注)'라는 것은, 염(剡)은 날카롭다는 뜻이며 활고자를 말하는 것이다. 주(注)는 앞으로 뻗어낸다는 뜻이다. 화살이 쏘아지면 활고자의 끝쪽으로 쏠리는데 똑바르게 전방으로 밀어내면서 화살을 쏘아 보낸다.

이른바 '절(劈)'과 '질(搻)'을 말한다. 〔절(劈)이란 후수(後手)로 활시위를 놓는 것이 마치 끊어버리는 것과 같은 모양을 말하는 것이다. 손을 펴서 뒤집어 뒤로 하고, 손바닥이 위로 향하게 하여 손금이 보이도록 하는 것이다. 질(搻)이란 전수(前手)로 활고자를 퍼붓는 모양이 마치 무엇을 내던지 듯이 하는 형상이다.

말소(末弰 : 활 위의 고자)는 과녁을 지향하고, 본소(本弰 : 활의 아래고자)는 흉골(胸骨)의 아랫부분을 가리키듯 하는 것이다.〕

혹은 말하기를 화살 끝부분의 날카로운 살촉이 곧바로 나아가서 과녁에 맞는데, 그때 높은 곳에서 아래로 날아가는 것이 아니라고 한다.

속담에 이른바 '수평전(水平箭)' 이라는 것이다. 이것은 화살을 쏘아 보내는 방법이다."

▨ 이 염주(弰注)에 대한 설명에도 문제가 많다. 일본인이 지은 『육예(六藝)』에서는 5가지 사법에 대해 언급하고 있는데 특히 염주(弰注)에 대해서만은 특별히 고증하여 설명하고 있다.

그 설명에 주(注)는 붓다, 지(指)하다의 뜻으로 보지 않고 『춘추좌씨전(春秋左氏傳)』 양공(襄公) 23년에 "난영(欒盈)에게 난악(欒樂)이 활을 쏘았으나 맞지 않았다. 또다시 주(注 : 쏘려고)하려고 하자……."라는 사건을 들고 여기에 두예(杜預)가 주석한 "주(注)라는 것은 화살을 활시위에 대는 것이다."라고 한 것을 들어, 화살을 활시위에 대는 것이라는 뜻으로 풀이하기도 하였다.

또 "염(弰)에는 매우 빠른 모양이 있고, 주(注)에는 '화살이 활에 붙어 있다.' 는 뜻으로 생각하여, 염주(弰注)는 속사(速射)라고 풀이하여도 잘못이 아니다."라고 하기도 하였다. 다만 일본사람의 말대로라면, 삼련(參連)과 중복이 될 뿐이다.

『사경(射經)』에서 염주(弰注)에 대한 뒤의 설명이나 가공언(賈公彦)의 설

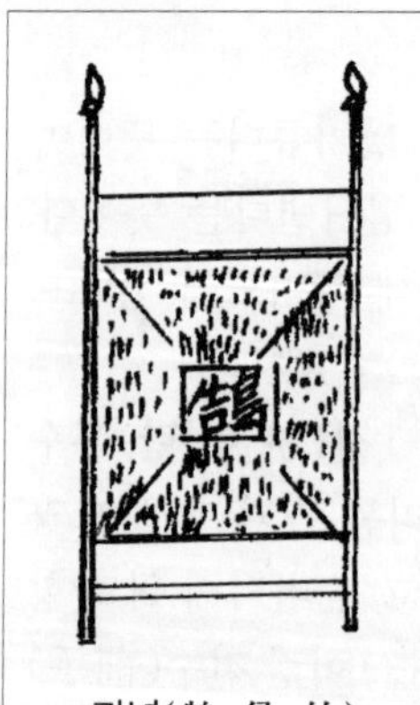

과녁(鵠, 侯, 的)

명은 화살이 나는 모양을 말한 것으로, 이것은 이른바 활쏘기를 가르친다고 하는 데에는 적합하지 않으며 타당하지도 않다.

『시경(詩經)』 정풍(鄭風)의 대숙우전(大叔于田) 편에 있는 "활을 쏘아 새를 쫓으시네."라고 한 구절에 대해 옛 주석인 『모전(毛傳)』은 "화살을 쏘는 것을 종(縱)이라 하고, 새를 쫓는 것을 송(送)이라 한다."고 하였다. 송(宋)나라 때 소철(蘇轍)은 『시집전(詩集傳)』에서 "활줄에 화살 거는 부분을 떼는 것을 종(縱)이라 하고, 활 양끝의 활줄을 거는 부분을 덮는 것을 송(送)이라 한다."라고 해석하였다.

곧 '송(送)'을 여기에 보이는 '과녁에 쏘아붓 듯이 하여 활이 넘어뜨려지는 듯이 하는 것'을 염주(剡注)와 같은 것이라고 생각한 듯하다.

뒤에 주자(朱子)도 그의 『시집전(詩集傳)』에서 『모전』의 설명을 채택하였고, 엄찬(嚴粲)도 『시집(詩輯)』에서도 그러한 뜻을 채택하였다.

엄찬은 "지금의 활쏘는 사람은 전수(前手) 전(攧)하고, 후수(後手) 절(撆)한다. 전(攧)은 곧 송(送)이요, 절(撆)은 곧 종(縱)이다."라고 하였다. '전(攧)'은 자서(字書)에 없는 글자이지만, '전(顚)'과 같아 '넘어지다, 엎드리다'의 뜻으로 해석되는 것 같다.

곧 궁수(弓手)를 앞으로 향하여서 엎어 넘어뜨리는 일이다. 송대

문물(文物) 1972년 3기(期) 72항
사호묘(四號墓) 전실(前室)
앞벽의 돌조각

(宋代)의 사술가(射術家)에 있어 실제로 이 사법(射法)이 행해진 것이 확인되었으나 이것은 고대의 사법을 전승한 것이라고도 상상된다. 또 한대(漢代)의 석각화(石刻畵)에도 그것인 듯한 활쏘는 형태를 인정할 수가 있다.

그러면 이 염주(剡注)는 앞에서 설명한 것과 같이, 앞으로 향하여 날카롭게 쏘아붓 듯이 하여 활이 넘어뜨려지는 듯한 활쏘는 방법이라고, 어느 정도의 확실성을 가지고 말할 수 있다.

《말하기를 "염주(剡注)는, 염(剡)은 예(銳)요, 궁소(弓弰)이다. 주(注)는 지(指)이다. 전(箭)을 발(發)하면 그 궁소를 쏠리게 하여 곧바로 앞으로 나아가 써 시(矢)를 보낸다. 이른바 절(劈)과 질(控)이 이것이다. 〔절(劈)이란 후수(後手)로 현(弦)을 깎는 일로 절단(劈斷)과 같은 모양이다. 손을 뒤집어 뒤로 향하고 손바닥을 쳐들어서 위로 향하여 장문(掌紋)을 드러나게 한다. 질(控)이란 전수(前手)로써 궁소를 점(點)하는 것으로 물건을 던지듯이 하는 모양이다. 상소(上弰)로 적(的)을 지(指)하고, 하소(下弰)로 비골(脾骨)의 아래를 지(指)하게 한다.〕 혹은 화살 머리의 염처(剡處)를 앞으로 바르게 하여 후(侯)에 쏘아, 높은 데에서 내려오지 않음을 이른다. 즉 언(諺)의 이른바 수평전(水平箭)이다. 이것은 화살을 발(發)하는 법(法)이다."》

曰剡注[1] 剡銳[2]也 弓弰[3]也 注指也 箭[4]發 則靡[5]其弰 直指於前 以送矢 所謂劈[6]控[7] 是也〔劈者 後手摘弦 如劈斷之狀 翻手向後 仰掌向上 令見掌紋也 控者 以前手點[8]弰如擲物之狀 令上弰指的 下弰指脾骨[9]下也〕 或謂矢頭剡處 直前注于侯[10] 不從高而下 卽 諺所謂水平箭 此發矢之法也

1) 剡注(염주) : 이것에 대해서도 여러 설명이 행해지고 있다. 이『사경(射經)』에도 2가지로 설명되고 있다. 중국 사(射)의 독특한 형태로 화살을 쏘아 보낸 직후 과녁에 쏘아붓 듯이 하여 활이 넘어뜨려지는 듯한 것이 그 하나이고, 또 하나는 수평(水平)으로 직진(直進)하는 화살날기이다. 가

공언(賈公彦)의 주석에는 "우두(羽頭)는 높이 하고 화살촉은 낮게 하여, 떠나기 염염(猣猣)함을 이른다."라고 하였고, 화살이 살촉을 내려서 뾰족한 모서리로써 날카롭게 나는 모양이라고 한다. 이것을 화살날기로 보는 점은 『사경(射經)』의 뒤의 설명과 비슷하지만 '염(猣)' 자의 이해는 전혀 다르다.

2) 銳(예) : 『설문(說文)』에 "염(猣)은 예리(銳利)이다."라고 하였다. 염(猣)은 본래부터 깎아서 날카롭게 한다는 뜻으로, 『역경(易經)』계사전하(繫辭傳下)에는 "나무를 염(猣 : 깎아)하여 화살을 만든다."라고 하는 글이 있다.

3) 弓弰(궁소) : 활고자. 활 양끝의 활줄을 거는 부분을 말하는 것으로 이 부분이 활줄을 걸기 쉽게 깎아서 어느 정도 날카롭게 되어 있다. 활 위의 활고자를 말소(末弰), 아래의 것을 본소(本弰)라고 한다. '미(弭)·소(彇)·소(簫)' 등의 글자도 쓰인다.

4) 箭(전) : 화살. 시(矢)와 같다. 『석명(釋名)』의 석병(釋兵)에 "시(矢)는 또 이것을 전(箭)이라고 이른다. 전(箭)은 진(進)이다."라고 하여 전진(前進)한다고 하는 데에서 이름지어진 것이라고 한다. 한편 『방언(方言)』에는 "함곡관(函谷關)의 동쪽에서는 시(矢), 서쪽에서는 전(箭)이라 부른다."고 하였다.

5) 麛(미) : 『집운(集韻)』에 "미(麛)는 언(偃)이다."라고 하였다.

6) 劈(절) : 절(絶)의 속자(俗字)라고도 한다. 딱 잘라서 끊는다는 뜻. 이것은 중국사(中國射)에 있어 마수(馬手) 곧 우수(右手)를 여러 가지로 생각할 일이다. 일본의 경우 활시위를 잔뜩 당겨 회(會)에 들어갔을 때의 마수(馬手)의 위치는 귀의 뒤 견근(肩根) 가까이에 있고, 겨우 안쪽으로 비트는 정도로 하여 조용히 떠나는 것을 높이고 기교를 부리지 않는다. 한편 중국사(中國射)의 경우에는 턱의 아래 근처까지만 마수(馬手)를 당겨넣지 않고, 바깥쪽으로 세게 비트는 것을 하면서 날카롭게 떠나는 것을 목표로 하고 있다.

7) 搩(질) : 질(挃)이라고도 쓴다. 뜻은 던지다. 화살이 쏘아 보내진 순간에

화살을 보내 화살이 도달할 곳을 정하
는 듯이 활의 윗고자를 앞으로 내미는
동작이다. 일본사(日本射)에서는 떠
나는 순간 궁반(弓返)이 생겨 활이 궁
수(弓手) 안에서 회전하여 현(弦)이
손등쪽으로 가서 발사할 때의 반동을
흡수한다. 그러나 중국사(中國射)는
궁반(弓返)이 없이 그대로 그치는 식
이므로 쏘아 보낼 때의 충격을 수습하
기 위한 것과 화살날기에 위력(威力)
을 보태기 위한 것에서 이와 같은 모

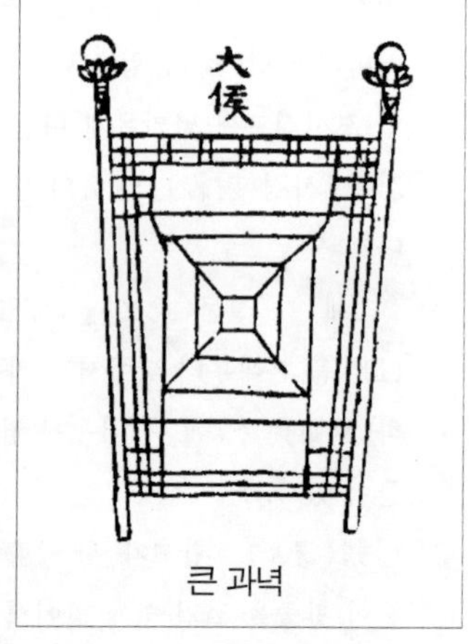

큰 과녁

양이 행해지게 된 것이다. 다만 고영(高穎)의 『사학정종(射學正宗)』에
서는 '경(輕)'의 떠남을 중요하게 여기는 입장에서 이것을 비판하고 있
다. 뒤에는 '별(撇)'이라고 일컬어진 것이 많다.

8) 點(점) : 지(指)하다. 주(注)하다의 뜻.

9) 脾骨(비골) : 늑골(肋骨)의 근처.

10) 侯(후) : 과녁. 가죽이나 천을 네모로 펴서 과녁으로 한 것.

라. 이것은 방어하는 사법(射法)이다

또 말하였다.

"넷째 '양척(襄尺)'이란, 양(襄)은 평평하게 한다는 뜻이요,
척(尺)은 곡척(曲尺)과 같은 것으로 팔꿈치를 말하는 것이다.

궁수(弓手)의 팔꿈치를 수평(水平)으로 밀어내는데 그 팔꿈
치 위에 물이 담긴 잔을 엎어놓을 정도로 평평하게 하는 것을 말
한다.

무릇 화살을 활시위에 대어서 거는 것을 완료하고 나면 활을 당
겨 잔뜩 펴고서 회(會)에 이르렀을 때 궁수(弓手)의 팔을 화살

과 같이 똑바로 하는 것이다.

일설에는 양(襄)은 싼다는 뜻이고, 팔꿈치로부터 손목까지를 척(尺)이라 한다고 말하고 있다.

곧 사자(射者 : 활쏘는 사람)는 항상 팔로 겨드랑이와 가슴을 덮어 가려서 타인의 화살이 허(虛)를 찌르고 들어오지 못하도록 하는 것이다. 이것은 방어(防禦)하는 사법(射法)이다."

▨ 뒤의 설명에 양(襄)을 싸는 것이라고 해석하여 팔로써 몸을 지킨다고 하는 것은, 초순(焦循)의 고증으로 보더라도 설득력이 있는 것 같다. 이와 같은 활쏘는 형태가 고대에 귀족의 자제들에게 가르쳐지고 있었는지는 의문이다. 다만 일본에서도 실전(實戰) 속에서 이와 같은 활쏘는 형태가 전해오고 있는데 그것은 길전중(吉田重) 씨가 고안(考案)한 것이라고 한다.

이 방법은 활을 잡는 자세를 말하는 것으로 단신(單身), 몸 안 4치의 자세라고 하여 활을 몸 가까이에 준비하는데 이것은 팔이 아니고 활로써 적의 화살이나 총(銃)으로부터 지키는 것이다.

『당류허목록21개조해(當流許目錄二十一個條解)』에는 "왼손에 활을 잡고서 버티고 기다릴 때, 활시위와 팔과의 사이를 4치로 정하고 …… 활도 몸도 4치쪽을 표면으로 향해 살피는 자세다. 그 덕(德)에는 철포(鐵炮)로 겨냥하여 살필 때 …… 맞추기 어려운 것이다."라고 하였다.

《말하기를 "양척(襄尺)은 양(襄)은 평(平)이다. 척(尺)은 곡척(曲尺)이다. 그 팔꿈치를 평평하게 하여 팔꿈치 위로 하여금 배수(杯水)를 놓을 수 있도록 하게 하는 것을 이른다. 대개 현(弦)을 걸어서 마치고, 곧 그것을 당겨 만(滿)에 미칠 무렵에 팔로 하여금 똑바름이 화살과 같도록 하는 것이다. 혹은 말하기를 '양(襄)은 포(包)이다. 팔꿈치로부터 손에 이르기까지를 척(尺)이라 한다'고 했다. 사자(射者)는 항상 팔로써 그 흉협(胸脇)을 가려 다른 사람의

화살로 하여금 허(虛)로부터 들어오는 일이 없게 한다. 이것이 스스로 막는 법
이다."》

　曰襄尺[1] 襄平也 尺曲尺[2]也 謂平其肘[3] 使肘上可置杯水[4] 蓋架
弦[5]畢 便引之 比及滿 使臂[6]直如矢也 或曰 襄 包也[7] 肘至手爲尺
射者常以肱[8]敝其胸脇 無使他人之矢從虛而入 此自防之法也

1) 襄尺(양척) : 여러 설명이 있는데, 여기서도 2가지 설명이 보인다. 가공언
　(賈公彦)의 주석에는 "신하가 군주와 활을 쏘려면 군주와 나란히 서지 않
　고 군주보다 1척(一尺)을 양보하여 물러선다."라고 하여, '양(襄)'을 '양
　(讓)'으로 보아 주군(主君)과 함께 활쏘는 위치에 설 때 위의(威儀)를
　바르게 하여 1척을 양보하여 물러서는 것이라고 해석하고 있어 여기의 두
　설명과는 전혀 다르다. 가공언의 주석에서 설명한 것은 사(射)의 기법이
　라고 할 것이 못된다. 『광운(廣韻)』에는 '양척(讓尺)'이라고 하였다.

2) 曲尺(곡척) : 직각(直角)으로 된 곱자의 뜻인데 여기서는 굽혔다 폈다 할
　수 있는 팔꿈치를 말한다.

3) 肘(주) : 이 경우에는 팔꿈치 관절(關節)의 안쪽을 뜻한다.

4) 使肘上可置杯水(사주상가치배수) : 『장자(莊子)』전자방편(田子方
　篇)과 『열자(列子)』황제편(黃帝篇)에 "이것을 잔뜩 당겨서 잔에 물을
　담아 그것을 팔꿈치 위에 놓고서 이것을 쏜다."라고 한 데에 기초를 두고
　하는 말이다. 회(會)에 이르렀을 때의 이상적인 궁수(弓手)의 모습을 보
　이는 것이다. 다만 일본의 궁도(弓道)에서는, 궁수(弓手)는 똑바로 밀어
　내 약간 안쪽으로 엎어지는 듯하기 때문에 이런 생각은 할 수 없다. 중국의
　경우에서는 궁수(弓手)를 바깥쪽으로 틀기 때문에 이렇게 말하는 것이다.
　곧 팔꿈치 관절의 안쪽 부분이 위로 향하여 편편하게 되는 것이다.

5) 架弦(가현) : 활시위에 화살의 활고자를 대어서 거는 일.

6) 臂(비) : 팔, 어깨에서부터 팔목까지의 부분. 완(腕)과 같다.

7) 襄包也(양포야) : '양(襄)'을 직접 '싸는 것'이라고 훈(訓)한 것은 종
　래에는 없었던 듯하다. 다만 청대(淸代)의 초순(焦循)은 『역여약록(易

餘篇錄)』에서 요리의 양계(讓雞)·양압(讓鴨) 등이 다 그 속에 무엇을 싸서 넣은 것으로, '양(讓)'에 넣어서 싼다는 뜻이 있다는 데에서 고증을 하여 '양(襄)'에도 '포과(包裹)'의 뜻이 있다고 논하였다.

8) 肱(굉) : 팔. 팔꿈치에서 손목까지 앞쪽의 전체 팔을 뜻한다.

마. 활을 쏘는 절묘한 기술

또 말하였다.

"다섯째 '정의(井儀)'란, 활을 열어서 잔뜩 당겼을 때 활과 활시위가 마름모형과 같이 펴져서 정자(井字 : 우물정) 모양과 같게 되는 것을 말한다.

일설에는 4개의 화살이 과녁에 바르게 모여서 적중(的中)하여, 그 모양이 정(井)의 글자와 같다고 말한다.

즉 『시경(詩經)』에 '4개의 화살이 적중(的中)하여, 손으로 꽂아 세운 듯하다.' 라고 하였다.

이것은 사법(射法)의 정묘(精妙)한 기술이다.

아아! 이상의 5가지 사법(射法)으로 활을 쏘는 기술의 도(道)를 다 갖춘 것이라 할 수 있다."

▨ 정의(井儀)에 관한 여러 설명은 어느 것이나 '정(井)'의 글자 모양에 구애를 받아 해석하고 있으며 '의(儀)'에 대해서는 가볍게 용의(容儀)·위의(威儀)·모양 등의 뜻으로 생각하고 있다. 그러나 이 '의(儀)'야말로 그 모든 것의 중심적인 뜻이 들어 있다고 생각된다.

『여씨춘추(呂氏春秋)』6론(六論)의 처방(處方)편에 "대저 활을 쏘는 사람은 가는 털은 열심히 바라보아도〔儀〕 큰 담장을 보지 못한다."라고 하였는데, 여기에 한(漢)나라 고유(高誘)는 주석을 가하여 "의(儀)는 바라보는 것이다. 털의 미세한 것을 밝

게 바라보고 도장(堵牆 : 담)의 큰 것을 보지 않기 때문에 능(能)
히 적중한다."라고 하였다. 곧 '의(儀)'를 망(望)으로 해석하여
과녁을 노려보고 겨냥을 정확하게 정하는 것이라고 하는 것이다.
　한대(漢代)의 『회남자(淮南子)』 설림훈(說林訓)에는 『여씨
춘추(呂氏春秋)』를 계승하여 "활을 쏘는 사람은 작은 것을 바
라보고〔儀〕 큰 것을 잊는다."라고 하는 것과 거의 같은 글이 보
인다.
　또 태성훈(泰成訓)편에는 "원근(遠近)을 알고자 하다가 못하
다. 여기에 금목(金目)으로써 하는 것을 가르치면 곧 쾌(快)하
다. ……사자(射者) 자주 발(發)하여 맞지 않다. 사람이 여기에
의(儀)로써 하는 것을 가르치면 곧 기뻐한다. 또 하물며 의(儀)
를 생(生)하는 것이겠는가."라고 하였다.
　'금목(金目)'이란 원근의 사정거리를 겨냥하는데 있어 눈으
로 정확하게 측정하는 뛰어난 능력을 말한다. 그리고 이어지는 의
(儀)도 바른 활쏘기의 태세라고 하는 단순한 사의(射儀)의 뜻
은 아니고, 표적까지의 사정(射程)을 예상하여, 거기에 따라 겨
냥을 조정하는 것으로 볼 수 있다.
　'정(井)'은 정정연(井井然), 곧 정연(整然)한 모양이라는 뜻
이리라. 결국 '정의(井儀)'란 정연하고도 정확한 사정을 예상하
여 알맞게 하는 것이란 뜻으로 본다.

《말하기를 "정의(井儀)는 활을 여는 것이 원만(圓滿)하여 정(井)의 형(形)
에 비슷해지는 것을 말한다. 혹은 4개의 화살이 과녁에 모이는 것이 정자(井字)
와 같은 것을 이른다. 즉 시(詩)의 '사시(四矢) 서는 것과 같다' 라고 한 것이
다. 이것은 사법(射法)의 묘(妙)다. 오호라. 사(射)의 도(道) 갖추어지도다."》

曰井儀[1] 言開弓圓[2] 滿 似井形也 或謂四矢集侯 如井字 卽詩[3] 四
矢如樹[4] 此射法之妙也 嗚呼 射之道備矣

1) 井儀(정의) : 이것도 여러 설명이 있는데 어느 것이나 '정(井)'자의 모양에 구애되어 뜻을 생각해낸 설명에 지나지 않는 듯하다. 가공언(賈公彦)의 주석에는 "사시(四矢) 과녁을 꿰뚫기, 정(井)의 용의(容儀)와 같다."라고 하여 『사경(射經)』의 뒤의 설명과 일치한다. 곧 4개의 화살이 마치 정자(井字)와 같이 정연하게 적중(的中)한 모양을 말하는 것인데 이른바 사법(射法)과는 직접 결부되지 않는다.

천으로 만든 과녁

2) 圓(원) : 원본에는 도(圖)로 되어 있는데 『고금도서집성(古今圖書集成)』에 원(圓)으로 되어 있어 이것에 따른다.

3) 詩(시) : 『시경(詩經)』을 말한다. 유학(儒學)의 경전(經典)으로 삼경(三經)의 하나. 공자(孔子)가 편찬하였다고 하는 시집(詩集)으로 당시 민간에서 불려지던 민요(民謠)나 연가(戀歌), 제례가(祭禮歌) 등, 여러 방면에 걸쳐서 떠돌던 내용을 취하여 집대성한 것이다. 그 내용의 전체를 대변하는 것은 '사무사(思無邪)'로 평(評)해진다.

개자리(화살의 적중을 알려주기 위해 웅덩이 속에 들어가 있는 것)

4) 四矢如樹(사시여수) : 『시경』 대아(大雅) 생민지십(生民之什)의 행위(行葦)편에 나오는 시구(詩句)이다. '시(矢)'자는 『시경』에는 '후(鍭)'로 되어 있다. 주자(朱子)의 『시집전(詩集傳)』에 "수(樹)와 같다는 것은 손으로 직접 세운 것과 같다."고 풀이하여, 과녁까지 직접 가서 손으로 4개의 화살을 꽂은 듯이 보기좋게 적중되었다고 하는 것이다.

제2장 활을 쏘는 법

I. 심고만분(審固滿分)의 네 글자

가. 활을 쏘는 데 네 글자의 뜻에 지나지 않는다

등종(鄧鍾)이 말하였다.

"사법(射法)은 그 지엽적인 방법〔流儀〕이 대단히 많지만 궁극적으로는 심(審)·고(固)·만(滿)·분(分)의 네 글자로 집약되는 것에 지나지 않는다."

활을 다룰 때는 견고(堅固)하기를 바라며, 활을 당길 때는 잔뜩 당겨서 만(滿)이 되기를 바라며, 과녁을 바라볼 때는 상심(詳審)하기를 바라며, 화살을 쏘아 보낼 때는 두 손이 동시에 균형을 이루며 떨어지기를 바란다.〔분(分)이라고 하는 것은 두 손이 균형되게 나누어 떨어지는 것이다.〕

궁수(弓手)의 손가락에 화살촉이 이르는 것을 마음으로 느껴 아는 것이 '만(滿)'의 표상(表象)이다. 그때야말로 '심(審)'은 한층 정밀해지는 것이다. 팔에 충실한 힘이 있는 것이 '고(固)'의 증거이다. 그것이 있어야만 '분(分)'이 간신히 균등하게 균형이 잡혀 행해지는 것이다.

활을 쏘는데 있어서 팔의 힘과 화살촉을 마음으로 느껴 아는 수련이 있으면 반드시 맞추게 된다. 이에 앞서 꽉 잡는 수법(手法)

과 바르게 서는 신법(身法)을 입문(入門)의 과정으로 한다.

〔무릇 활을 잡을 때는 활을 쏠 때 왼손에 잡는 부분이 줌통의 앞으로부터 집어넣 듯이 하여 쥐고, 줌통의 뒤에 네 손가락의 본 마디를 닿게 한다. 이때 엄지손가락을 쭉뻗어 화살촉을 받으면서 그 손가락 끝을 내려 닿지 않게 하면, 이 떨어짐은 조화를 이루어 현음(弦音)이 울리고, 그리하여 흔쾌한 활쏘기가 된다.

무릇 활을 당겨 나눌 때 몸은 꼿꼿이 서 있는데 머리를 숙이거 나 궁수(弓手)의 손목이 위를 쳐다보는 것을 병벽(病癖 : 병적인 것)이라고 한다. 마음에 새겨둘 일이다.〕

마음을 바르게 가지고, 기력(氣力)을 함양(涵養)하는 것은 활 쏘기에 있어 근본이 되는 과정이라 한다.

▨ 심고(審固)에 대해서는 제3부 제ⅠⅠ장 심고(審固)라는 별 도의 장(章)을 두어서 특별히 논(論)하고 있다.

여기서는『예기(禮記)』사의(射義)의 글을 근거로 하고 있다. 사의에 "사(射)는 나아가고 물러나고 돌아오는 것이 반드시 예 (禮)에 맞아, 마음이 바르고 몸가짐을 곧게 하여, 그러한 뒤에 활 과 화살을 잡는 것이 심고(審固 : 격식에 맞고 단단하다) 하다. 활과 화살을 잡는 것이 심고한 연후에 그것으로써 적중한다고 말할 수 있다. 이로써 덕행(德行)을 볼 수 있다."라고 하였다.

청(淸)나라 손희단(孫希旦)은『예기집해(禮記集解)』에서 "뜻이 바르면, 곧 마음에 치우침이 없어서 활과 화살을 잡으면 심 (審)하다. 몸이 곧으면, 곧 힘을 오로지 할 수가 있어서 활과 화 살을 잡으면 고(固)하다."라고 풀이하였다.

곧 정신이 안정되고 집중하면 과녁을 자세히 관찰할 수 있게 되 고, 신체의 팔·어깨·가슴의 각 마디가 바르게 되어 합리적으로 활용되면서 힘도 무리 없이 발휘되어 활과 화살을 꽉 잡게 된다 고 한다.

다음으로 양기(養氣 : 기운을 기르는 것)에 관해 청(淸)나라 나란상균(那蘭常鈞)이『사적(射的)』에서 논(論)한 것을 보면, 주석에서 지적한 맹자(孟子)의 호연지기(浩然之氣)의 설(說)은 아니고, 후한말(後漢末) 이래 민간에서 전승되어 온 도교류(道敎流)의 양기설(養氣說)에 의하고 있다.

여기에서 주목할 것은 오늘날의 궁도(弓道)에서도 말하고 있는 "제하단전(臍下丹田 : 배꼽 아래 단전)에 기식(氣息)을 거둔다."라든가 "단전(丹田)에 기력(氣力)을 넣다."라고 하는 호흡 및 힘을 넣는 정도를 가르치는 근거를 보이고 있는 것이다.

결국 기(氣)를 기른다는 것은 그대로 단전(丹田)에 기식(氣息)을 거두어 들여서 어떤 것에도 움직이지 않는 정신력을 키워 충실하게 한다는 뜻으로 이해되는 것이다.

곧 "기(氣)는 체(體)의 충(充)이다. 이것을 기르면, 곧 배로 불어나 점점 자라나는 공(功)이 있다. …… 하늘은 기(氣)로써 맑고, 땅은 기로써 엉기고, 사람의 몸은 기로써 찬다. 그리하여 단전(丹田)은 또 모든 기(氣)가 돌아가 머무는 땅이다.

고요하게 함으로써 이것을 들이고, 서서히 함으로써 이것을 낸다. 그러한 뒤에 패연(沛然)하게 막지 않고 한 몸이 다 운동의 기틀을 얻는다. …… 그런 까닭에 기(氣)를 잘 기르는 자는 기쁘고 즐거움으로써 그 기(氣)를 소모하지 않고, 슬프고 성냄으로써 그 기를 손상하지 않는다. 이것을 들이는 데에 떳떳함이 있고, 이것을 내는 데 법도가 있고, 한 몸에 차게 하여 팔 다리에 달(達)하게 한다.

활쏘기에 임하여 운용(運用)할 때 온 몸에 기를 가득 쏟아넣고, 온갖 마디마다에 영묘한 힘을 발휘하여, 힘과 기교는 곧 기(氣) 속에 고무(鼓舞)한다. 활을 쏘면 반드시 적중한다. 또 어찌 기술의 신비롭지 않은 것을 생각할 것인가. 그것이 이 기(氣)를 기르는 선(善)한 것인가."라고 하였다.

　정신적인 기력(氣力)의 충실과 함양이 기술을 앞서는 역량이
라는 것을 나타내어 설명한 것이다.

　《등종(鄧鍾)이 말하기를 "사법(射法)이 비록 다대(多大)하다 하더라도 요
(要)는 심(審) 고(固) 만(滿) 분(分)의 네 글자에 지나지 않을 뿐이다. 활을
가짐에는 고(固)하기를 바라고, 활을 여는 데에는 만(滿)하기를 바라고, 과녁
을 보는 데에는 심(審)하기를 바라고, 화살을 발(發)함에는 분(分)하기를 바
란다.〔분(分)이라는 것은 양수제분(兩手齊分)하는 것이다.〕화살촉을 아는
것은 만(滿)의 상(象)이다. 그리고 심(審)은 더욱 정(精)하다. 비력(臂力)이
라는 것은 고(固)의 징(徵)이다. 그리고 분(分)은 비로소 제(齊)하다. 사(射)
에 비력(臂力)과 촉(鏃)을 아는 공부가 있으면 명중(命中)하지 않음이 없다.
그리고 이것에 앞서 입액벽립(入扼壁立)으로써 입문(入門)으로 삼는다.〔무
릇 활을 잡음에는 파전(把前)으로 하여금 입액(入扼)하게 하여 파후(把後)에
사지(四指)의 본절(本節)을 당(當)하게 하고자 한다. 그 대지(大指)를 평
(平)하게 하여 촉(鏃)을 받아 그 두지(頭指)를 피하여 가로걸리지 않게 하면,
곧 화미(和美)하여 소리가 있고, 그리고 준쾌(俊快)하다. 무릇 활을 개(開)함
에 신직(身直) 두언(頭偃)하고, 전수(前手) 완앙(腕仰)함을 병색(病色)으
로 삼는다. 마땅히 경계할 일이다.〕마음을 바르게 가지고 기(氣)를 기르는 것
을 근본으로 삼는다."라고 하였다.》

　鄧鍾[1] 曰 射法雖多大 要不過審固滿分[2] 四字耳 持弓欲固 開弓
欲滿 視的欲審 發矢欲分〔分者 兩手齊分也〕知鏃者 滿之象也[3]
而審益精 臂力者 固之徵也 而分始齊 射有臂力知鏃工夫[4] 靡不命
中矣 而先之以入扼[5] 壁立爲入門〔凡執弓 欲使把[6] 前入扼 把後當
四指本節 平其大指承鏃 却其頭指 使不礙 則和美有聲 而俊快也
凡開弓 身直頭偃 前手腕仰[7]爲病色 宜戒〕正心養氣[8]爲根本

1) 鄧鍾(등종) : 명(明)나라 만력(萬曆) 때의 사람이다. 자(字)는 도명(道
　鳴)이요, 진강(晉江) 사람이다. 저서인『주해중편(籌海重編)』이 유명하

다. 그리고 저서인 『무비집략(武備輯略)』이 홍엽산문고본(紅葉山文庫
本)으로서 내각문고(內閣文庫)에 전한다. 이 안에 활쏘기에 관한 기술
(記述)이 있으나 여기서 말하는 것의 말은 보이지 않는다. 더구나 심
(審)·고(固)·만(滿)·분(分)의 네 글자를 특히 중시하여 다룬 흔적
은 없다. 어쨌든 이 말이 어느 책에 의거한 것인지 분명하지 않다.

2) 審固滿分(심고만분) : 『무비집략(武備輯略)』에 의하면 "심(審)은 상심
(詳審), 고(固)는 견고(堅固)다. 고(固)는 손에 있고, 심(審)은 마음에
있어 두 글자가 서로 의지하여 애초에 앞뒤가 없이, 고(固) 안에 심(審)
이 있고, 심(審) 안에 고(固)가 있다."라고 하였다. 곧 심은 정신적인 영
역의 것으로, 고는 신체적인 것으로 분석하는데, 이것들은 통일된 불가분
(不可分)의 활동으로 포착되고 있다. 그리고 분(分)에 대하여는 "두 손
이 분개(分開)하는 것이다. 화살을 쏘아 보낼 때 두 손이 힘을 균등하게
하여 일별일절(一擎一擎)하다."라고 하였다. 별(擎)은 궁수(弓手)의 기
법인데 과녁에 쏘아 붓듯이 하여 활이 넘어뜨려지는 듯한 활쏘기 방법으로
질(搾)과 같다. 절(擎)은 마수(馬手)의 기법인데 확실하게 시위에서 헤
어지는 활쏘는 방법으로 절(劈)과 같다. 만(滿)에 대하여는 특별히 다루
어 설명한 것이 없다.

3) 知鏃者滿之象也(지촉자 만지상야) : 활을 당겼을 때 화살촉이 궁수(弓
手)의 손가락에 감지(感知)됨에 미치는 것이 중국사(中國射)에 있어서
의 '구율(彀率)', 곧 회(會)의 극치(極致)이다. 만(滿)이라는 것은 정
히 잔뜩 활을 당기는데 굽히고 펴는 것이 제대로 이루어져 활을 힘껏 당긴
상태를 말하는 것이다.

4) 工夫(공부) : 혹은 교부(巧夫)라고도 쓴다. 사물을 수행하기 위해 노력
하는 것. 정신을 단련하고 배운 것을 연습하다.

5) 入扼(입액) : 액(扼)은 눌러서 잡는다는 뜻. 엄지손가락과 집게손가락 사
이를 꽉 잡다.

6) 把(파) : 줌통. 활 중앙의 잡는 부분. 부(弣)·파(弝)·부(柎)·궁속
(弓束)이라고도 쓴다. 『정자통(正字通)』에 "궁부(弓弣)에 속한다. 손으

로 잡는 바의 자리를 파(把)라고 한다. 달리 파(弝)라고도 한다."라고 하였다.

7) 前手腕仰(전수완앙) : 완(腕)은 여기서 손목을 뜻한다. 따라서 중국사(中國射)에서는 궁수(弓手)는 밀어내면서 바깥쪽을 비틀어, 이른바 팔은 우러러 보는 듯이 하고, 손목은 우러러 보는 듯이 하지 않고 꽉 움켜잡는 것으로 된다.

8) 養氣(양기) : 이것은 『맹자(孟子)』 공손추편(公孫丑篇)에서 말하는 바의 호연(浩然)의 기(氣)를 기르는 것을 말하는 것 같다. 아무 것에도 동요되지 않는 지극히 크고 지극히 굳센 반석(磐石)과 같은 정신력을 배양하는 것을 나타내고 있다. 소위 수법(手法)이나 신법(身法)에 속하는 '입액벽립(入扼壁立)'을 입문(入門)으로 하는 것에 대하여, 궁술(弓術)을 단순한 기술이나 기교로 생각하지 않고, 내면적인 수양을 근본으로 하여 중요하게 여기는 것을 뜻한다.

2. 여유 있는 것과 빠른 것

가. 북쪽의 활이 더 강하다

적(敵)을 쏘는 경우와 과녁을 쏠 때와는 그 마음의 자세가 다르다. 과녁 앞에서 사(射)를 행할 때에는 느긋하고 여유가 있으며 절박하지 않으므로 이리저리 마음을 쓰는 것을 중요하게 여기지만, 실질적인 전투에서 적을 겨냥하여 쏠 때에는 민첩하고 신속한 것을 중요하게 여긴다.

여유가 있어 절박하지 않으면 활을 당겨 벌리는 것이 매우 경쾌하여 안정이 되어 있으며 또한 화살 나는 것은 길어서 아주 작은 것도 맞출 수 있는 것이다. 신속(神速)이라고 하는 것은 "굳센 활과 무거운 화살의 민첩한 활쏘는 솜씨가 아니라면 어떻게

100보(百步) 이상이나 앞에 있는 적을 죽일 수 있을까.”라고 하는 것이다.

그러므로 왜구(倭寇)나 북쪽 오랑캐가 사용하는 화살은 무겁고 활은 강력하기 때문에 그 화살을 맞는 자는 반드시 죽는다.

그들은 사정거리를 당겨 좁히고 나서 천천히 발사하므로 반드시 사람에게 명중된다.

중국 사람들은 다만 이러한 것을 두려워할 뿐이고 그들의 우수한 점을 받아들일 것을 알지 못하고 있다.

▨ 여기에서는 과녁의 앞에서는 한가하게 하고 실제 전투에서는 빠르게 하는 것을 각각 귀하게 여긴다고 하여, 이것들이 별개의 마음 자세인 듯이 기술(記述)되어 있다.

그러나 이정분은 『경무휘편(經武彙編)』에서 “과녁의 앞이나 실제 전투를 구분하지 않고 항상 마음에 배려해 둘 것이며 분리해 생각할 것이 아니다. 다만 때와 장소에 따라 어느쪽에 중점이 옮겨지느냐에 지나지 않는다.”라고 하였다.

곧 “장옥(場屋 : 과거장)에서는 한가하고 여유로움으로써 자세히 결단하는 것을 주(主)를 삼고, 적을 쏘는 데에는 민첩하고 신속한 것으로 주를 삼는다. 그렇지만 여유가 있는 가운데 민첩함이 없을 수 없고, 민첩한 가운데 여유가 있지 않을 수 없다.”라고 하였다.

《적(敵)을 쏘는데 이르러서는 또 과녁을 쏘는 것과 더불어 같지 않다. 과녁을 쏘는 데에는 종용(從容 : 여유)을 귀하게 여기고, 적을 쏘는 데에는 신속(神速)을 귀하게 여긴다. 종용하면 곧 활을 당기기 약간씩 가벼워지고 조화되어 오히려 써 멀리 미치어 작은 것을 맞칠 수 있다. 신속(神速)이라는 것은, 강궁중시(强弓重矢)가 아니면 어찌 능히 적을 백보(百步) 밖에서 죽일 수 있으랴 하는 것이 된다. 그러므로 왜로(倭虜)의 화살은 무겁고 활은 강하여 그것에 맞는 자는 반드시 넘어진다. 저들은 가까이에서 비로소 발(發)하고 발하면 반드시 사람에게 맞는다. 이에 화인(華人)은 헛되이 이것을 두려워하여 그 좋은 점을 이용하는 것을 알지 못한다.]

至于射敵 又與射的不同 射的貴從容[1] 射敵貴神速[2] 從容 則引弓稍輕而調 猶可以及遠中微[3] 神速者 非强弓重矢 安能殺敵于百步[4]之外哉 故 倭虜[5]矢重弓勁 中之者必斃[6] 彼近而始發 發必中人 乃華人[7]徒畏之 而不知用其所長[8]也

1) 從容(종용) : 여유가 있고 느긋하게 행동하여 동요하지 않는 모양.

2) 神速(신속) :『삼국지(三國志)』위서(魏書) 곽가전(郭嘉傳)에 "병(兵)은 신속(神速)을 귀하게 여긴다."라고 하는 말이 있다. 군대를 행동하게 하는 데에는 지극히 빠르고 예민하게 하는 것이 중요하다는 것을 말하는 것이다.

3) 及遠中微(급원중미) : 화살의 날아가는 힘과 적중(的中)의 우수함을 말한다.『한시외전(韓詩外傳)』에 "군주가 사(射)를 잘하여 멀리 미치게 하여 미(微)에 명중하는 자를 얻고자 하면, 곧 귀한 벼슬과 두터운 상을 걸고서 그를 불러들인다."라고 하였다.

4) 百步(백보) : 보(步)는 길이의 단위. 두 발을 내딛은 정도. 각 시대에 따라 변동이 있으나 명(明)나라 때에는 약 1.55m였다.

5) 倭虜(왜로) : 남왜(南倭)와 북로(北虜).『고금도서집성(古今圖書集成)』에는 왜로(倭鹵)라고 되어 있다. 이것은 청조(淸朝)가 만주여진족(滿洲女眞族)의 정복왕조(征服王朝)인 것에서 '노(虜)'자 쓰기를 꺼렸기 때문이었을 것이다.

6) 矢重弓勁中之者必斃(시중궁경 중지자필폐) : 이정분은『경무휘편(經武彙編)』에 "북방(北方)은 바람이 건조하여 활이 강하고 힘이 세서 화살이 무겁다. 명중되는 자는 많이 죽는다. 남방(南方)은 날씨가 더워 아교처럼 늘어져서 활이 연하고 화살이 가볍다. 명중되는 자 많이 살아난다. 왜이(倭夷)의 사(射)에 명중되는 것은 항상 그 궁둥이를 쳐서, 그것으로써 우리

에게 부끄러움을 느끼게 하는 것이다."라고 기술하고 있다. 결국 북방 이
민족의 활의 살상력(殺傷力)이 우수한 점을 말함과 동시에, 중국 활의 파
괴력이 적음을 개탄하고 있다.

7) 華人(화인) : 중화인(中華人). 중국인(中國人).

8) 所長(소장) : 이것은 활과 화살의 강력한 것을 말하는 것과 동시에 "가까
   이 가서 비로소 발(發)한다."라고 하는, 그 기교를 주로 가리킨다.

3. 활쏘는 기술의 본질(本質)

가. 활과 화살의 도는 현묘한 것이다

그렇지만 활과 화살은 도구로서의 기(器)에 지나지 않고, 활쏘
기는 기술로서의 예(藝)에 지나지 않는다.

기(器)는 형체가 있는 현상적인 면의 것으로 형이하학적이며,
도(道)는 형체를 초월한 본질적인 것으로 형이상학적이요, 예
(藝)는 완성도를 논할 수 있는 경험적인 기술로 형이하학적이며
덕(德)은 기술적인 완성이라고 하는 것을 초월한 절대적인 경지
로 형이상학적이다.

예(禮)라는 것은 옥(玉)이나 비단 같은 예물을 갖추는 것으로
다 되는 것이 아니며, 악(樂)이라는 것은 종이나 북과 같은 악기
를 갖추는 것으로 다 되는 것
이 아니듯이, 활쏘기도 또한
활이나 화살과 같은 용구(用
具)를 다루는 것만으로 다 되
는 것은 아니다.

활을 편다거나 화살을 손에
끼운다거나 하는 것은 비근

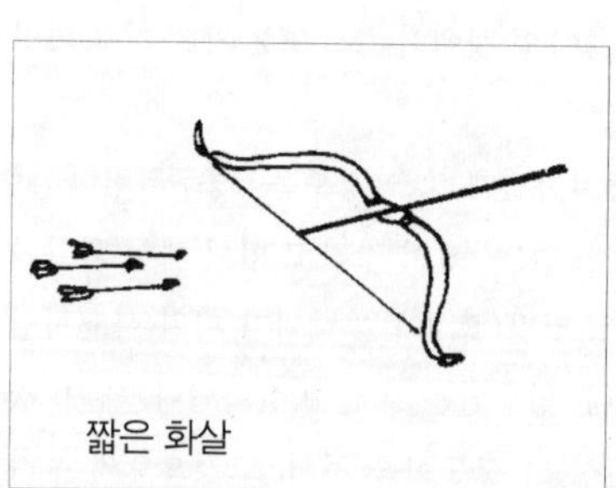

짧은 화살

(卑近 : 흔하고 가까운 것)한 것을 이루는 작법(作法)이요, 그런 것을 습득하고 나서 점차로 마음에 응(應)하도록 이르는 것은 심원(深遠 : 깊고 먼 것)한 것을 달성할 수 있는 현묘한 것이다.

▨ "활과 화살은 기(器)일 뿐이요, 활을 쏘는 것은 예(藝)일 뿐"이라고 말한 것은 이것들을 온 힘을 기울여 수련하는 일은 단순한 형이하학적인 기교로서의 교묘함을 초월한 것에 지나지 않지만 "손에 얻어서 마음에 응답한다."는 것의 경지에 이른다면 이것은 인간이 구할 수 있는 최고의 규범으로서의 '도(道)'나 '덕(德)'에 도달할 수 있는 첩경이 되는 것이다.

그런 까닭에 이들 활과 화살이나 활을 쏘는 것이 '도(道)'나 '덕(德)'을 이루는 경지까지 승화시켜 그와 똑같은 차원의 상황으로까지 귀결시키기에 이르렀다.

한(漢)나라의 양웅(揚雄)이『논어(論語)』에 준(準)하여 저술한『법언(法言)』의 수신(修身)편에는 "몸을 닦아서 써 활을 삼고, 생각을 바로잡아서 써 화살을 삼고, 의(義)를 세워서 써 과녁을 삼아서, 겨냥하여 그러한 뒤에 발(發)한다. 발하면 반드시 명중한다."라고 하였다.

곧 활은 간목(幹木 : 몸체를 이루는 재료)·각(角 : 뿔)·근(筋 : 힘줄)·교(膠 : 아교, 풀) 등의 조화에 의해 이루어지는 것이므로 몸을 닦는 것의 상징이 되고, 화살은 곧으면서 앞으로 똑바로 나아가는 것이므로 생각을 바로잡는 것의 상징이 되고, 과녁은 정확한 표준을 정한 뒤에 목표가 되는 것으로 의(義)를 세우는 것의 상징이 되었다.

『예기(禮記)』 사의(射義)편에는 "활쏘기는 덕(德)을 보는 연유이다." "활쏘기는 인(仁)의 도(道)이다."라고 했으며『맹자(孟子)』 공손추상(公孫丑上)편에는 "인(仁)은 활쏘기와 같다."라고 하였다.

《비록 그렇다 하더라도 궁시(弓矢)는 기(器)일 뿐이요, 사(射)는 예(藝)일 뿐이다. 기(器)는 형이하(形而下)이고 도(道)는 형이상(形而上)이며, 예(藝)는 성이하(成而下)이고 덕(德)은 성이상(成而上)이다. 예(禮)는 옥백(玉帛)으로 다하지 않고, 악(樂)은 종고(鐘鼓)로 다하지 않으며, 사(射)도 또한 궁시(弓矢)로 다하지 않는다. 활을 펴고 화살을 끼우는 것은 하학(下學)의 방법이요, 손에 얻어서 마음에 응(應)함은 상달(上達)의 묘(妙)이다.》

雖然 弓矢器耳[1] 射藝耳[2] 器形而下 道形而上[3] 藝成而下 德成而上[4] 禮不盡于玉帛 樂不盡于鐘鼓[5] 射亦不盡于弓矢 張弓挾矢 下學之方 得手應心[6] 上達[7]之妙

1) 弓矢器耳(궁시기이) : 『역경(易經)』계사전하(繫辭傳下)에 "활과 화살은 기(器)이다. 이것을 쏘는 것은 사람이다. 군자는 기(器)를 몸에 감추고 때를 기다려서 움직인다."라고 하였다. 활과 화살은 어디까지나 도구에 지나지 않고, 인간의 교묘한 활용을 기다려서 비로소 활쏘기의 도(道)가 성립되는 것이다.

2) 射藝耳(사예이) : 북송(北宋) 때의 사마광(司馬光)이 지은 『문중자보전(文中子補傳)』에 "하약필(賀若弼)은 일찍이 여기에 활쏘기를 보여, 발(發)하여 명중하지 않음이 없다. 통(通)이 말하기를 '아름답도다, 예(藝)여! 군자는 도(道)에 뜻을 두고, 덕(德)에 의거하고, 인(仁)에 의지한 연후에 예(藝)에 논한다'라고 하였다. 필(弼)이 불쾌하게 여기고 갔다."라고 하여, 인격적인 수련이 행해지지 않은 사술(射術)은 그것이 백발백중(百發百中)하더라도 단순한 예(藝)로서의 볼거리에 지나지 않는 기술이라고 평하고 있다.

3) 器形而下道形而上(기형이하 도형이상) : 『역경(易經)』계사전하(繫辭傳下)에 "형이상(形而上)인 것, 이것을 도(道)라 이르고, 형이하(形而下)인 것, 이것을 기(器)라 이른다."라고 하였다. 형이하(形而下)라는 것은 구체적인 형태로 되어 존재하는 현상을 말하고, 형이상(形而上)이라는 것은 현상을 초월한 형상으로는 파악할 수 없는 추상적인 영역을 말한다고

하였다. 그러나 기(器)와 도(道)는 결코 별개가 될 수 있는 것이 아니며, 서로 떨어질 수 없는 관계에 있다. 실제로 형태를 가지고 있는 활과 화살에 의한 활쏘는 기술을 버려 두고는 궁도(弓道)의 정신이나 그 진체(眞諦)가 존재할 수 없다. 청(淸)나라 왕선산(王船山)은 『주역외전(周易外傳)』에서 "아직 활과 화살이 아니면 곧 사도(射道)가 없고, 아직 수레와 말이 아니면 곧 어도(御道)가 없고, ……그러므로 그 기(器)가 아니면 곧 그 도(道)가 없다."라고 논하고 있다.

종(鐘)

고(鼓 : 북)

4) 藝成而下德成而上(예성이하 덕성이상) :『예기(禮記)』악기(樂記)편에 있는 말이다. 본래는 "덕(德)이 이루어져서 상(上)에, 예(藝)가 이루어져서 하(下)에, 행(行)이 이루어져서 선(先)에, 사(事)가 이루어져서 후(後)이다. 이런 까닭에 선왕(先王)은 상(上)이 있고, 하(下)가 있고, 선(先)이 있고, 후(後)가 있어 그러한 뒤에 써 천하를 다스릴 수 있었다."라고 한 것과 같이, 마음에 심명(深明)한 덕성(德性)을 얻은 자는 상위(上位)에 나아가고, 말절(末節)의 기예(技藝)를 몸에 체득한 자는 하위가 된다는 뜻으로서, 상하(上下) 정분(定分)에 대한 질서의 유래를 논한 것이다.

5) 禮不盡～鐘鼓(예부진～종고) :『논어(論語)』양화(陽貨)편에 "예(禮)라 하고 예(禮)라 한다. 옥백(玉帛)을 말함인가. 악(樂)이라 하고 악(樂)이라 한다. 종고(鐘鼓)를 말함인가."라고 하여, 예(禮)와 악(樂)의 본질이라고 하는 것은 예제(禮祭)에 쓰는 예기(禮器)나 연주할 때 쓰는 악기(樂器)에 있는 것이 아니고, 그것들을 다루는 인간의 마음 속에 있다고 말

하는 것이다.

6) 得手應心(득수응심) :『장자(莊子)』천도(天道)편에 차륜(車輪)을 만드는 과정을 말한 부분이 있는데 거기에 "이것을 손에 얻고 마음에 응(應)하여 입으로는 말할 수가 없다."라고 하여, 체험을 통해 습득하다보면 점차로 어느새 입으로는 설명할 수 없는 것을 터득하기에 이른다고 하는 것이다. 그리고 모원의(茅元儀)의『무비지(武備志)』에 "우선 그 뜻을 정성스럽게 가지면 곧 화살이 뜻에 따라 발(發)한다. 이른바 손에 얻어 마음에 응(應)하는 묘(妙)이다."라고 하였다.

7) 下學・上達(하학・상달) :『논어(論語)』헌문(憲問)편에 "하학(下學)하여 상달(上達)하다."라고 하였다. 하학(下學)은 가까이 있는 사물을 쌓아서 거듭하는 것이요, 상달(上達)은 하학에서 점차로 얻어진 것에 의해 심원한 본질에 이르는 것이다.

4. 사경(射經) 13편의 논(論)

가. 완숙한 기술은 설명할 수가 없다

연마하는 기본적인 기술은 설명할 수 있지만, 지극한 경지에 이른 달성(達成)의 기묘한 것은 설명할 수가 없다.

설명할 수 있는 기본적인 것들을 나는 그것을 비밀에 붙일 수가 없다. 그러나 지극한 경지에 이른 설명할 수 없는 것들은 각 사람이 스스로 체득하는 것에 의지하는 도리밖에 없다.

이런 까닭으로, 실제로 경험하고 시험해 본 스승이나 벗들에 의해 전개되고 있는 사법(射法)을 13편(篇)으로 나누어서 논(論)하고, 거기에 노래처럼 쉽게 깨달을 수 있는 비결(秘訣)이나 사의(射儀)를 덧붙였다.

이에 많은 동지들이 출현하여 힘을 함께 해서 더욱 깊이 연마하고자 한다.

　《하학(下學)은 말할 수 있지만 상달(上達)은 말할 수 없다. 말할 수 있는 것은 나는 얻어서 그것을 숨기지 않는다. 그 말할 수 없는 것은 사람의 자득(自得)에 있다. 그러므로 상시(嘗試)하는 바의 사우(師友)의 법으로써 편(篇)을 나누기 13, 여기에 계(系)함에 가결(歌訣)로써 하여 사의(射儀) 이에 부(附)한다. 원수를 같이 하는 자를 기다려서 함께 그것을 힘쓰고자 한다.》

　下學可言　上達不可言　可言者　吾不得而秘之　其不可言者　存乎人之自得[1]矣　故以所嘗試師友之法　分篇十三　系之以歌訣[2]　以射儀附焉　竢同仇[3]者共力之

1) 自得(자득) : 스스로 마음에 얻다. 『맹자(孟子)』 이루하(離婁下) 편에 "군자(君子)는 깊이 여기에 이르는 것을 도(道)로써 하고, 이것을 스스로 얻고자 한다. 이것을 스스로 얻으면, 곧 거기에 살기가 편안하다."라고 하였다.

2) 歌訣(가결) : 노래처럼 깨닫기 쉽게 하여 사술(射術)의 깊은 이치를 전한 고언(古言)이나 유법(遺法) 따위.

3) 同仇(동구) : 『시경(詩經)』 진풍(秦風) 무의(無衣) 편에 "나의 과모(戈矛)를 거두어 그대와 원수를 함께 하다."라고 하여 구적(仇敵)을 공통으로 하는 동료라는 것. 여기서는 왜구(倭寇)와 북쪽 오랑캐에 대하여 그 방위와 격퇴의 뜻에 불타서 사법(射法)의 연구를 일삼는 사람들과 함께 한다는 뜻이다.

제2부 명사수(名射手) 연마법

제3장 편리한 무기〔利器〕

1. 활과 화살의 조절과 팔의 힘

가. 활의 당기는 힘에 의해서 좌우된다

『순자(荀子)』가 말하였다.

"활과 화살의 배합(配合)이 바르게 조절되어 있지 않으면, 고대의 유명한 명사수인 예(羿)라 하더라도 반드시 적중(的中)시키지 못할 것이다."

무릇 조절이라고 하는 것은, 화살은 궁력(弓力)의 강도(強度)를 헤아려서 거기에 알맞게 하며, 활은 팔의 당기는 힘을 헤아려서 거기에 알맞게 하는 것이다.

대개 팔의 힘은 강한데 활의 힘이 그보다 약한 것은 이것을 일러 손이 활을 능가(凌駕)한다고 하고, 반대로 활의 힘은 강한데 손의 힘이 그보다 약한 것은 이것을 일러 활이 손을 능가한다고 한다.

내가 사귀고 있는 명사수로 유명한 벗 가운데는 수십력(數十力)의 활을 당겨서 벌릴 수 있는 사람도 있지만 평생 항상 당기는 것은 9력(九力)의 활에 지나지 않는다. 이것은 용감하고 씩씩한 기력(氣力)을 모아두기 위한 까닭이다.

▨ "화살은 그 활을 헤아리고, 활은 그 힘을 헤아린다"라고 하는 말은, 왕거(王琚)의 『사경(射經)』에서 뽑은 것이다.

그것은 활이나 화살을 선정하는 경우의 철칙(鐵則)이라고도 할 만한 것으로 어느 나라의 궁술(弓術)에 있어서도 논(論)해지는 것이다.

척계광(戚繼光)의 『기효신서(紀効新書)』 사법편(射法篇)에는 "힘을 헤아려서 활을 점검하고, 활을 헤아려서 화살을 제(制)한다. 이것은 지극히 중요한 일이다."라고 하였고, 고영(高穎)의 『무경사학정종(武經射學正宗)』에는 "활에 의하여 화살을 제(制)하고, 힘을 헤아려서 활을 점검하니, 이것은 영원히 바른 법이다."라고 하였다.

그런데 여기서는 궁력(弓力)의 강도와 팔의 역량을 평형되게 대응시키는 듯이 말하고 있으나 구체적으로 어떤 관계를 가지게 할 것인가에 대하여는 말하고 있지 않다.

이에 대하여 고영은 "활을 공인(空引)하여, 능히 100근(百斤)을 당기는 자는 쏠 때 다만 50근을 써서 대략 힘을 쓰기 10분의 5. 그 힘을 다 쓰지 말 것이다. 차라리 연(軟)에 지날지언정 경(勁)에 지나는 것은 곧 비(非)이다."라고 서술하여, 활을 공인(空引)하여 당길 수 있는 궁력(弓力)의 반(半)으로 하라고 하였다.

《순자(荀子)에 말하기를 "활과 화살이 조절되지 않으면 예(羿)라도 써 반드시 맞칠 수 없다." 라고 하였다. 무릇 이것을 조절한다고 하는 것은, 화살은 그 활을 헤아리고, 활은 그 힘을 헤아리는 것이다. 대개 손이 강하고 활이 약한 것은, 이것을 손이 활을 능가한다고 이르고, 활이 강하고 손이 약한 것은, 이것을 활이 손을 능가한다고 이른다. 나의 교유(交遊)하는 바의 선사(善射)의 벗에, 능히 수십력(數十力)의 활을 당겨 차게 하는 자가 있으나 그의 평상시 연습하는 바는 9력(九力)의 활에 지남이 없다. 용(勇)을 기르는 까닭이다.》

荀子[1]曰 弓矢不調 羿[2]不能以必中 夫調之云者 矢量其弓 弓量
其力 蓋手强而弓弱 是謂手欺弓[3] 弓强而手弱 是謂弓欺手 余所交
遊善射之友 有能引滿數十力弓者 其所常習 無過九力之弓 所以
養勇[4]也

1) 荀子(순자) : 전국시대(戰國時代) 말기 기원전 3세기 후반에 살았던 중
   국의 조(趙)나라 사람으로 유학자인 순황(荀況)을 말하며 그의 저서 이
   름이기도 하다. 순황은 제도와 문화로서의 예(禮)를 중시하여 예학(禮學)
   을 역설하였다. 그의 '성악설(性惡說)'은 맹자(孟子)의 '성선설(性善
   說)'과 대비된다. 여기에 인용된 것은 『순자』의 병편(議兵篇)의 말이다.
   다만 문자에 약간의 차이가 있어 '필중(必中)'은 '중미(中微)'로 되어
   있다. 그러나 『회남자(淮南子)』 병략훈(兵略訓)에는 이 문장과 완전히
   동일한 문장이 보인다.

2) 羿(예) : 중국의 전설상의 명사수(名射手)로 왼쪽 팔이 유난히 길었다고
   도 한다. 이 인물에 대하여는
   여러 가지 설(說)이 있다.
   제요(帝堯) 때 10개의 태
   양이 있었는데, 그 9개를 쏘
   아서 떨어뜨리고 하나만 남
   긴 사람이라고도 하고 또는
   하왕조(夏王朝)를 전복시
   킨 사람이라고도 한다. 원가
   (袁珂)의 『중국고대신화
   (中國古代神話)』에 상세하
   게 기술되어 있다.

3) 手欺弓(수기궁) : 손이 활
   을 능가(凌駕)한다는 뜻으
   로 다른 책에서도 보인다.
   '기(欺)'는 보통 '속이다,

거짓말'의 뜻으로 쓰이지만 "남을 능가하는 것을 기부(欺負)라고 한다."
고 한 『속호소록(俗呼小錄)』의 말에 따라 기(欺)를 '능가하다'로 풀이
하였다.

4) 養勇(양용) : 힘을 다 쓰지 않고, 모아서 저축하고 있다는 뜻.

2. 활에 따른 화살의 길이와 무게

가. 지금은 개(箇)를 단위로 하여 헤아린다

결국 활과 화살이 지니고 있는 능력은 서로 균형을 이루게 조
화(調和)시킬 필요가 있다.

〔옛날에는 활은 석(石)을 단위로 하여 그 역량을 헤아렸는데
지금의 활은 개(箇)를 단위로 하여 헤아린다. 그 출처는 분명하
지 않으나 9근 4냥(九斤四兩)을 1개력(一箇力)으로 하고, 10
개력을 1석(一石)으로 한다고 전해져 오고 있다. 다른 설(說)로
는 9근 14냥을 1개력(一箇力)으로 한다고도 한다.

◎ 대체로 궁력(弓力)이 5개력(五箇力)인데 화살의 무게가 4
전(四錢)인 경우에는, 쏘아 보내더라도 화살 나는 것이 흔들려
서 안정되지 못하다.

한편 3개력의 활인데 무게가 7전이나 되는 화살이라면 쏘아 보
낼 때 화살 나는 것이 반드시 느려지고 빠르지 못하다. 그것은 어
찌하여 그런 것인가. 그 역량이 대응(對應)되지 않기 때문이다.

그러므로 3력(三力)의 활에 쓰이는 화살은 길이가 10권(十
拳)이 적당한데 이른바 1권(一拳)은 1파(一把)라고도 하므로,
곧 10파(十把)의 화살이다. 그 무게는 4전 5푼(四錢五分)이다.

4력의 활인 경우에 쓰이는 화살의 길이는 9파(九把) 반인데
10파에 이르러도 오히려 서로 대칭된다. 그 무게는 5전 5푼이다.

5력이나 6력의 활이 되면 쓰이는 화살은 길이가 9권(九拳) 반이다. 7력이나 8력의 활에 쓰이는 화살은 다만 9파의 화살을 쓰지만 만약 길이가 9파 반이 되어도 또한 괜찮다.〕

그러므로 화살 길이의 길고 짧은 것은 궁력(弓力)에 따르는 것이고, 그 무게의 무겁고 가벼운 것도 헤아리는 것이다. 현(弦)과 현륜(弦輪)의 굵기나 크기도 또한 궁력의 강하고 약한 것에 따라 맞춘다.〔현륜(弦輪)은 현(弦)의 양쪽 끝에 붙어 있어서 활고자에 건다. 그 크기가 활고자에 맞지 않으면, 활과 활시위가 조화를 이루지 못한다.〕

따라서 활을 조절하고 화살을 살펴 그것들의 무겁고 가벼운 무게나, 길고 짧은 길이와, 강하고 약한 강도를 적절하게 맞추는 것이다. 그렇게 한 연후에 비로소 볼 만한 것이 뜻에 따르게 되고, 화살을 힘껏 쏘아 보내도 아무런 두려움이 없게 되는 것이다.

▨ 이상에서 논(論)해진 단위는 명(明)나라 때의 도량형(度量衡)을 기초로 한 것이다. 오늘날의 중량(重量)으로 환산한다면 다음의 도표와 같이 될 것이다. 그리고 궁력(弓力)과 화살과의 관계도 정리하여 도표로 만들어 보았다.

◇ 중량표(重量表)

단위	환산(換算)	
전(錢)	–	3.73g
냥(兩)	10전(錢)	37.3g
근(斤)	16냥(兩)	596.8g
력(力)	9근 4냥	5.52kg
석(石)	10력	55.2kg

◇ 활과 화살

활(弓)		화살(矢)	
3력 (力)	16.6kg	10파(把)	75cm
		4전 5푼	16.8g
4력	22.1kg	9〜10파	67.5〜75cm
		5전 5푼	20.5g
5력 〜6력	27.6〜 33.1kg	9파 반	71.3cm
		(6전)?	
7력 〜8력	38.6〜 44.2kg	9〜9파반	67.5〜71.3cm
		(7전)?	–

이상의 표를 보면 일본의 화살에 비해 대체로 짧게 나타나 있
는데 그것은 중국사(中國射)가 귀 앞 근처까지밖에 당길 수 없
었기 때문에 당연하다 하겠다.

그리고 여기서 보이는 시척(矢尺)은 고대(古代)의 화살과도
거의 일치한다. 가령 거연(居延)의 한대(漢代) 유적에서 출토
된 화살은 67cm라고 일본의『문물(文物)』에 보고되어 있다. 주
대(周代)의 시척(矢尺)이 3척(三尺)이라고 하나 주척(周尺)
은 22.5cm이므로 약 67.5cm이다. 이것들은 이른바 9파(九把)의
화살에 상당한다.

궁력(弓力)의 측정은 일본의 경우 최근까지는 활을 잡는 부근
의 두께에 의하여 5푼(五分)이라거나 6푼이라고 하는 것 같이
대중해서 나타냈다.

중국의 경우는 궁력(弓力)에 기초를 두고 활의 길이나 무게가
결정되는 관계로 궁력이 꽤 정확하게 조사되어 있다.

이 측정법은 그림에 보이듯이 활고자가 추를 늘어뜨린 위에서,
현(弦)에 저울을 걸고 활을 꽉
차게 당겼을 때의 무게를 보는
것이다. 혹은 현(弦)을 발로 땅
에다 딛고 저울을 활고자에 걸
고서 구(彀 : 화살을 맞추는 표준)
를 당겨 열어서 측정하는 것이
다. 또 역으로 궁파를 발로 땅에
딛고 저울을 현에 거는 경우도
있다.

활의 힘을 측정하는 방법

《대개 궁전(弓箭)의 역량(力量)은
그 상칭(相稱)하고자 한다. 〔옛날에는
활은 석(石)으로써 힘을 헤아렸다. 지

금의 활은 개(箇)로써 힘을 헤아린다. 아직 출처가 상세하지 않지만 서로 전하여 9근(九斤) 4냥(四兩), 이것을 1개력(一箇力)으로 하고, 10개력을 1석(一石)으로 한다. 혹은 말하기를 9근 14냥을 1개력으로 한다고 한다. ◎무릇 활 5개력에 화살의 무게가 4전(四錢)인 것은 발거(發去)하면 바람에 흔들려서 온전하지 않다. 그리하여 3개력의 활에 무게 7전의 화살로 쏘면 반드시 더디고 빠르지 않다. 어째서일까. 힘이 서로 대하지 않아서이다. 그러므로 3력(三力)의 활에 쓰이는 화살은 길이 10권(十拳)으로 이른바 1권은 이름하여 1파(一把)라 하니 10파의 화살이다. 그 무게는 4전 5푼(四錢五分)이다. 4력의 활과 같으면 사용하는 화살은 9파 반의 길이이고, 혹은 10파에 이르러도 오히려 상칭(相稱)된다. 그 무게는 즉 5전 5푼이다. 5력 6력의 활에 이르면 쓰이는 화살은 또한 길이 9권 반이다. 7력 8력의 활에 쓰이는 화살은 다만 9파. 즉 길이 9파 반에 이르러도 또한 가(可)하다.〕 그러므로 화살의 길고 짧은 것은 궁력(弓力)에 따라 써 무겁고 가볍게 한다. 현(弦)과 멸(紕)의 정추(精麤) 또한 활의 강약에 비교된다. 〔멸(紕)은 현(弦)에 속하여 써 궁초(弓弰)에 붙여진다. 그 거칠고 세밀한 것이 맞지 않음은 즉 궁현(弓弦)이 고르지 못한 것이다.〕 이런 까닭에 활을 고르고 화살을 자세히 살펴서 경중(輕重)·장단(長短)·강약(强弱)으로 하여금 적균(適均)하게 한다. 그러한 뒤에 목력(目力)은 뜻에 맞고, 종송(縱送)하여도 걱정할 것이 없다.》

蓋弓箭力量 欲其相稱〔古者 弓以石[1]量力 今之弓 以箇量力 未詳出處 然相傳 九斤四兩 爲之一箇力 十箇力 爲之一石[2] 或曰 九斤十四兩爲一箇力云 ◎凡弓五箇力 而箭重四錢者 發去 則飄搖不穩 而三箇力之弓 重七錢之箭 發之 必遲而不捷 何哉 力不相對也 故 三力之弓用箭 則長十拳[3] 所謂一拳 名曰一把 十把之箭 其重四錢五分 如四力之弓 則用箭九把半以長 或至十把 猶爲相稱 其重 則五錢五分 至于五力六力之弓 用箭亦長九拳之半 七力八力之弓 用箭只九把 卽長至九把半亦可也〕故 箭之長短 隨弓力 以重輕 弦紕之精麤[4] 亦視弓之强弱〔紕者 屬弦以附弓弰 其粗細不

稱 則弓弦不調〕是故 調弓審矢 使輕重長短强弱適均 然後 目力
會意 縱送[5] 無虞

1) 石(석) : 중량(重量)의 단위.

2) 未詳～一石(미상～일석) : I개력(一箇力)이 9근(九斤) 4냥(四兩). I
근은 I6냥이므로 I0개력, 곧 I석(一石)은 92근 8냥으로 결국 I석은 92
근 반이라는 것이다. 이것은 이미 송(宋)나라 때부터 정착되어 있었던 듯
하다. 송나라 심괄(沈括)의 『몽계필담(夢溪筆談)』에 의하면 "궁노(弓
弩)를 만(挽 : 활을 당기다) 궐(蹶 : 쇠뇌를 발로 밟아서 당기다)함에 있
어, 옛 사람은 균석(鈞石)으로써 이것을 율(率)로 하고, 지금 사람은 곧
갱미(粳米) I곡(一斛)의 무게로 I석(一石)으로 삼았다. 무릇 석(石)은
92근 반으로써 법(法)으로 삼다."라고 되어 있다. 보통은 I20근을 I석으
로 하는 도량형(度量衡)이 행해졌으므로, 이 I석 곧 92근 반은 무술 방면
에서의 용법이었던 듯하다.

3) 拳(권) : 손을 쥐었을 때의 네 손가락의 폭. 파(把)도 손을 쥔다는 같은
뜻이다. 일본에서도 I권(一拳), 곧 I속(一束)을 표준으로 화살의 길이를
계산하였다. 이 폭은 예로부터 2촌 5푼(二寸五分 : 약 7.5cm)으로 되어
있다. 『사의주해(射義註解)』에 "시속(矢束)을 정하는 법(法). I속(壹
束)이라 운(云)함은 2촌 5푼(貳寸五分)을 말하는 것이다.―『일본무도
전집(日本武道全集)』"라고 하였다.

4) 弦紖之精麤(현멸지정추) : 현(弦)·멸(紖)은 이른바 활시위라고 불리
는 현륜(弦輪)이다. 현(弦) 양쪽 끝의 윤(輪)으로 된 부분으로 활고자에
거는 것. 추(麤)는 조(粗)와 같다. 정추(精麤)는 현(弦)의 굵기와 현륜
(弦輪)의 크기를 말한다. 명대(明代) 송응성(宋應星)의 『천공개물(天
工開物)』에는 현륜(弦輪)을 구(彄)라고 썼다.

5) 縱送(종송) : 이것은 이른바 '염주(捻注)'의 헤어짐에 의하는 사법(射
法)을 말한다. 여기서의 용례(用例)로 분명해지듯이 『시경(詩經)』정풍
(鄭風) 대숙우전(大叔于田)의 시구에서 유래하는 말이 소철(蘇轍)의 해
석으로 된 "발(拔)을 보냄을 종(縱)이라 하고, 소(彌)를 덮는 것을 송

(送)이라고 한다"의 뜻에 소화되어, 이미 일반에게 사용되었던 것 같다.

3. 활과 화살의 조화(調和)

가. 활은 조화를 이룬 것을 제일로 친다

  궁면(弓面)과 현(弦 : 활의 줄) 사이의 간격, 줌통의 상태, 화살깃의 짜임새는 교묘하게 만들어졌는가 거칠게 만들어졌는가 하는 것이 문제되지 않고, 적절하게 잘 조화되어 있는가 하는 점을 중요하게 여긴다.

  〔궁면(弓面)은 좁은 것이 좋고, 넓은 것은 좋지 않다. 활줄은 팽팽한 것을 좋아하고 줌통은 부풀어 오른 것이 좋지만 그 쑥 내밀어 튀어나온 것은 차라리 평평하고 순한 것이 좋고, 열십자 상태까지 되어서는 안된다. 화살을 만드는 것은 화살축 쪽이 태목(太目)이고, 활줄 거는 부분이 세목(細目)이어서 저울대의 모양이 좋지만 차라리 태목일지언정 세목이어서는 안 된다. 화살깃은 짧은 것이 좋고 활의 줄은 굵은 것이 좋다. 줄이 굵고서 활오늬에 꼭 물리면 줄과 화살이 안정되어 활을 당겨 벌려도 화살이 흩어지는 일이 없다.〕

  이에 활과 화살이 균형이 잡혀 조화를 이루게 되는 것이다.

  《그리하여 궁면(弓面)의 현구(弦口)와 파력(把力)의 방향과 전령(箭翎)의 제(製)는 공졸(工拙)로써 하지 않고 적의(適宜)를 귀하게 여긴다.〔궁면(弓面)은 좁은 것을 귀하게 여기고, 넓은 것을 귀하게 여기지 않는다. 현구(弦口)는 긴(緊)한 것을 귀하게 여긴다. 파력(把力)은 헌(軒)한 것을 귀하게 여기지만 비뚤어진 것은 차라리 일순(一順)하여 마땅히 십자(十字)가 아니어야 한다. 화살의 제(製)는 상조(上粗)하고 하세(下細)하여 칭간(秤幹)의 모양과 같은 것을 귀하게 여기고, 차라리 조(粗)하되 세(細)하지 말아야 한다. 전령(箭翎)은 짧은 것을 귀하게 여긴다. 궁현(弓弦)은 조(粗)한 것을 귀하게 여긴다. 현(弦)이 조(粗)하여 구(扣)에 차면, 곧 온당(穩當)하여 주곤(走滾)하지 않다.〕 활과 화살을 점검할 것이다.》

而弓面之於弦口[1] 把力之方 箭翎之製 不以工拙 而貴乎適宜〔弓面貴窄 不貴寬 弦口貴緊 把力貴軒 歪寧一順 不宜十字[2] 箭之製貴上粗而下細 若秤幹狀[3] 寧粗毋細 箭翎貴短 弓弦貴粗 弦粗滿扣[4] 則穩當而不走滾[5]〕 弓矢調矣

1) 弦口(현구) : 활에 줄을 걸었을 때 줌통과 줄과의 간격을 말한다.『사학정종(射學正宗)』에는 활이 길면 7촌(七寸) 정도, 짧으면 6촌 5푼이라고 한다. 명대(明代)의 촌(寸)은 3.1cm이므로 21.7∼20.2cm 정도이다.『주례(周禮)』궁인(弓人)편의 "이것을 당기면 삼(參)에 명중한다."고 한 것을 정현(鄭玄)이 주석하기를 "궁체(弓體)가 정해져서 이것을 펴면 줄이 1척(一尺)에 있다."라고 하였는데, 이것은 현구(弦口)에 대한 것이고, 주척(周尺)은 22.5cm이므로 명대(明代)의 현구(弦口)의 높이와 거의 같다고 하겠다.

2) 把力∼十字(파력∼십자) : 파력(把力)은 줌통, 곧 잡는 부분. 중국궁(中國弓)에서는 줌통 부분에 측골(側骨 : 枘)이나 박목(薄木 : 帮)을 덧붙여 보강하기 때문에 줌통이 약간 부풀어 오른 듯하다. '헌(軒)'이라고 하는 것은 높다는 뜻. 따라서 줌통은 약간 높게 부풀어 있는 것이 좋다고 한다. 그러나『사사(射史)』에는 "줌통은 정평(正平)하고자 요(要)한다."라고 한 데서, 그 돌출한 것이 평순(平順)하여 '십(十)'자처럼 극단적으로 철(凸)형이 되어서는 안 된다는 것.

3) 貴上粗而下細若秤幹狀(귀상조이하세 약칭간상) : 화살의 앞부분이 굵고), 날개쪽이 가늘게되어 있다는 것으로 칭간상(秤幹狀 : 저울대 모양)이라 말하고 있는데『사사(射史)』에 "체양(體樣)이 칭간(秤稈)과 같다. 날개 다한 곳에 이르러 약간 가늘고, 날개를 지나는 곳으로부터 점차로 크

게 되며, 중간에 이르러 점차로 가늘게 되어 화살촉에 이른다."라고 하였
다 그렇다면 화살은 중간 정도가 가장 굵고, 앞뒤가 가늘다는 말이 된다.
이것은 화살 나는 것이 우수하다고 한다.
4) 扣(구) : 화살오늬에 활줄을 물리기 위한 찢은 헝겁 따위. 일본에서는 화
    살오늬가 활줄의 부분에 이른바 '중사괘(中仕掛)'라고 하여 삼베를 조금
    말아서 화살오늬에 끼도록 되어 있는데 중국에는 그런 것이 없는 것 같다.
5) 走滾(주곤) : 화살이 넘쳐 흐르는 일.

4. 대회(大會)나 전쟁 때의 활과 화살

가. 대회 때와 전쟁 때의 활은 구별할 필요가 있다

평상시 수련할 때와 전쟁터에서 적과 대결할 때에는 활과 화살
을 똑같이 쓸 수가 없다.

〔궁면(弓面)이 좁으면 보기에 아름답다. 평소에 항상 사용하
여도 좋다. 만약 적의 앞으로 나아가 적을 막아야 할 때에는 반드
시 궁면이 넓은 활과 무거운 화살을 사용해야 한다. 화살이 무거
우면 갑옷을 꿰뚫는 데에 깊이 관통하는 힘이 있고, 활이 넓으면
활이 획 제자리로 되돌아오는 일이 없어 안전성이 있다.

화살의 길이는 가장 짧더라도 9권(九拳)보다 짧지 않도록 해
야 한다. 9권보다 짧게 되면 떠날 때 충분히 굽히는 것을 베풀기
어렵기 때문이다. 때로는 3력 반의 활에 길이 10권, 무게 6전이
나 되는 무거운 화살을 쓰는 일이 있다. 정법(定法)에 맞지 않는
듯하지만 그것을 쏘았을 때 화살이 날아가는 것은 극히 안정되고
빠르다. 이것은 반드시 정법을 기본으로 하고 열과 성을 다해 익
히는 가운데에 존재하는 것이라고 하는 것이리라.〕

이상이 활과 화살을 잘 조절하여 쓸모있게 하기 위한 개요(概

要) 이다.

▨ '곤(滾)'이란 활이 뒤집히는 모양이다. 이 되돌아 오고 마는 현상은 쏘아 보내는 순간에 활을 꽉 잡은 채로 끊는 식의 사법(射法)에 많이 나타나는 듯하다.

중국의 활쏘기는 오늘날 일본의 활쏘기와 같이 떠날 때 활이 궁수(弓手) 안에서 회전하여 돌아오는 식이 아니고, 끊는 식이기 때문에 이것이 문제가 된다. 다만 이것은 '질(搩)' 혹은 '별(撇)'이라고 일컬어지는 떠나는 사법(射法)에서 문제가 되는 것이다. 고영의 『사학정종(射學正宗)』에서 말하는 척확법(尺蠖法 : 자벌레법이라고 하여, 팔의 굽히고 펴는 것을 교묘하게 이용하여 '輕'의 조용한 떠남을 쓰는 사법)에서 활이 돌아오는 일이 있는 듯하다. 특히 만궁계(彎弓系)인 중국궁(中國弓)의 경우에 활이라고 하는 것은, 현(弦)을 펴기 전의 모양이 현(弦)은 면과 반대쪽으로 크게 돌아 만곡(彎曲 : 활같이 굽히다) 하고 있다.

이것을 역으로 되돌아가게 하면서 굽혀서 본래의 모양과는 반대가 되도록 강제적으로 만곡시켜서 현을 펴는 것이다. 그리하여 본래의 모양으로 회복하려고 하는 반발력이 활을 당길 때의 반동력(反動力)과 상승(相乘)하여 화살을 강력하게 날리는 작용을 달성하게 되는 것이므로, 떠나는 순간의 충격은 극히 크다.

활돌아오기 방법으로는, 활을 회전하는 것으로 반동을 어느 정도 완충시킬 수 있지만 끊는 식의 사법은 그것이 없다.

따라서 만약 현륜(弦輪)이 활 고자에 딱 맞게 장착되지 않거나 여기서 말하는 바와 같이 궁면(弓面)이 좁다면 충격을 입어 '곤(滾)'한 '활돌아가기'가 생

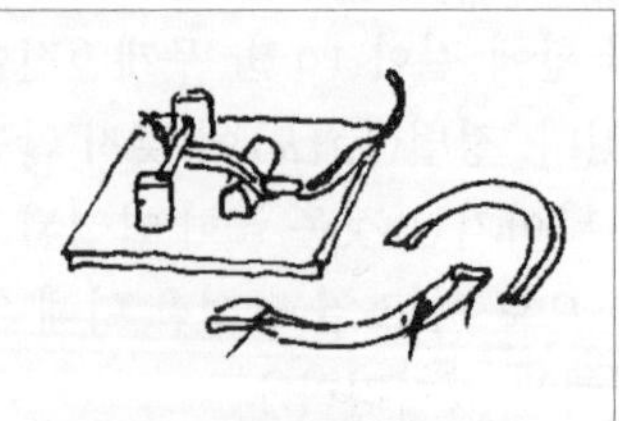

도집과 도지기와 활창애

기므로 군대에서 사용하는 활은 궁면(弓面)이 넓은 편이 좋은 것이다.

고영은『사학정종』에서 "단현(短弦 : 짧은 줄)을 쓰면 특히 화살을 발하고는 준(準)에, 활도 또한 곤(滾)하지 않고 활 튕기는 소리 또한 맑아서 보탬이 되는 일이 많음을 깨닫는다."라고 하였고, 현(弦)을 짧게 하는 것이 '곤(滾)'의 방지도 된다고 하였다.

《그러하나 한습(閑習)과 임적(臨敵)에 있어 기(器)는 같게 쓰지 않는다. 〔활이 좁으면 보기에 좋다. 평상시에는 이것을 사용해도 좋다. 만약 적을 막는다면 마땅히 활이 넓고 화살이 무거워야 한다. 화살이 무거우면 찰(札)을 꿰뚫기가 깊고, 활이 넓으면 곤(滾)하지 않는다. 화살이 지극히 짧더라도 9권(九拳)을 지나지 않을 뿐이다. 적으면 즉 살방시(撒放時)에 근절(筋節)을 가(加)하기 어렵다. 혹은 3력 반의 활로 길이 10권, 무게 6전의 화살을 쓰는 일이 있다. 법(法)과 같지 않은 듯하지만 그 사(射)는 매우 평쾌(平快)하다. 이것은 반드시 법(法)은, 의(意)를 가(加)하여 정숙(精熟)함에 재(在)함이 있는 것이다.〕 이것이 기(器)를 이(利)하게 하는 개요(槪要)이다.》

而于閑習[1]臨敵 器不同用 〔弓窄 則美觀 平時用之可矣 若禦敵 則宜寬弓重箭 箭重 則貫札[2]深 弓寬 則不滾[3] 箭之至短 不過九拳 耳 少則撒放[4]時 難加筋節[5]也 或有用三力半之弓 而長十拳 重六 錢之箭 似不如法[6] 而其射甚平快 是必有法在于加意精熟之〕 此 利器之槪也

1) 閑習(한습) :『순자(荀子)』수신(修身)편에 "많은 것 보는 것을 한(閑)이라 한다."라고 하였고, 양경(楊倞)의 주석에는 "한(閑)은 연습하는 것이다. 능히 그 일을 복습하다."라고 하였듯이, 평생을 충분히 연습하는 일을 말한다.

2) 札(찰) : 갑옷의 비늘.

3) 滾(곤) : 돌아서 굴러가는 것을 곤(滾)이라고 하는데 이것은 쏘아 보냈을

때의 충격으로 활이 현(弦)을 편 채의 상태에서 빙그르르 뒤짚혀져 펴기 전의 뒤집힌 모양이 되고마는 것. '활돌아오기'라고 일컬어지는 현상이다.

4) 撒放(살방) : 살(撒)은 던지다, 뿌리다의 뜻이다. 이것은 이른바 '질절(控勢)' 법에서의 헤어짐을 말하고, 헤어지는 순간에 궁수(弓手)와 마수(馬手)에 함께 힘을 들일 필요가 있다.

5) 筋節(근절) : 근육과 관절에 의한 비틀림과 그 각각의 펴고 굽히는 것에 대한 것이다. 일본의 사(射)에서도 골법오부(骨法五部)라고 칭하여, 두 손과 두 어깨와 가슴의 다섯 군데에 떠날 때 힘을 충실하게 하는 것과 같을 것이다.

6) 不如法(불여법) : 앞의 두 절목(節目)에서 논해진 궁력(弓力)과 시중(矢重)과의 관계를 정법(定法)으로 보고 있다. 거기서는 의(意)를 가지고 미는 데에 3력 반의 활은 5전(五錢) 정도가 한도로 되는 듯하다.

5. 활과 화살의 효율적인 것

가. 활은 가벼운 것, 화살은 긴 것을 쓴다

심오한 비결(秘訣)에 말하였다.

"활은 가벼운 것을 쓰고, 화살은 긴 것을 쓴다. 화살오늬를 활시위에 대어서 활시위를 마수(馬手)로 잡아거는데 있어 노기를 띠어 세게 활을 연다. 이때 당겨 벌리는 힘은 앞과 뒤가 달라 미는 데는 크게 하고 당기는 데는 작게 한다.

화살이 놓아지려고 할 때의 활동은 균형을 잡는데는 평(平)이고 힐(詰 : 굽힘)에는 준(準)이고 비틂에는 한(狠)이다. 어찌 조급하게 떠나 보낼 수 있겠는가. 〔평(平)·준(準)·한(狠)이라고 하는 3가지의 것은 쏘아 보낼 때 생각할 문제다.〕"

무릇 사물의 전후를 잘 처리하는 사람은 반드시 사용하는 도구를 쓸모 있게 만든다.

이것은 사물의 시작과 끝을 이해하고 있는 것이다.

《결(訣)에 이르기를 "활은 가벼운 것을 쓰고, 화살은 긴 것을 쓴다. 화살을 얹어 활시위를 얻고, 의(意) 노(怒)하여 세게 활을 연다. 세(勢) 전후(前後)하여 음양(陰陽)으로 나뉜다. 화살이 문(門)을 나올 때 한 점의 공(功)은 평(平)·준(準)·한(狠)이다. 떠남에 어찌하여 조급함을 쓰는가." 라고 하였다. 〔말하기를 평(平), 말하기를 준(準), 말하기를 한(狠)이라고 하는 3가지는 사(射)의 방법이다.〕 대저 일을 잘하는 자는 반드시 기(器)를 이롭게 한다. 이 곧 그 단예(端倪)를 아는 것이다.》

訣[1]曰 弓用輕[2] 箭用長 塔箭得弦[3] 意怒强開弓[4] 勢前後分陰陽[5] 箭出門時 一點功 平準狠[6] 去何用忙〔曰平 曰準 曰狠 三者射之方也〕 夫善事者 必利器[7] 斯則知其端倪[8]矣

1) 訣(결) : 이른바 가결(歌訣)이라고도 이르는 것으로 예로부터 전승되어 온 심오한 비결을 말한다.

2) 弓用輕(궁용경) : 경(輕)자는 혹 연(軟)자의 잘못이 아닌가 생각된다. 보통 궁력(弓力)이 강한 활은 경궁(硬弓)이라 하고, 약한 것은 연궁(軟弓)이라 일컬어진다. 그리고 모원의(茅元儀)의 『무비지(武備志)』에 "옛날에 이르기를 연궁(軟弓)·장전(長箭)·쾌마(快馬)·경력(輕力)"이라고 하여, 전쟁터에서의 유리한 용구(用具)를 들고 있다. 경궁(輕弓)이라고 하더라도 뜻은 일단 당겨서 벌리는 가벼운 활이라는 것이며, 연궁(軟弓)과 같은 것으로 생각된다. 평생을 두고 항상 사용하는 활은 팔힘보다 낮은 궁력(弓力)의 것을 사용하는 것이 좋다고 하는데 적을 맞아 사용하는 활에 있어서는 더더욱 그러하다. 체력이 감당하지 못하는 강궁(强弓)이라면 만(滿)을 가지고 목표를 정하는 것이 어렵고, 곧바로 피로해지기 때문이다. 따라서 여유를 가지고 오랜 시간 동안 당길 수 있는 궁력(弓力)의 활이 좋은 것이다. 그리고 활이 연궁(軟弓)이면 당김이 깊어지므로 저

절로 화살은 장목(長目)이 되어 온다.

3) 塔箭得弦(탑전득현) : 우수(右手), 곧 마수(馬手)의 잡아거는 상태를 말한다. 화살의 오늬를 활시위에 대어 물리고서, 엄지손가락을 활시위에 걸어, 그 손가락 끝을 둘째손가락 또는 가운데손가락으로 눌러서 활시위를 당기는 것이다. 이때 화살오늬는 꼭 엄지손가락의 근본 언저리에 얹혀 있는 듯한 모양이 되어 있다. 따라서 '탑(塔)' 자도 '없는다' 로 표현된다.

4) 意怒强開弓(의로강개궁) : 第4장 정지(正志)에 『열녀전(列女傳)』의 말이라고 하여 "노기(怒氣)로써 활을 열고, 식기(息氣)로써 화살을 쏜다."라고 하였다. 한(漢)나라 유향(劉向)의 현재에 전하는 『열녀전(列女傳)』에서는 확인할 수 없다.

5) 勢前後分陰陽(세전후분음양) : 활을 당겨 벌릴 때의 전후(前後), 즉 궁수(弓手)와 마수(馬手)의 힘의 분배에 차이가 있는 것을 말하는 것 같다. 일본의 활쏘기에서 당겨 벌릴 때 힘을 들이는 방법은 '대삼(大三)' 즉 '미는 데는 대목(大目), 당김에는 3분의 1' 이라고 하여 궁수(弓手)의 미는 힘은 세고, 마수(馬手)의 당김은 그 3분의 1로 하는 것이 균형잡힌 것이라고 한다. 곧 이 관계를 음(陰)과 양(陽)으로 표현하고 있는 듯하다.

6) 平準狠(평준한) : 평(平)은 팔을 똑바르게 평형으로 펴는 균형성(均衡性), 준(準)은 펴고 굽히는 긴장력(緊張力). 한(狠)은 궁수(弓手)와 마수(馬手)로 비트는 것 같다.

7) 善事者必利器(선사자필이기) : 『논어(論語)』 위령공(衛靈公)편에 "공인(工人)이 그 일을 잘하고자 하면 반드시 그 기(器)를 예리하게 한다." 라고 하였다. 공장(工匠)은 훌륭한 일을 하고자 하면 그 연장을 날카롭게 한다는 뜻이다.

8) 端倪(단예) : 사물이나 일의 시작과 끝이라는 뜻. 『장자(莊子)』 대종사(大宗師)편에 "반복(反覆) 종시(終始)하여 처음과 끝을 알지 못한다." 라고 하였다.

제4장 목표를 정함〔辨的〕

I. 과녁의 멀고 가까운 것

가. 적(的)이란 화살의 과녁이다

　대체로 화살을 'I00보(百步)의 위력(威力)'이라고 일컫는
데, 이른바 목표물에서 I00보 이상이나 떨어진 곳에서도 살상(殺
傷)할 수 있다는 데에서 나온 말이다. 따라서 그 효용(效用)은
사람에게 쏘는 데에 있으나 연습은 과녁을 쏘아서 꿰뚫는 것에서
시작된다.〔적(的)이라는 것은 화살의 과녁이다. 세상에서는 파
자(把子)라고 통칭한다.〕
　속담에 "화살에 낙두(落頭 : 화살이 떨어지는 지점)의 안정이 없
고 멀고 가까운 것에 대한 사정거리를 분별하여 알지 못하는 것
을 야시(野矢)라 부른다."고 한다.〔낙두(落頭)라고 하는 것은
떨어지는 화살이 도달하는 도착점을 말한다. 과녁을 쏘았을 때에
는 과녁에 도달하고, 사람을 쏘았을 때에는 사람에게 도달한다고
하는 것이다. 야시(野矢)라고 하는 것은 스승에게 전수받지 않
고 자기 중심으로 하여 정법(定法)을 무시한 것을 말한다.〕
　그러므로 과녁은 그 거리의 멀고 가까운 것을 분별하여 전수
(前手 : 弓手)가 그것에 순응(順應)하게 한다.〔만약 과녁이 줌
통보다 80보(八十步 : I24m) 앞에 있으면 전수(前手)는 전견

(前肩：左肩)의 높이에 대응(對應)하게 한다. 과녁이 100보(百步：155m)면 전수는 눈의 높이에 대응시킨다. 과녁이 130～140보(百三四十步：200～217m)라면 전수는 눈썹 높이에 대응시킨다. 가장 멀리 170～180보(百七八十步：263～279m) 정도 되는 경우라면 전수는 머리에 쓰는 두건과 대응시킨다.〕

　과녁을 보는 눈이 자세하며 참되고 바른 것이라면 자연히 정신과 기운이 넘쳐 흘러 집중하게 된다. 〔두 눈으로 자세히 둘러 보았으나 그것이 참되고 바른 것이 아니라면 화살날기는 분주하기만 하고 표준이 없게 된다.〕

　▨ 겨누는 목표를 전수(前手：弓手)를 올리고 내리는 것으로 조정한다고 한다. 그 일반적으로 기준이라 할 수 있는 전수(前手)의 대응방법이 쓰여 있으나 이것은 궁력(弓力), 화살날기의 속도, 각자의 팔 길이나 숙달의 정도 등에 의해서도, 또한 미묘하게 변하는 것이다.

　명(明)나라 정종유(程宗猷)가 지은 『사사(射史)』의 사법(射法)에서는, 과녁을 겨누어 정하는 볼거리(指視：과녁의 확인)의 높이를 중요하게 여겨 이것을 중심으로 겨눔을 정하는 방법을 설명하고 있다. 물론 이 볼거리의 높이에 따라 전수(前手：弓手)가 각각 움직이는 것은 당연하다.

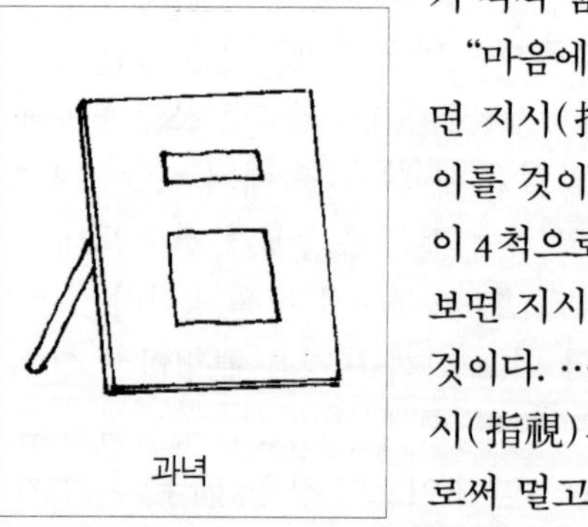

과녁

　"마음에 100보(百步)를 약(約)하면 지시(指視)의 높이 5척으로 하여 이를 것이다. 혹은 80보면 지시의 높이 4척으로 하여 이를 것이다. 혹은 50보면 지시의 높이가 3척으로 하여 이를 것이다. ……자기 마음의 교묘함과 지시(指視)의 높고 낮음에 의해, 그것으로써 멀고 가까운 것을 나눈다."라고 하였다.

이 과녁의 거리에 의하여 궁수(弓手)나 과녁의 확인을 변화시켜야 하는데 그것이 안 되는 것, 즉 세상의 변화를 깨닫지 못하는 것을 비유하여 '월(越)나라 사람의 활쏘기'라고 일컫는다.

『회남자(淮南子)』 설산훈(說山訓)에 "월(越)나라 사람이 멀리 쏘는 것을 배웠는데 하늘에 참(參)하여 발(發)하였다. 가끔 5보(五步) 안에 있으면서도 의(儀)를 바꾸지 않았다. 세상은 이미 변했다. 그렇건만 그 고(故)를 지키는 것은 비유컨대 오히려 월나라 사람의 활쏘기와 같다."라고 하였다. 참(參)한다는 것은 우러러 바라본다는 뜻이고 의(儀)라는 것은 과녁을 우러러 확인하는 균형잡힌 일이다.

《대저 화살을 100보(百步)의 위(威)라고 일컫는 것은, 이른바 사람을 100보 밖에서 죽이는 것이기 때문이다. 그러므로 그 효(效)는 사람을 맞추는데 있고 익히는 바는 과녁 깨뜨리는 것을 먼저로 한다. 〔적(的)이라는 것은 화살의 과녁이다. 세속(世俗)에 통호(通呼)하여 파자(把子)라고 한다.〕 언(諺)에 말하기를 "화살에 낙두(落頭)가 없고, 원근(遠近)을 알지 못하는 것은, 이것을 야시(野矢)라 이름한다."고 한다. 〔낙두(落頭)란 낙시(落矢)의 이르는 곳을 말한다. 과녁을 쏘는 것은 과녁에 이르고, 사람을 쏘는 것은 사람에게 이르는 것과 같은 것이 이것이다. 야시(野矢)는 사수(師授)를 거치지 않고 방종(放縱)하여 법(法)이 없는 것을 말한다.〕 그러므로 과녁은 원근(遠近)을 나누어 전수(前手)가 이에 응(應)한다. 〔만약 파자(把子)가 80보라면 전수(前手)는 전견(前肩)과 대한다. 파자가 100보라면 전수는 눈과 대한다. 파자가 130～140보라면 전수는 눈썹과 대한다. 그 가장 멀리 170～180보에 이르면 전수는 반드시 모정(帽頂)과 대한다.〕 목력(目力)이 심진(審眞)하면 기(氣)가 지(至)하고 의(意)가 주(注)한다. (이목(二目)이 심고(審顧)해도 진(眞)하지 않으면 화살이 발(發)하기 창망(倉茫)하여 준(準)이 없어진다.》

夫箭稱百步之威 所謂殺人于百步之外[1]者也 故 其效在于中人
而所習先于破的〔的者 箭之侯 世俗通呼爲把子〕諺曰 箭無落頭[2]
不知遠近 是名野矢〔落頭 謂落矢之所至 如射的者 至的 射人者
至人 是也 野矢 謂不經師授 放縱無法〕故 的分遠近 而前手應之
〔如把子八十步 前手與前肩對 把子一百步 則前手與眼對 把子一
百三四十步 則前手與眉對 其最遠至一百七八十步 則前手必與帽
頂對矣〕目力審眞 氣至意注[3]〔二目審顧不眞 則箭發倉茫無準矣〕

1) 殺人于百步之外(살인우백보지외) : 전국시대(戰國時代)의 병가(兵家)
   인 위료(尉繚)가 전한 『위료자(尉繚子)』의 제담(制談)편에는 "사람을
   100보 밖에서 죽이는 것은 활과 화살이다. 사람을 60보 안에서 죽이는 것
   은 창이다."라고 하였다. 전국시대의 보(步)는 1.35m이고, 명나라 때에
   는 1.55m였으니 어찌되었거나 상당한 비상력(飛翔力)이다. 그리고 춘추
   시대(春秋時代) 초(楚)나라의 양유기(養由基)는 100보 밖에 있는 버들
   잎을 쏘아서 맞춘 것으로 유명하고, 송(宋)나라 때에는 곡진(曲珍)이 100
   보 밖에서 동전(엽전)을 쏘아서 뽑았다는 것으로 알려지고 있다.

2) 落頭(낙두) : 화살이 이르는 곳을 말한다. '낙두(落頭 : 머리를 떨어뜨리
   다)'라고 하는 말을 꺼려서 '과적(過的)'이라고도 한다. 『사사(射史)』
   에 "낙두(落頭)라는 일컬음. 그 말이 온 지 오래다. 다만 군무(軍武) 중
   에서 이 글자를 싫어하여 지금은 과적(過的)의 두 글자로써 이것을 바꿨
   다."라고 하였다.

3) 目力審眞氣至意注(목력심진 기지의주) : 목력(目力)은, 두 눈으로 과녁
   을 확인하는 일이다. 고영(高潁)은 이 목력(目力)을 매우 중요하게 여겼
   는데 『사학정종(射學正宗)』 첩경문(捷徑門)에 의해 가장 먼저 주장한
   오법(五法)인 심(審)·곡(穀)·균(勻)·경(輕)·주(注) 가운데, 처
   음의 심법(審法)과 끝의 주법(注法)은 이 목력(目力), 즉 과녁의 예상에
   온 정신을 집중시키는 것을 중심으로 하고 있다. 곧 "심(審)과 주(注)는,
   수미상응(首尾相應)한다. 이것을 통틀어서 모두 목력(目力)을 쓰는 것
   이다."라고 하였다. 또 "대저 사람의 일신(一身)의 정신은 모두 눈으로 모

인다. 눈이 시선을 집중하는 곳에 신(神)은 반드시 이른다. 신이 이르러 사체(四體) 백해(百骸)의 근력(筋力)과 정기(精氣)가 함께 향해 온다."라고 하고 있다.

2. 겨누는 것을 알기 위한 마음 자세

가. 이것을 활쏘기 기술의 완성이라고 한다

과녁까지의 거리는 가까운 곳에서부터 시작하여 먼 곳으로 뻗어나가 조금씩 거리를 늘려가며 정확한 과녁 겨누기를 배워서 몸소 체험하여 얻어간다. 〔활을 잘 쏘고자 배우는 자는 그 과녁을 반드시 1장(一丈 : 3m정도)의 지극히 가까운 거리에 두고 쏘기 시작하여 백발백중(百發百中)이 되면, 촌(寸 : 3cm)의 단위로 잘게 거리를 더해 간다. 그렇게 점차로 거리를 늘려 100보(百步 : 155m)까지 이르르면 또한 백발백중이 된다.

이것을 사술(射術)의 완성이라고 한다. 그리고 이것은 영원히 변하지 않는 정법(定法)이다.

대개 과녁이 50보 정도의 거리에 있는 가까운 경우의 겨냥은, 전수(前手 : 弓手)는 왼쪽 어깨의 높이보다 2촌(二寸) 내려 똑바로 과녁의 중심에 대하여 쏜다. 과녁이 30보일 때는 전수(前手)를 좌과(左胯 : 왼쪽 사타구니)와 대응하게 하여 과녁의 밑바닥을 예상하고 쏘는 것이다.〕

따라서 처음 활을 배울 때에는 반드시 활을 힘껏 당겨서 멀리 쏘아 차라리 높게 날아 지나치게 하더라도 낮게 하여 목표물에 이르지 않는 일이 없도록 해야 할 것이다. 충분히 멀리 쏘아 보내고 그런 다음 겨우 과녁을 지극히 가까운 곳에 두고 쏘기 시작하여, 점차로 멀리 물러나서 정확한 겨냥의 표준을 추구한다.

이때 땅에 금을 긋 듯이 미리 자기 능력의 한계를 정해 버리고 노력을 중간에 꺾어서는 안 된다. 〔처음 배우는 자는 지금껏 활을 당긴 경험이 없으므로 다만 20~30보를 쏘아 날릴 뿐이다. 이것은 스스로가 한계를 정하는 것이다. 이래서야 어떻게 멀리 쏠 수 있을 것인가.〕

▨ 불과 1장(一丈 : 3m)의 지극히 가까운 거리의 과녁에 대하여 백발백중(百發百中) 시키는 것에서부터 겨누기를 정하는 방법을 배우기 시작한다고 한다. 이런 거리에서는 명중시키지 못하는 것은 이상한 것이요, 명중시키지 않는 것이 어려울 정도이다. 이것은 지나친 표현이고, 활쏘기 연습과 거리가 먼 어리석은 연습법인 듯이 여겨진다.

그러나 이와 같이 보통으로는 우습게 여겨 대수롭지 않게 보기 쉬운 상황일 때에 기초를 단단히 한다는 마음으로 진지하게 연습하여 습득해 가는 것이 이후의 진전(進展)을 보증하는 토대가 된다고 한다.

우리의 궁도(弓道)에서 권고(卷藁 : 볏단) 연습을 중요하게 여기는 뜻과도 통한다.

『열자(列子)』 중니(仲尼)편에는 "보는 것을 배우려면 먼저 수레에 실은 땔나무를 보아라. 듣는 것을 배우려면 먼저 종치는 것을 들어라."라고 하였다. 이것은 지극히 평범하고 쉬운 일들을 착실하게 배우는 것이 궁극에 이르는 길이라는 것을 보이려고 하는 것이다.

《가까운 데에서 말미암아 먼 데에 미쳐 점차로 정구(精求)를 익힌다. 〔사(射)를 잘 배우는 자는 그 과녁이 반드시 1장(一丈)에서 시작하여 백발백중(百發百中)하면 촌(寸)으로써 이것에 더하여 점차로 100보에 이르러도 또한 백발백중한다. 이것을 술성(術成)이라고 한다. 이것은 바꾸지 못하는 법이다.

무릇 파자(把子)가 50보로 가까운 것은 전수(前手)가 전견(前肩)보다 내려
오기 2촌(二寸)으로 바로 파자의 중(中)에 대하여 이것을 쏜다. 파자가 30보
인 것은 전수가 좌과(左胯)와 더불어 대하고, 정히 파자의 근저(根底)를 바라
보고 이것을 쏜다.〕그러므로 사(射)를 배우는 처음에는 반드시 만예(滿拽)하
여 원발(遠發)하고, 차라리 높아서 지나더라도 낮아서 미치지 못하지 말라. 능
히 멀리 미치고, 그러한 뒤에 가까운 데로 준(準)을 구한다. 땅에 금을 그어 써
스스로 한계를 잡지 말라.〔초학자(初學者)는 일찍이 아직 활을 열지 않아 다
만 30～20보 쏠 뿐이다. 이와 같은 것은 이 스스로 한정하는 것이다. 어찌 능히
멀게 할 것인가.》

　　由近及遠 漸[1]習精求〔善學射者 其的必始于一丈[2] 百發百中 寸
以加之 漸至于百步 亦百發百中 是爲術成 此不易之法也 凡把子
五十步近者 前手下前肩二寸 直對把子中射之 把子三十步者 前
手與左胯對 正望把子根底射之〕故 學射之初 必滿拽而遠發 寧高
而過 勿低而不及[3] 能及遠矣 然後自近求準[4] 毋畫地以自局[5]焉
〔初學者 曾未開弓 便止射三二十步 如此是自局也 豈能遠耶〕

1) 漸(점) : 점점, 점차(漸次)의 뜻.

2) 丈(장) : 길이의 단위. 명대(明代)에는 2보(二步 : 十尺)에 상당하고,
　　3.11m이다. 촌(寸)은 장(丈)의 100분의 1로, 3.11cm이다.

3) 寧高而過勿低而不及(영고이과 물저이불급) : 영(寧)은 차라리, 물(勿)
　　은 말라의 뜻. 차라리 높이 지나치더라도 낮아 미치지 않게는 말라. 처음
　　활을 쏘는 사람은 어쨌든 화살이 멀리 날도록 하라는 것이다.

4) 求準(구준) : 준(準)은 조준(照準). 화살을 멀리 쏠 수 있는 법을 몸소
　　체험하여 알아 과녁을 겨누어 조준하는 방법을 구(求)하는 일.

5) 畫地以自局(획지이자국) : 『논어(論語)』옹야(雍也)편에는 "공자가 말
　　하기를 '힘이 모자라는 자는 중도에서 폐(廢)한다. 이제 너는 한계(限
　　界 : 畫)에 이르렀다.'라고 했다."라고 하였다. 참으로 능력이 없는 자는
　　중도에서 끝난다. 스스로 자기의 한계를 미리 정하고 그 이상의 노력을 하

지 않는다는 뜻. 주자(朱子)의 『논어집주(論語集注)』에는 여기에 주석하기를 "획(畫：限界)이라는 것은 능히 나아갈 수 있건만 하고자 하지 않는 것이다. 이것을 획(畫)이라 이르는 것은 땅에다 금을 그어놓고 그것으로써 스스로 한계라고 하는 것과 같은 것이다."라고 하였다.

3. 익숙해지면 실수가 없다

가. 익숙해지면 자연히 멀리 날아간다

옛날 사람이 남긴 사법(射法)에 말하였다.

"활이 연약(軟弱)한 것을 걱정할 필요는 없다. 익숙해지면 자연히 멀리 날게 될 것이다. 팔힘이 파리하고 약한 것을 걱정할 필요가 없다. 활을 당기다 보면 자연히 팔힘이 세지고 단단해져 활을 잔뜩 당길 수 있게 된다."

〔활의 힘이 강하고 굳센 것을 경(硬)이라 하고, 활의 힘이 작고 약한 것을 연(軟)이라고 한다. 복(服)이라는 것은 오랫동안 연습하여 익숙해지는 것을 말한다. 파리하다(羸)는 것은 약한 것이다. 힘세다(伍)는 것은 힘이 있는 모양이다.〕

무릇 팔힘이 활보다 우수하면, 기(氣)가 안정되고 조화를 이루어 반드시 명중(命中)되는 것이다. 그리고 높은 산에 오른다거나 골짜기에 숨는다거나 하는 지세(地勢)의 높고 낮은 것에 따라 반드시 과녁을 이동하여 어떠한 상황이라도 대처할 수 있도록 익히게 되면, 자유자재로 어느 방향으로 쏘아 보내더라도 헛되게 쏘는 화살은 없을 것이다. 〔미리부터 평상시에 충분한 연습을 하여 익히고 실제 전투에서 적의 앞에 나섰을 때 나아가고 물러나는 방법을 체험하여 얻어서 숙달(熟達)되는 것을 확정하고 있는 것이다.〕

《법(法)에 이르기를 "활의 부드러움을 근심하지 말라. 복(服)하면 마땅히 스스로 멀어진다. 힘의 약함을 근심하지 말라. 당기면 스스로 세진다."라고 하였다. 〔활의 힘이 강경(强勁)한 것을 경(硬)이라 하고 힘이 작고 약(弱)한 것을 연(軟)이라 한다. 복(服)이란 것은 오랫동안 습숙(習熟)하는 것을 이른다. 이(贏)는 약(弱)과 같다. 비(伾)는 힘이 있는 것이다.〕 대저 힘이 활에 승(勝)하면, 즉 기(氣)가 화(和)하여 명중(命中)한다. 그 높은 곳에 오르고 골짜기에 엎드려 지세(地勢)의 저앙(低昂)에 따라 반드시 과녁을 옮겨 이것을 익힘에 미쳐서는, 종횡(縱橫)으로 예척(曳擲)하더라도 발(發)하여 유시(遺失)함이 없다. 〔미리 이것을 한(閑)에 익혀서 써 적에게 다달아 진퇴(進退)의 익숙해지기 구함을 말하는 것이다.〕》

法[1]曰 莫患弓軟[2] 服當自遠 莫患力贏引之自伾〔弓之力强勁曰硬 力小而弱曰軟 服者 久而習熟之謂也[3] 贏猶弱也 伾有力也[4]〕夫力勝于弓 則氣和而命中 及其升高俯壑 隨地勢之低昂 必移的以習之 縱橫曳擲[5] 發無遺矢矣〔言預習之閑 以需臨敵進退之熟也〕

1) 法(법): 사법(射法)에 대하여 옛날부터 전해져 온 유법(遺法). 이 말은 허동(許洞)의 『호검경(虎鈐經)』, 왕거의 『사경(射經)』, 척계광(戚繼光)의 『기효신서(紀効新書)』 사법편(射法篇)을 비롯하여 고영의 『사학정종지미집(射學正宗指迷集)』에도 언급(言及)되어 있다.

2) 弓軟(궁연): 궁력(弓力)이 작고, 팔의 힘에 비교하여 연약(軟弱)한 것. 화살날기가 적은 것이다.

3) 服者久而習熟之謂也(복자구이습숙지위야): 『한서(漢書)』 조착전(鼂錯傳)에는 "그 수토(水土)에 복(服)하다."라고 하였고, 안사고(顔師古)의 주석에는 "복(服)은 습(習)이다."라고 해석되어 있다. 곧 습관이 될 정도로 익숙해져서 적응할 수 있다는 뜻이다.

4) 伾有力也(비유력야): 비(伾)는 힘이 세다는 말이지만 여기서는 활을 잔뜩 당겨 만(滿)이 되게 한다는 말일 것이다.

5) 曳擲(예척): 예(曳)는 활을 당기는 일. 척(擲)은 화살을 쏘아 보냄과 동

시에 활을 목표를 향해 내던지 듯이 하여 화살을 보내는 것. 곧 화살 쏘는 것을 말하는 것이다.

4. 쏠 때는 거리를 짧게 해야 효과가 크다

가. 활은 위력이 멀리까지 미치는 병기이다

척계광(戚繼光) 장군이 말하였다.

"적(敵)에게 활을 쏠 때에는 담력(膽力)을 크게 하고 과감하게 하여 마음을 안정시키고, 기세(氣勢)를 쌓아 거세게 하고, 지극히 가까운 곳까지 끌어들여 단숨에 쏘아 보내면 상대방은 미처 피할 수 없게 된다."

〔무릇 적을 앞에 두고 반드시 활을 당길 때에는 지나치게 잔뜩 당겨도 안 되고, 가볍게 쏘아 보내도 안 된다. 다만 몸의 상태를 사방으로 평형이 되게 딱 잡아 안정시키고 손을 활시위에 걸고 선 자세를 가다듬어 그 기세를 충실하게 하고 적이 반드시 수십보 정도의 거리까지 가까이 오는 것을 기다린다. 그리하여 사정거리를 헤아려서 한 발을 쏘면 반드시 명중(命中)하고 반드시 적을 죽일 수가 있다.

또 혹은 몸을 적의 진영으로 몰아넣게 되는 것 아닌가 할 정도로, 혹은 적의 선봉이 되는 것이 아닌가 하는 생각이 들 때까지 빠듯하게 거리를 좁히고 나서 한 발을 쏘아서 명중시키면 10배의 위력을 발휘할 수 있다.〕

대저 활과 화살은 위력(威力)이 멀리까지 미치는 병기이다. 위력이 멀리까지 미치는 병기는 그 거리를 짧게 죄어서 쏠수록 효과가 있다. 힘이 100보인 자는 상대가 50보까지 가까워진 곳에서 쏘고, 힘이 50보인 자는 25보로 가까워진 곳에서 쏘면 효과가 훨씬 크다.

위력이 미치는 거리가 긴 것을 기세가 거세다고 하며, 거리를 당겨서 짧은 거리에서 쏘는 기회를 잡는 것을 정확하고 재빠르다고 한다.

〔힘이 100보라고 하는 것은 팔힘이 강하여 쏜 화살이 100보까지 닿게 하는 것을 말한다. 역량(力量)이 배나 되는데 그 반만을 쓰면 기세(氣勢)에는 여유가 있고 실패할 걱정은 없다.〕

그러므로 기마전(騎馬戰)에서 적을 쏠 경우에는 큰 표적물(標的物)을 쏘는 것이 좋고, 반드시 어느 사람을 겨누어 쏘는 것은 좋지 않다. 옛날에 "사람을 쏘려면 먼저 말을 쏘아라. 도적을 잡으려면 먼저 왕(王)을 잡아라."라고 말한 것은 그 중요하게 여겨야 하는 것을 깨우쳐 준 것이다.

《척장군(戚將軍)이 이르기를 "적(敵)에 대하여 화살을 쏘는 데에는 오직 담대(膽大)하고 역정(力定)하며, 세험(勢險)하고 절단(節短)하면, 사람이 능히 피할 자 없다."고 하였다. 〔무릇 적에 다달아 반드시 활을 당김에는 또한 만예(滿拽)하지 말고, 또한 경발(輕發)하지 말라. 단지 사평(四平)으로 하여 손을 걸어 입정(立定)하고 써 그 세(勢)를 길러 반드시 장차 가까워지기 수십보 되기를 기다린다. 이것을 헤아려서 한 번 발(發)하면 반드시 맞고 반드시 능히 적을 죽인다. 또 혹은 장차 몸을 잘릴 것을 근심하고, 혹의 적(賊)의 선봉(先鋒)이 되나 하다가, 그러한 뒤에 한 번 발(發)하여 맞으면 공(功)을 거두기 10배다.〕 대개 궁시(弓矢)는 장병(長兵)이다. 장병은 단용(短用)한다. 힘이 100보인 자는 50보에서 그러한 뒤에 발(發)하고, 힘이 50보인 자는 25보로 하여 그러한 뒤에 발한다. 장(長)은 즉 이것을 세험(勢險)이라 이르고, 단(短)은 즉 이것을 절단(節短)이라 이른다. 〔힘이 100보란, 힘이 100보에 이를 수 있음을 이른다. 역량(力量)이 배(倍)이면서 그 힘을 반만 쓰면 세(勢)에 남음이 있어서 착실(錯失)의 근심이 없다.〕 그러므로 마전(馬戰)에서 적을 쏘는 것은 그 큰 것을 쏘고 반드시 사람을 쏘는 것을 목적으로 하지 않는다. 어(語)에 이르기를 "사람을 쏘려면 먼저 말을 쏘아라. 적(賊)을 사로잡으려면 먼저 왕(王)을 사로잡아라." 라고 하였다. 그 요(要)를 깨우치는 소이(所以)이다.》

戚將軍[1]曰 對敵射箭 惟膽大[2] 力定 勢險節短[3] 則人莫能避矣〔凡臨敵必挽弓矣 且勿滿拽 且勿輕發 只四平[4] 架手立定 以養其勢 必待將近數十步 計之一發 必中 必能殺敵 又或患將切身 或爲賊先鋒 然後一發而中 收功十倍矣〕蓋弓矢長兵[5]也 長兵短用焉 力百步者 五十步而後發 力五十步者 二十五步而後發 長則謂之勢險 短則謂之節短也〔力百步 謂方可至百步也 力量倍 而半用其力 則勢有餘 而無錯失之患〕故 馬戰射敵 射其大者 不必的于射人 語曰 射人先射馬 擒賊先擒王[6] 所以諭其要也

1) 戚將軍(척장군) : 명(明)나라 때의 명장(名將)인 척계광(戚繼光)을 말한다. 가정(嘉靖) 7년(1528)~만력(萬曆) 15년(1587). 자(字)는 원경(元敬). 시호(諡號)는 무의(武毅). 남당(南塘)이라 호(號)하였고 뒤에 맹저(孟諸)라 호하였다. 1552년에 절강(浙江)과 복건(福建)에서 왜구(倭寇)를 격퇴하여 명성(名聲)을 얻었고, 이후 북로(北虜)를 막아 공(功)을 세웠다. 장거정(張居正)의 신임을 얻어 좌도독(左都督)에까지 승진하여 군정(軍政)을 총독(總督)하였다. 저서에 왜구 격퇴 등의 실전에서 얻은 전술을 논한 『기효신서』『연병실기(練兵實紀)』가 있고 문집(文集)으로는 『지지당집(止止堂集)』 등이 있다. 그의 전(傳)은 『명사(明史)』제212권(卷)에 상세하게 실려 있다.

2) 膽大(담대) : 담은 담력(膽力). 곧 용기가 있어 과감한 것. 실행하는 것이 대담(大膽)하고 과감하다는 뜻이다.

3) 勢險節短(세험절단) : 군략(軍略)에 있어서 생각하는 방법이다. 『손자(孫子)』의 세편(勢篇)에 "거세게 흐르는 물처럼 빨라서 돌을 뜨게 하기에 이르는 것은 세(勢)다. 독수리처럼 빨라서 새의 목을 꺾고 날개를 꺾기에 이르는 것은 절(節)이다. 그런 까닭에 잘 싸우는 자는, 그 기세가 험하고 그 절도가 짧다. 세(勢)는 쇠뇌를 겨누듯이, 절(節)은 기(機 : 발사장

치)를 발하는 듯이."라고 하였다.
요컨대 활을 당긴 채 만(滿)을 지
탱하면서 발사하지 않고 기세를 크
게 모아 빠르고 거세게, 곧 세험(勢
險)하게 해서, 적을 충분히 끌어들
여 거리를 좁혀서 상대에게 여유를
주지 않고 단숨에 화살을 쏘아 보
내는 것, 곧 절단(節短)이다.

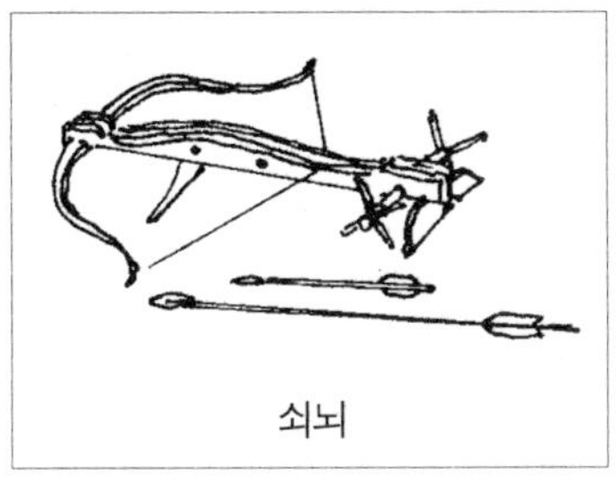
쇠뇌

4) 四平(사평) : 정종유(程宗猷)의
『사사(射史)』 사법(射法)에는
"두 다리를 벌리고 서서, 넓지 않
고, 좁지 않고, 높지 않고, 낮지 않
고, 고르게 사평(四平)의 세(勢)
를 얻다."라고 하였다. 곧 제자리걸
음을 하여 몸통에 있어 다리 벌림

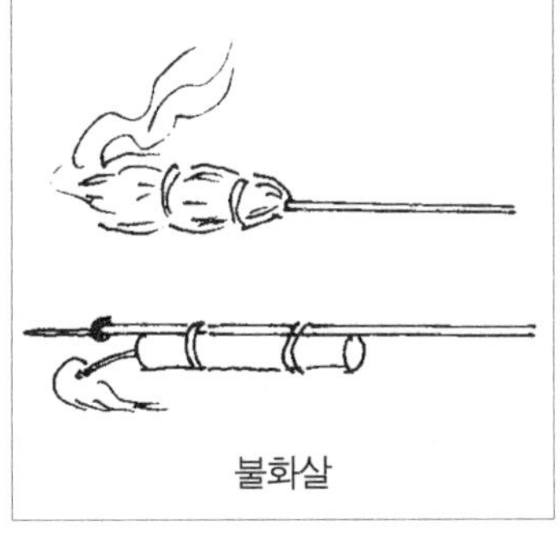
불화살

이 알맞고, 허리 내리는 방법도 가장 안정이 되어, 어느 쪽에서 건드려도
움직이지 않고 버텨낼 수 있는 안정된 상태를 말하는 것이다.

5) 弓矢長兵(궁시장병) : 장병(長兵)이란, 살상력(殺傷力)이 멀리까지 미
치는 위력 있는 무기라는 뜻.『사기(史記)』흉노전(匈奴傳)에는 "그 장
병(長兵)은 즉 궁시(弓矢)요, 단병(短兵)은 즉 도연(刀鋋)이다."라고
하였고, 또 이 책 제14장 신묘한 기(技)편에는 "사(射)를 모든 기예의 우
두머리로 삼는 것은, 그 장(長)함으로써이다."라는 말이 있다.

6) 射人先射馬擒賊先擒王(사인선사마 금적선금왕) : 당(唐)나라 때 사람
으로 시성(詩聖)이라고 일컬어지는 두보(杜甫 : 712~770)의 시(詩)
「전출새시(前出塞詩)」중의 구절로 유명하지만 혹은 옛부터의 속언(俗
諺)일 것이다. 그 처해 있는 상황에서 가장 중심되는 것을 단번에 겨누는
것을 말한다. 그 시에 "활을 당기는 데에는 마땅히 강한 것을 당길 것이다.
화살을 쏘는 데에는 마땅히 긴 것을 쏠 것이다. 사람을 쏘려면 우선 말을

쏘아라. 적(賊)을 사로잡으려면 우선 왕(王)을 사로잡아라."라고 하였다.

5. 무사(武士) 등용(登用)의 방법

가. 실전(實戰)을 근본으로 하여야 한다

　지금까지의 세상 돌아가는 모양을 관찰해 보면, 무사를 등용하는 과거(科擧)를 비웃는데 그때 사용하는 화살에 대하여 공명(功名)을 취하는 화살이라고 일컫고 있다.

　이것은 다만 과거에 급제(及第)하는데만 소용될 뿐이고 실제로 적(敵)을 만나서 대결할 수 있는 능력은 없다는 것을 지적하는 것이다.

　아아! 무(武)에 뜻을 두는 선비들이여, 공명을 얻는 데에 실전(實戰)을 제쳐두고 대체 무엇을 할 것인가.

　▨ 무관(武官)을 등용하는 것은 문관(文官)을 과거(科擧)에 의해 선발하는 것과 같이, 무관(武官)도 그것과 병행하여 선발한다는 이념(理念)에서 생긴 것이다. 이것이 제도화된 것은 당(唐)나라 측천무후(則天武后) 때인 장안(長安) 2년이고, 완전히 갖추어진 것은 명(明)나라 때부터라고 한다.

　그 제도는 3년에 한 번 실시되고, 내용은 삼장(三場)으로 나뉜다. 『무가구(武家彀)』하(下)의 기사보사규(騎射步射規)에 의하면 "10월 9일에 초

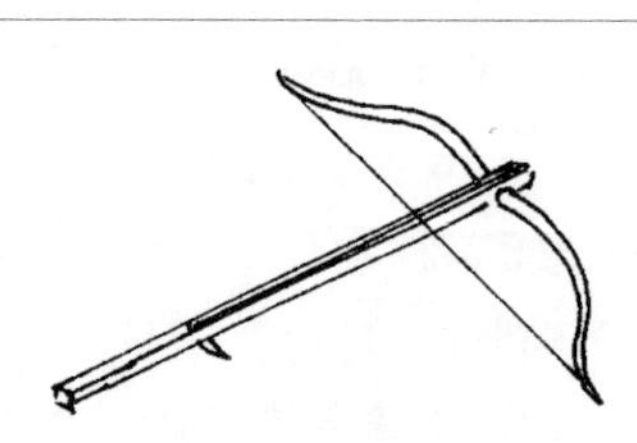

정량
(무과과거 시험 때 쓰던 것으로 무게가 무겁다. 큰 활이라고도 한다)

장(初場)으로서 기사(騎射 : 말타고 쏘기)를 견주고, 12일은 이장(二場)으로 들어가서 보사(步射)를 견준다.”라고 한 것처럼 10월에 행해져 일장과 이장에서는 기사(騎射)와 보사(步射)의 시험을 보는데 사술(射術)이 무관의 과거에 있어 실기의 중심이었던 것이다.

따라서 사(射)를 배우는 자가 이 시험에 급제하는 것만을 목표로 삼고 실전(實戰)을 무시하려는 경향이 있는 것을 개탄하고 있는 내용이다.

삼장(三場)은 이론시험이었는데 이것은 거의『무경(武經)』의 한 구절을 베껴쓰는 정도의 것이었던 듯하다.

이 시험은 문과과거에 준(準)하여 몇 단계로 되어 있다.

각 성도(省都)에서 향시(鄕試 : 합격자는 武擧人)를 치르고, 도성(都城)에서의 회시(會試 : 武進士)를 거치고, 숭정(崇禎) 4년 이후에는 천자(天子)에 의한 전시(殿試)도 행해지기에 이르렀다.

여기서는 무사(武射)로서 활쏘기의 기량에 중점을 두고 무진사(武進士)가 선발되었으나,『예기(禮記)』의 사의(射義)편에 의하면 옛날에도 또한 한 가지로 활쏘기에 의하여 귀족(貴族)이 선발되었던 듯하다.

『예기』사의(射義)편에서 선발하는 기준은 문사(文射)였으며 그 활쏘는 사람의 덕성(德性)을 반영하는 것으로서 활쏘기를 바라보는 데에 크게 차이가 있다.

곧 “사례(射禮)는 성덕(盛德)을 보기 위한 것이다. 이런 까닭으로 옛날에 천자(天子)는 사례로써 제후(諸侯)와 경(卿)과 대부(大夫)와 사(士)를 선택하였는데 활쏘는 일은 남자의 일이다. 인하여 예악(禮樂)으로써 그것을 꾸몄다. 그러므로 예악(禮樂)을 다하고, 그것을 자주함으로써 덕행(德行)을 세울 수 있는 것으로 사례보다 나은 것이 없다. 그러므로 성왕(聖王)이 그것을 힘쓴 것이다."라고 논(論)하고 있다.

《일찍이 시속(時俗)을 보건대 무거시(武擧試)를 비웃고, 그것이 화살을 에 워싸고 공명전(功名箭)이라고 말한다. 그 헛되어 능히 박제(博第)할 뿐, 써 적(敵)에 다달음에 족(足)하지 못함을 이른 것이다. 아아! 사(士)는 공명(功名)을 취함에 어떻게 할 것인가.》

嘗觀時俗 嗤[1]武擧試[2] 圍之箭曰功名箭 謂其徒能博第[3] 而不足以臨敵也 於戲士取功名 何爲哉

1) 嗤(치) : 비웃음. 웃음거리. 치(蚩)라고도 쓴다.
2) 武擧試(무거시) : 이른바 무관등용시험(武官登用試驗)이다. 무(武)를 낮게 보는 유가(儒家) 사상과 실전을 거치지 않고 시험에 의해 지위를 얻은 무인은 쓸모가 없다고 하는 처지에서 거의 중요하게 여겨지지 않았다.
3) 博第(박제) : 과거시험에 급제하였다는 뜻.

제5장 정확히 당기는 법〔明彀〕

I. 구(彀)란 무엇인가

가. 옛날에 활을 잘 쏘았던 예(羿)

맹자(孟子)가 말하기를

"옛날에 활쏘기의 명인인 예(羿)가 사람에게 활쏘는 기술을 가르칠 때에는 반드시 활을 힘껏 당겨 만(滿)에 이르는데 마음을 쓰게 하였다. 배우는 자도 또한 반드시 활의 시위를 힘껏 당기도록 노력하여야 할 것이다."

라고 하였고, 또 말하였다.

"예(羿)는 상대가 활을 잘 못쏘는 사람이라고 해서 활줄을 힘껏 당기는 방법을 바꾸는 일이 없었다."

구율(彀率)이란, 충분히 당겨서 만(滿)이 된다는 뜻이다. 대개 화살촉이 줌통까지 당겨져서 줌통과 가지런하게 되는 것을 만(滿)이라고 하는 것이다. 〔파(弝)는 궁파(弓弝 : 활의 줌통)를 말한다.〕

화살촉이 줌통의 절반 정도까지 당겨지는 것을 관영(貫盈)이라고 한다.

▨ 고영(高穎)의 『사학정종(射學正宗)』 구법(彀法)편에 "구법(彀法)의 근본은 전적으로 전견하권(前肩下捲 : 왼쪽 어깨

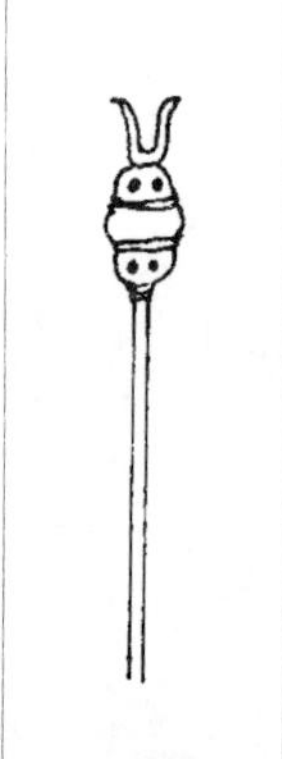

우는 화살
(날아가며
우는 소리
를 낸다)

를 앞쪽으로 엎어내리 듯이 하여 어깨가 빠지지 않도록 한다) 하는 데에 있다. 전견(前肩)은 이미 내려가고, 그러한 뒤에 전비(前臂) 및 후견비(後肩臂)가 함께 전견(前肩)과 평평하고 곧게 된 것이 저울대와 같다. …… 골절(骨節) 다한 곳을 굳게 가져서 움직이지 않는다. 화살촉이 겨우 나아가는 것을 바야흐로 구(彀)라 말할 수 있다."라고 하였다.

여기서는 궁수(弓手)를 뻗고 골격과 관절이 균형을 이루어 힘이 가장 충실한 상태를 구(彀)라 하고, 측면의 움직임을 중심으로 해석되어 있다.

즉 오늘날의 궁도(弓道)에 있어서 회(會)와 거의 같은 것으로 보인다.

회(會)에 있어 스스로 만(滿)에 이르는 극한적인 것으로서, 굽히고 펴는 것이 다하여 헤어지는 순간을 말한다.

이때에는 신체적으로도 정신적으로도 극한 지점에 이르는 것이며 더욱 무념(無念)이라고 말하고 있다.

《맹자(孟子)가 이르기를 "예(羿)가 사람에게 사(射)를 가르침에 반드시 구(彀)에 이르게 하였다. 배우는 자 또한 반드시 구에 이르렀다."고 하고 또 이르기를 "예(羿)는 졸사(拙射)라고 해서 그 구율(彀率)를 고치지 않았다." 라고 하였다. 구율(彀率)이라는 것은 영만(盈滿)을 이르는 것이다. 대개 촉(鏃)과 파(弝)가 같아 가지런한 것을 만(滿)이라고 한다. 〔파(弝)는 궁파(弓弝)다.〕 파의 사이를 반(半)으로 하면, 이것을 일러 관영(貫盈)이라고 한다.》

孟子[1]曰 羿之敎人射 必至于彀[2] 學者亦必至于彀 又曰 羿不爲拙射 變其彀率[3] 彀率[4]者 盈滿之謂也 蓋鏃與弝 齊爲滿〔弝 弓弝也〕半弝之間 謂之貫盈[5]

1) 孟子(맹자) : 전국시대(戰國時代) 노(魯)나라 사람으로 유가(儒家)의 대가(大家)로서 후세에 공자 다음간다 하여 아성(亞聖)이라 일컬어진다. 이름은 가(軻). 자(字)는 자여(子輿). 공자(孔子)의 손자인 자사(子思)의 문인(門人)에게 배우고, 공자의 사상을 발전시켜서 왕도와 인의를 존중하고 성선설(性善說)을 주창하였다. 『맹자』7편을 찬(撰)하였다.

2) 羿之敎人射必至于彀(예지교인사 필지우구) : 『맹자(孟子)』고자상(告子上)의 글이다. 예가 남에게 활쏘는 법을 가르칠 때 반드시 활을 충분히 당기도록 마음을 쓰게 했는데 배우는 사람 또한 활을 충분히 당기도록 힘써야 한다는 것이다. '지(至)'에 대해『맹자』에 '지(至)'로 되어 있는 것과 '지(志)'로 되어 있는 것의 2가지가 오늘날 전하고 있다. 여기서는 '지(至)'로 보았다.

3) 羿不爲拙射變其彀率(예불위졸사 변기구율) : 『맹자』진심상(盡心上)의 글이다. 예는 활을 잘 쏘지 못하는 졸렬한 사수(射手)를 위해 그 활 당기는 방법을 바꾸지 않았다는 것이다. 이 글의 앞에는 "훌륭한 목수는 서투른 목수를 위해 먹줄 쓰는 방법을 고치거나 없애지 않는다."라는 문장이 있고, 또 "훌륭한 목수는 남을 가르치는 것을 반드시 규구(規矩)로써 한다."라고도 했다. 맹자는 목수(木手)에게 생명이라고도 할 수 있는 정확한 직선이나 각도나 원을 그리는 데 필요한 규구(規矩)나 승묵(繩墨) 따위의 도구와 마찬가지로, 사(射)에 있어서는 구(彀)가 가장 중요하고 또한 정확성을 좌우한다는 것을 인식하고 있었던 것이다.

4) 彀率(구율) : 힘껏 할 수 있는 한계까지 당겨 균형이 잡히도록 하는 일. 주자(朱子)는 『맹자집주(孟子集注)』에서 "구율(彀率)은 활을 당기는 한계이다."라고 하였다.

5) 貫盈(관영) : 『장자(莊子)』전자방(田子方)편과 『열자(列子)』황제(黃帝)편에는 "이것을 당기는 것이 영관(盈貫)이다."라고 한 말과 같은 뜻의 말이다. 단 '관(貫)'에 대하여 '화살촉〔鏑〕'의 뜻으로서 화살촉까지 힘껏 당긴다는 설명과, '관(貫)'을 '만'으로 읽어 '만(彎 : 당기다)'의 뜻으로 보아 당겨서 가득 차게 한다고 하는 설명이 있다.

2. 구(彀)의 기초는 손 안의 형태와 둘러걸기

가. 내실(內實)은 손가락 끝으로 안다

활을 잔뜩 당겨 만(滿)이 되었다고 하는 내실(內實)을 살펴 아는 것은, 눈에 의해서가 아니고 손가락 끝에 의해서 아는 것이다.

따라서 마수(馬手)에 있어 활줄을 당겨 화살을 대기하는 둘러걸기의 알맞은 정도라든가, 궁수(弓手)에 있어 손 안의 굽히고 누르는 것을 정리하는 방법과 떠나 보내는 수법(手法) 등의 방법은 옛 사람들의 비밀스러운 교묘한 방법이다.

그것을 느끼는 것으로 전수(傳授)할 수 있으리라. 〔무릇 사술(射術)에서는 반드시 엄지손가락으로 가운데손가락을 누르듯이 하여 활을 쥐는데, 이것은 지극히 미묘한 옛날의 방법이다.

반드시 엄지손가락의 끝마디로 가운데손가락의 끝마디를 더듬듯이 눌러서, 엄지손가락과 가운데손가락을 아울러서 평평한 윤(輪)이 되도록 꽉 얽어서 잡는다. 이때 가운데손가락은 굽히면서도 평평하게 되도록 하고, 엄지손가락은 약간 굽히는 것이다. 그리고 둘째손가락은 줌통에 의지하여 평평하게 굽힌다. 나머지 넷째손가락과 새끼손가락은 확실히 굽혀서 충분히 죄어 잡을 필요가 있다.

팔은 어깨에서부터 팔꿈치와 손목까지를 화살과 같이 똑바르게 하는 것이다. 만약 그 중에 한 마디라도 굽어 있어, 골절이 바르게 대응하지 않으면 힘이 들어가지 않고 굳세지지 않는다.

후수(後手)의 둘러거는 손의 모양은, 둘째손가락과 가운데손가락의 두 손가락으로, 엄지손가락의 끝마디를 눌러서 건다. 이때 두 손가락은 비스듬히 활오늬에 기대어 손가락 끝은 아래로 향하게 한다. 그리고 활오늬를 거는 자리에 가장 안정되게 걸어두어야 하는데 약간 올라가서 얕게 되더라도 그런대로 상관없다.

만약 활오늬의 부분 거두는 방법이 깊게 처져 버리면 화살이 되올라가서 직진(直進)하지 않을 위험성이 있다. 활을 당겨 쥐어서 아직 충분하지 않을 때는 앞뒤의 손에 약간의 힘을 쓴다.

화살촉이 서서히 줌통에까지 당겨지는 시기에 이르러서는 열 손가락에 각각 힘을 주어 충분히 긴장시켜서 심고(審固)하여 쏘아 보내는 것이다.〕

옛 법(法)에 말하기를 "화살촉이 손가락에 닿지 않으면 반드시 명중(命中)시킬 도리가 없고, 손가락이 화살촉을 감지(感知)하지 못하면 눈이 없는 것과 마찬가지다."라고 하였다.

〔여기서 지(指)라는 글자는 바꿔 말하면 좌수(左手 : 弓手)의 가운데손가락 끝이다. 화살촉을 감지(感知)한다고 하는 것은 손가락 끝이 저절로 화살촉에 끌려들어간 것을 감지하는 것으로 눈의 도움을 빌리지 않는다.

반드시 손가락 끝이 살촉을 감지한 후에야 비로소 만(滿)하였다고 할 수 있다. 반드시 화살마다 모두 살촉을 감지할 수 있어야 겨우 활쏘기를 논(論)할 수가 있는 것이다.〕

손 안이 정돈되고 활을 쥐는 것이 안정되어 화살촉이 미치는 것을 감지하면, 어느새 소매를 치거나 손가락을 움직이는 것 같은 잘못된 버릇이 없어진다. 〔무릇 소매를 치는 것은 모두 손 안이 정돈되어 있지 않은 것에 원인이 있다. 무릇 화살날기가 흔들려서 약한 것은 모두 촉이 손가락에 이르기까지 충분히 당겨 쥐어지지 않은 것에 말미암는 것이다.〕

▨ 여기서는 좌수(左手)가 활을 잡을 때의 손가락 형태, 곧 손 안을 정돈하는 방법이 기술되었고, 우수(右手)가 대는 활과 줄을 당길 때의 손가락 형태, 곧 둘러거는 방법이 자세하게 기술되

었다.

활을 내미는 궁수(弓手)의 손 형태는 가장 적중률에 영향을 미치는 것이므로 일본에서도 고래(古來)로부터 홍엽중(紅葉重)·인형(鱗形)·난중(卵中)·제수(鵜首) 등 가지가지의 연구가 집중되어 각 유파(流派)에서 깊이 연구되어 왔다.

중국에서는 고영의 『사학정종』 권중(卷中) 제6에 의하면, 세 종류로 크게 나뉘어져 있었던 듯하다.

그 하나는 '대응조(大鷹爪)'라고 하는데 이것은 새끼손가락과 넷째손가락의 두 손가락으로 줌통을 꽉 감아쥐고, 둘째손가락과 가운데손가락은 가볍게 활에 대어 손바닥을 활에 세게 밀어붙이는 손의 형태이다. 고영은 이것을 아무런 결점이 없는 최선이라고 하였다.

다음은 '만파(滿弝)'인데 이것은 일본에서 말하는 베다밀기로서 다섯 손가락 모두로 단단히 잡는 손 안의 형태이다. 고영은 이것은 쏘아 보낼 때 화살날기가 안정되지 않는다고 설명하였다. 일본에서도 베다밀기는 힘이 약하고 화살날기가 불안정하다고 하여 싫어한다.

세번째는 '소응조(小鷹爪)'인데 이것은 여기서 설명된 손 안의 형태로 가운데손가락과 넷째손가락과 새끼손가락의 세 손가락으로 줌통을 꽉 잡고, 둘째손가락은 뜨게 해 둔다. 그리고 엄지손가락으로 가운데손가락을 누르는 것이다. 일본에서의 손 안의 형태와 기본적으로 같은 것이다. 다만 고영은 이 손 안의 형태는 차원이 가장 낮은 것이라고 하였다.

정종유(程宗猷)는 『사사(射史)』에서 이 손 안의 형태를 '호조지궁(虎爪持弓)'이라고 하여, 이정분의 『사경(射經)』과 마찬가지로 이 손 안의 형태만을 논하고 있다.

그런데 『사학정종지미집(射學正宗指迷集)』에 인용된 『무비요략(武備要略)』에 의하면 한(漢)나라의 활쏘는 것은 응조(鷹

爪)를, 오랑캐의 활쏘는 것은 만파(滿把)를 쓴다고 하였다.

또 현(弦 : 시위)의 둘러거는 모양은 세계적으로 분류할 때 세 계통(系統)이 된다고 한다.

즉 원시형(原始型 : 바바리안)과 지중해형(地中海型 : 메데다레이니안)과 몽고형(蒙古型 : 몽고리안)인데 한국 일본 중국은 세밀한 부분에서는 다른 점도 있지만 그림 가운데 몽고형에 해당되는 형태다.

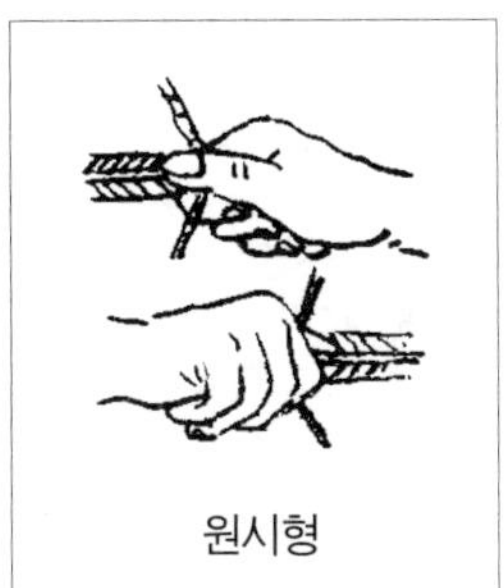

원시형

중국에서는 이 둘러거는 데에 2가지 방법이 행해졌다.

하나는 여기서 설명된 것으로서 현(弦)에다 건 엄지손가락의 끝을 가운데손가락과 둘째손가락의 두 손가락으로 눌러서 지탱하는 '쌍탑(雙塔)'의 방법과, 또 한 가지는 현(弦)에다 건 엄지손가락을 둘째손가락 하나로 눌러서 지탱하는 '단탑(單塔)'의 방법이다.

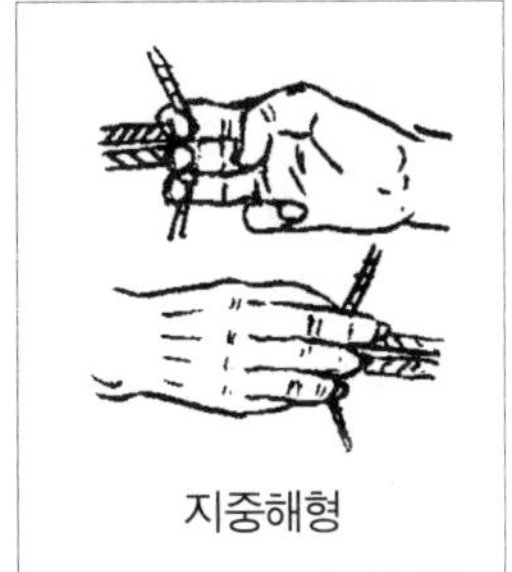

지중해형

왕거의 『사경(射經)』에는 "무릇 활줄을 대기하는 데에 2가지 방법이 있다.

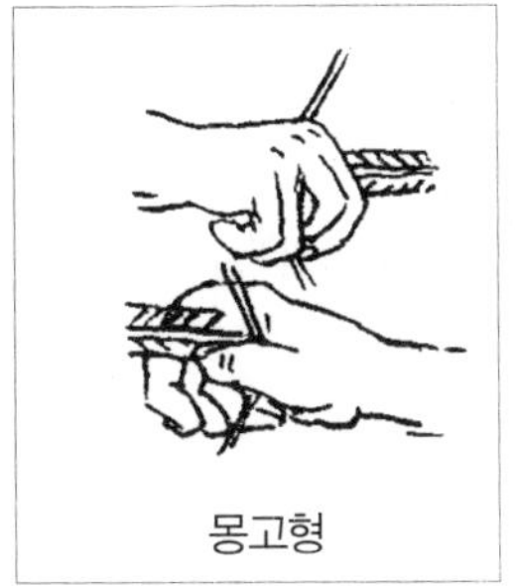

몽고형

넷째손가락을 새끼손가락에 겹치고, 가운데손가락은 엄지손가락을 누르고, 둘째손가락은 현(弦)에 대어 곧바로 세우는 중국의 방법이다.

또 엄지손가락을 굽히고 둘째손가락으로써 손가락을 누르는 오랑캐들의 방법이 있다.

이밖의 것은 다 술(術)에 들지 않는다. 오랑캐의 방법은 힘이

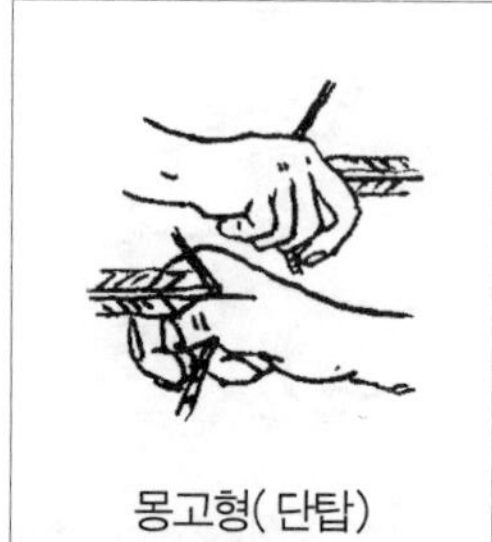

몽고형(단탑)

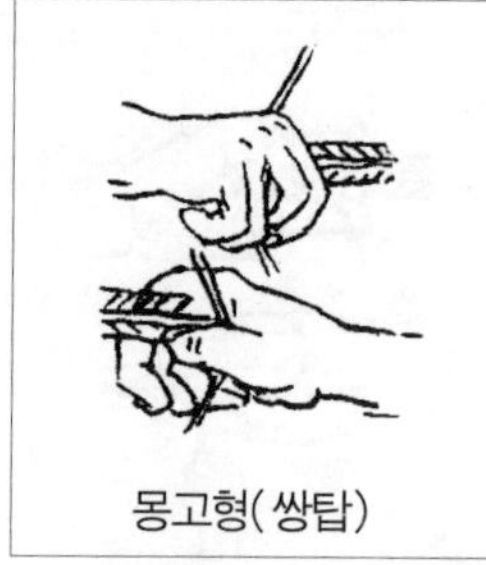

몽고형(쌍탑)

적고 마상(馬上)에서 이롭다. 중국의 방법은 힘이 많고 걸으면서 사용하는데 이롭다.”라고 서술하여, 쌍탑(雙塔)의 변형을 중국식, 단탑(單塔)을 오랑캐의 방법이라고 했다.

그러나 『무비요략』에서는 반대로 단탑을 중국의 방법, 쌍탑을 오랑캐의 방법이라고 하고 있다.

《영만(盈滿)의 지(旨)를 밝히는 것은, 눈으로써 하지 않고 손가락으로써 한다. 이런 까닭에 현(弦)을 끌어 화살을 당기는 절(節)과 굴압살방(屈壓撒放)의 방법은 고인(古人)의 비묘(秘妙)이다. 뜻으로써 전수(傳授)할 것이다. 〔무릇 사(射)는 반드시 대지(大指)가 중지(中指)를 눌러서 활을 잡으니, 이것은 지묘(至妙)한 고법(古法)이다. 모름지기 대지(大指) 위의 한 지(指)의 마디로써 중지(中指) 위의 한 마디를 탐과(探過)하고, 대지와 중지가 나란히 평평하게 찬긴(攢緊)할 것이다. 중지는 굽혀서 평평해지기를 요(要)하고, 대지는 약간 굽힐 것을 요한다. 두 손가락은 궁파(弓弝)에 의지하여 평굴(平屈)한다. 무명지(無名指)와 소지(小指)는 충분히 굽히고 충분히 죌 것을 요한다. 어깨로부터 팔꿈치와 손에 이르기까지는 곧기가 화살과 같아지기를 요한다. 만약 한 마디라도 만굴(彎屈)하여 골절(骨節)이 대(對)하지 않으면, 곧 힘이 없고 굳세지 못하다. 후수(後手)는 이지(二指)로써 대지(大指) 위의 한 마디에 굽는다. 두 손가락은 비스듬히 전구(箭扣)에 의지하여 지정(指頂)이 하수(下垂)할 것을 요한다. 전구(箭扣)는 탑(搭)함이 최정(最正)으로 마땅하지만 약간 올라가는 것도 또한 좋다. 만약 탑(搭)함이 내려오면 화살이 많이 상기(上起)하여 직전(直前)하지 못할 것을 두려워한다. 활을 끌어서 아직 만(滿)하지 않았을 때는 전후(前後)의 손이 잠시 약간 힘을 쓴다. 화살촉이 바야흐로 궁파(弓

弝)에 나아갈 때에 이르러 전후 수장(手掌)의 십지(十指)도 아울러서 힘을 더하여 상긴(上緊)하고 심고(審固)하여 이것을 살방(撒放)한다.〕 법(法)에 이르기를 "촉(鏃)이 손가락에 오르지 않으면 반드시 명중(命中)될 이(理) 없고, 손가락이 촉을 알지 못하면 눈이 없는 것과 같다." 라고 하였다.〔이 지(指)라는 글자는, 곧 이것이 좌수(左手) 중지(中指)의 끝이다. 촉(鏃)을 안다는 것은 손가락 끝이 스스로 촉이 이르는 것을 알고 눈을 빌리지 않음이다. 반드시 손가락 끝이 촉을 알고, 그러한 뒤에 만(滿)이 되는 것이다. 반드시 화살마다가 촉을 알고 처음으로 사(射)를 말할 수 있는 것이다.〕 파지(把持)가 정해져서 촉을 알면, 즉 소매를 치고 손가락을 흔드는 근심이 없다.〔무릇 소매를 치는 것은, 다 파지(把持)가 정해지지 않음에 말미암는다. 무릇 화살이 흔들려서 약한 것은 다 촉이 손가락에 오르지 않는 까닭에 말미암는 것이다.〕》

明乎盈滿之旨 不以目而以指 是故 拽弦扣矢之節[1] 屈壓撒放之方[2] 古人秘妙 可以意授矣〔凡射必大指壓中指把弓 此至妙之古法 須以大指上一指節 探過[3]中指上一節 大指與中指竝平攬緊[4] 中指屈要平 大指要微屈 二指靠弓弝[5]平屈 無名指與小指 要十分屈 十分緊 自肩至肘與手 要直如箭 若一節彎屈 骨節不對 便無力不勁也 後手 以二指勾大指上一節 二指要斜靠箭扣 指頂下垂 箭扣搭宜最正 稍上亦可 若搭下 恐箭多上起而不直前也 拽弓未滿時 前後手且少用力 至箭鏃方進弓弝之時 前後手掌十指 竝加力上緊 審固撒放之〕法曰 鏃不上指 必無中理 指不知鏃 同於無目[6]〔此指字 乃是左手中指之末 知鏃者 指末自知鏃到 不假于目也 必指末知鏃 然後爲滿 必箭箭皆知鏃 方可言射〕把持定而知鏃 則無打袖[7]搖指之患〔凡打袖 皆因把持不定 凡矢搖而弱者 皆因鏃不上指故也〕

1) 拽弦扣矢之節(예현구시지절) : 이것은 우수(右手 : 馬手)에 있어 둘러거는 일에 대하여 말하는 것이다. 구시(扣矢)라는 것은 화살을 활줄에 대어서 마수(馬手)로 대기한 상태를 유지하는 것이다.

2) 屈壓撒放之方(굴압살방지방) : 이것은 좌수(左手 : 弓手)에 있어 활을 쥐었을 때 손 안의 형태에 대하여, 그리고 떠나는 순간의 조작에 대하여 말하는 것이다. 굴압(屈壓)이라는 것은 활을 잡았을 때에 가운데손가락을 꽉 굽혀서 마치 윤(輪)을 만들 듯이 그 손가락 끝을 엄지손가락의 끝으로 꽉 누르는 것이다. 살방(撒放)은 이른바 '질(搩)'법의 떠나는 것이다.

3) 探過(탐과) : 어루만지 듯이 겹쳐서 누르는 것.

4) 攢緊(찬긴) : 죄듯이 다부지게 하다.

5) 弓弝(궁파) : 원본에 파(弝)가 이(弛)로 되어 있으나 뜻에 따라 고쳤다.

6) 法曰~無目(법왈~무목) : 이것도 옛부터 전해오는 사법(射法)의 유언(遺言)으로 왕거의 『사경』, 척계광의 『기효신서』, 고영의 『사학정종』 등 각 서적에 다같이 수록되어 있다. 이른바 중국 사법(射法)에 있어 구(彀)를 살펴서 아는 법칙으로 되어 있다.

7) 打袖(타수) : 소매를 치다. 중국의 활쏘기는 끊는 식이기 때문에 시위로 궁수(弓手)의 배를 치기 쉽다. 따라서 수수(手袖)라고 하는, 일본에서 말하는 '궁롱수(弓籠手)'를 상용(常用)한 듯하다.

3. 중요한 것은 노력(努力)이다

가. 노력하는 사람만이 이룬다

화살이 줌통을 넘어서 끌어넣어진 일이 있는 사수(射手)는 명가(名家)다. 처음 배우는 사람에 있어서는 말할 수 있는 것이 아니다. 〔줌통을 벗어난 화살이란 명사수를 부르는 말이다. 그 촉(鏃)이 끌어넣어져서 나아가고, 활을 밀어쥐고 있는 호구(虎口)를 통과할 정도의 기회를 보아 충분히 정신을 안정시켜 과녁보기를 정하고 나서 쏘아 보내면, 그 기세가 매우 거세어 주위에서 보고 있는 자가 저절로 부들부들 떨게 할 정도다.

이것은 처음 배우는 사람이 할 수 있는 일은 아니지만 정법(正法)의 법칙에 따라 오랜 동안 단련하고 옛것을 상고하여 힘쓰면 저절로 할 수 있게 된다.〕

뜻 있는 선비라면 가령 화살촉이 줌통을 지나게 할 수는 없더라도 어찌 줌통까지 이르지 않는 일이 있겠는가. 이르지 못하는 자는 그 역량이 참으로 모자라서가 아니고 거기에 대한 노력을 하지 않기 때문이다. 사람은 노력하지 않으면 아무것도 성취하지 못한다. 이것이 어찌 사술(射術)에 한하겠는가. 그러므로 "중용(中庸)의 도(道)에 서서 지도하고 있는 것이므로, 진실로 노력하여 사람의 도를 궁구할 수 있는 자만이 따라온다."라고 말하고 있다.

《화살에 파(弝)를 벗어난 적이 있는 사자(射者)는 명가(名家)이다. 초학(初學)은 말할 수 있는 것이 아니다. 〔탈파(脫弝)의 전(箭)이란 명사(名射)의 호(號)다. 그 촉(鏃)이 나아가 호구(虎口)를 지나 심고(審顧)하여 발(發)하면, 세(勢)가 매우 험(險)하여, 보는 자의 마음을 떨게 한다. 이것은 초학(初學)이 할 수 있는 것이 아니지만, 그러나 마땅히 법을 본받는 일에 익힘이 오래면 저절로 할 수 있다.〕 그러나 뜻이 있는 선비가 가령 지나는 것을 할 수 없더라도 어찌 미치지 못할 것인가. 미치지 못하는 자는 힘이 모자라는 것이 아니라 노력하지 않기 때문이다. 사람이 노력하지 않으면 온갖 일이 되는 것이 없다. 어찌 홀로 사예(射藝)만이겠는가. 그러므로 이르기를 "중도(中道)에 서서 능한 자는 이에 따른다." 라고 하였다.》

箭有脫弝[1]之射者 名家也 非初學可語〔脫弝箭 名射之號也 其鏃進過虎口[2] 審顧而發 爲勢甚險 觀者悚心 此非初學可能 然當效法之習之久而自能也〕然有志之士 縱不能過 何可不及[3] 不及者非力不足也 不努力之故也 人不努力 百事無成 豈獨射藝乎哉 故曰 中道而立 能者從之[4]

1) 脫弤(탈파) : 화살이 구(彀)까지 충분히 당겨지고, 다시 온 몸의 힘을 들이는 일로 촉(鏃)이 줌통을 통과할 때까지 충분히 당기는 일.

2) 虎口(호구) : 손의 엄지손가락과 둘째손가락 사이의 고(股)의 부분이다. 활을 밀 때 중요한 부분이다.

3) 縱不能過 何可不及(종불능과 하가불급) :『논어(論語)』선진(先進)편에는 "지나친 것은 오히려 미치지 못함과 같다."라고 하여, 지나친 것은 미치지 못한 것과 마찬가지로 적절함을 얻지 못하였으므로 좋지 않다고 하는데, 궁사(弓射)에 있어서는 활을 당기는데 지나친 것에서 가감(加減)하는 편이 좋다고 일러진다.

4) 中道而立能者從之(중도이립 능자종지) :『맹자(孟子)』진심상(盡心上)편에 있는 글이다. "예(羿)는 활을 잘 쏘지 못하는 사람이라고 해서 그 구율(彀率)을 바꾸지 않았다."에 이어지는 것이다. 주자(朱子)는 주석하기를 "중(中)이란 과불급(過不及)이 없는 것을 이른다. 중도(中道)로서 선다는 것은 그 어려움에 있지 않고 쉬운 것에 있지 않은 것을 말한다. 능자(能者)가 이에 따른다고 하는 것은 배우는 자는 마땅히 스스로 힘써야 한다는 것을 말한다."라고 하였다. 즉, 과불급(過不及)이 없는 중용(中庸)의 도(道)에 의하여 지도하는 것이므로 그 표준을 낮춰서는 안 된다. 따라서 노력하여 가능할 수 있는 자만이 마침내 가능하게 된다는 것이다.

제6장 마음을 바르게 하는 일〔正志〕

1. 정신을 맑게 하는 방법

가. 활 쏘는 것은 정신을 맑게 한다

『열녀전(列女傳)』을 고찰해 보면 다음과 같은 말이 있다.

"성낸 듯한 기운으로 활을 벌리고, 쉬는 듯한 안정된 기운으로 화살을 보낸다.

요컨대 마음이 노(怒)하여 분노를 폭발시키면 힘은 웅혼(雄渾)해져서 충분히 당겨지고, 마음이 가라앉아 안정되면 정신을 한 곳으로 집중시킬 수 있고 활쏘기에 대한 배려가 십분 발휘되게 된다."

이것은 마음을 맑고 바르게 하는 법칙이다.

▨ 고영은 『사학정종지미집(射學正宗指迷集)』에서 "노기(怒氣)로써 당기면 충분히 당기기가 쉽고, 식기(息氣)로 놓으면 적중(的中)하기가 쉽다."고 하여 "이 법(法)이 극히 옳다."고 칭찬하였다. 그러나 힘들여서 급격하게 당기기 때문에 바로 안정되게 기(氣)를 맑게 하는 일이 어려우므로 조급해지기 쉽다고 말해, 매우 중요한 주의할 점을 말하기도 하였다.

같은 『지미집(指迷集)』에는 고법(古法)이라고 하여 이 『열

녀전(列女傳)』의 말과는 정반대의 것이 수록되어 있다. 즉 "법
(法)에 이르기를 식기(息氣)로 활을 열고, 노기(怒氣)로 화살
을 놓다."라고 하였다.

고영은 이것을 부정하고, 식기(息氣)로써 활을 당기면 힘이 들
어가지 않아 구(彀 : 적당함)가 되기 어렵고, 노기로써 놓으면 기
식(氣息)에 촉구되어서 화살날기가 평평하지 않다고 하였다.

이『사경(射經)』에서는 떠나 보내는 때에 이른바 '질(搹)'과
'절(劈)'을 쓰는 것을 이야기하는데 이것은 마땅히 '노기(怒
氣)로 화살을 보내는 것'과 같다. 이 책 제8장 손의 솜씨(手法)
를 보면 사법(射法)은 어디까지나 질절법(搹劈法)이나 그 뜻은
정온(靜穩)하게 헤어지는 것을 이상으로 하고 있다.

'마음을 맑고 바르게 가진다'라는 것은 활쏘기에 있어 가장 중
요한 과제라고 하여, 청(淸)나라 나란상균(那蘭常鈞)의『사적
(射的)』에는 다음과 같이 논해지고 있다.

"마음은 몸의 주인이다. 바르면 곧 기울지 않고 비뚤어지지 않
는다. 기울지 않는 이것을 중(中)이라 이르고, 비뚤어지지 않는
이것을 평(平)이라 이른다. 활쏘기를 말하는 것이 아닌가. 바로
활쏘기에 있어서와 합치된다.

활쏘기에는 이기는 것을 구하고 지는 것을 두려워하는 마음이
있다. 마음은 곧 구하는 데에 기울어져 중(中)이 아니고, 두려워
하는 데에 비뚤어져 평(平)이 아니다. 걱정이 이보다 큰 것은 없
다. 그러므로 활쏘기의 의(義)인 지(志)를 먼저 바르게 함을 기
(期)한다.

지(志)란 마음을 이르는 것으로 마음이 그 바름을 얻으면 편
파(偏頗)의 사사로움이 없고 성정(性情 : 타고난 감정)이 자연히
화평(和平)하고 염려(念慮 : 습득에 의한 이성)가 자연히 정일
(精一)하게 되어 그것으로써 명중(命中)할 수 있고, 그것으로
써 덕(德)을 볼 수 있다.

예로부터 군자(君子)는 다투지 않는다고 하는 것은, 평(平)의 상(象)이다. 인(仁)이 활쏘기와 같다는 것은 중(中)의 도(道)이다. 이것을 마음에 반복하여 구(求)하면 가고자 하여 얻을 수 없겠는가.”

곧 마음을 맑고 바르게 한다는 것은 편파되지 않은 정중(正中)하고 정평(正平)한 평상심을 갖고자 하는 것이다

《살피건대 열녀전(列女傳)에 이르기를 “노기(怒氣)로 활을 열고, 식기(息氣)로 화살을 보낸다. 대개 기(氣)가 노하면 힘이 웅(雄)하여 당김이 만(滿)하고, 기가 쉬면 마음이 정해져 생각이 두루한다.”라고 하였다. 이것이 지(志)를 바르게 하는 법칙이다.》

按列女傳[1]曰 怒氣[2]開弓 息氣[3]放箭 蓋氣怒 則力雄而引滿 氣息 則心定而慮周[4] 此正志之則也

1) 列女傳(열녀전) : 여기에 인용된 글은 『기효신서』 사법편(射法篇)을 비롯해 『사학정종지미집』에도 『열녀전』의 글이라고 명시되어 있으나 이른바 한(漢)나라의 유향(劉向)이 엮은 『열녀전(列女傳)』 7권이나 속전(續傳) 1권에서는 확인하기 어렵다. 그러나 일단 그대로 따르기로 한다.

2) 怒氣(노기) : 기세(氣勢)가 떨쳐 일어나서 온 몸의 힘을 단숨에 발휘하게 하는 것.

3) 息氣(식기) : 휴식을 취하는 듯한 평정(平靜)한 기운.

4) 心定而慮周(심정이여주) : 『대학(大學)』에 “멈춤을 안 뒤에 정(定)함이 있고, 정한 뒤에 능히 고요하고, 고요한 뒤에 능히 편안하고, 편안한 뒤에 능히 생각하고, 생각한 뒤에 능히 얻는다.”라고 하였다. 정(定)한다는 것은 일정한 외물(外物)에 동요되는 일이 없는 상태를 말한다. 여(慮)는 주자(朱子)의 주석에 “일에 처(處)하여 정밀하고 자세하게 하다.”라고 하였듯이, 생각을 다해 모든 사물에 임하는 심경을 말한다. ‘여주(慮周)’라는 말은 『문심조룡(文心雕龍)』의 체성(體性)편에 나온다. 곧 정신을

한 곳으로 집중하여 맑게 정하고, 과녁의 목표나 떠나 보내는 순간에 이르 기까지의 양수(兩手)와 양견(兩肩), 그리고 가슴 등을 펴는 것에 대한 배 려가 완전하게 되는 것을 말한다.

2. 적중(的中)은 여유로운 속에 있다

가. 시험관이 앉아있지 않은 듯이 한다

만약 연무장(演武場)에서 활쏘기의 기량을 심사받을 경우에 는 신중히 활과 화살을 잡아 처리하고 정신을 유연하게 가지면서 집중하여, 마치 윗자리에는 시험관이 앉아있지 않은 듯이 하고 그 주위에는 관중이 연이어 있지 않은 듯이 하여 여유있고 냉정하게 행한다.

만약 들판에서 연습한다면 마음은 넓고 느긋해져서 자기가 지 닌 힘을 다 드러낼 수가 있다. 또한 시끄럽고 어수선하여 마음을 어지럽히는 요소도 없고 허둥거리는 기분에 몰려서 생기는 실수 도 없게 된다.

따라서 활을 쏠 때마다 화살촉은 어느 것이나 손가락에 감지되 고, 하나의 화살마다에 모두 자세히 살펴 마음을 쓸 수 있는 것이 다. 어찌 적중(的中)되지 않을 수 있겠는가.

그러므로 과녁을 향해 쏜 화살이 반드시 적중할 수 있는 것은 여유가 있고 한가하여 평온한 상태에서 실력이 보증되어 나오는 것이다.

어수선하고 번잡하여 정신집중을 제대로 하지 못하면서 반드 시 적중시킨다고 하는 것은 아직 본 적이 없다.

어수선하고 허둥거리는 가운데 적중(的中)되는 일은 요행(僥 倖)에 지나지 않는다.

〔종용하고 한가한 것은 그대로 활을 잘 쏠 수 있게 하는 근본이다. 만약 시험장에서 시험으로 활을 쏘는데 한 발에서 5발에 이르기까지 위아래로 적중하지 못하였을 때에는 한층 더 종용하여 마음을 여유있고 침착하게 하여 과녁을 보고 모든 것을 자세히 살펴 판단하여야 한다. 맞지 않았다고 하여 될 대로 되라는 잡념을 일으켜서는 안 된다. 잡념을 일으키면 더욱 사태는 악화되고, 이어지는 6, 7, 8, 9번째의 화살도 다시 적중(的中)시킬 도리가 없게 된다.〕

▨ 여기에서 말한 '마음을 여유롭고 편안하게 가져서 안정시키는 것'을 활쏘기의 기본으로 삼는다는 것은, 거의 척계광의 『기효신서』 사법편(射法篇)에서 유래(由來)한 것들이다.

고영은 이에 대하여 『사학정종지미집』에서 "이들 종용(從容 : 여유로운 것)과 한가(閑暇)의 의론은 극히 옳다……. 만일 평소에 활쏘기를 익혀서 완전히 습득하면, 장(場)에 오르는 것도 스스로 주지(主持)가 있어 종용과 한가의 규모가 자약(自若 : 태연한 모양)하다. 진실로 법을 익히지 않고 헛되이 편안하고 한가한 도(度)를 그리워하면 입으로 그것을 말한다고 하더라도 정신은 맡기지 않는다."라고 서술하여, 종용과 한가가 있기 위한 전제로서, 바르게 사법(射法)과 활쏘기 기술의 수련이 마쳐지지 않으면 안 된다고 하고 있다.

《만약 연무(演武)의 장(場)에서 교시(校試)함에는, 긍업(兢業)으로서 조지(操持)하고, 신응(神凝)하고 사광(思曠)하여 감사(監司)가 그 위에 임(臨)하는 일이 없는 것과 같고, 대중이 그 좌우에 열(列)하는 일이 없는 것과 같게 서서연(徐徐然)하다. 만약 야광(野曠)의 간(間)에 한습(閑習)하면 마음 편하고 힘이 완전하여 반드시 조잡(嘈雜)의 경(驚)과 창황(倉遑)의 실(失)이 없다. 이에 있어 촉(鏃)과 촉(鏃)이 능히 알고, 시(矢)와 시(矢)가 심고(審

固)한다. 이것을 어찌 맞지 않는다 할 것인가. 그러므로 적(的)을 맞힐 화살의
필(必)을 취할 수 있는 것은 종용(從容)과 한가(閑暇)로부터 그것을 얻는다.
총망(匆忙)하고 황홀(恍惚)하여 필(必)을 취할 수 있지 않다. 총망하면서 맞
칠 수 있는 것은 또한 행(幸)일 뿐이다.〔종용(從容)과 한가(閑暇)는 곧 선사
(善射)의 주재(主宰)다. 만약 시장(試場)의 교사(校射)에서 일발(一發)에
서 오시(五矢)에 이르기까지 상하(上下)하여 오히려 아직 맞지 않았을 때는
다시 종용히 심결(審決)할 것을 요(要)한다. 맞지 않는 것으로 인(因)하여 황
망(荒忙)한 생각을 움직이지 말라. 생각을 움직이면 더욱 괴장(乖張)하여 6,
7, 8, 9의 화살도 다시 맞을 까닭이 없다.)》

若夫校試¹⁾于演武之場²⁾ 則兢業³⁾操持 而神凝思曠⁴⁾ 若無監司⁵⁾
之臨其上 若無大衆之列其左右 徐徐然⁶⁾ 若閑習于野曠之間 則
心泰而力完 必無嘈雜⁷⁾之驚 倉遑⁸⁾之失 於是鏃鏃能知 而矢矢審
固 如之何不中 故中的之箭可取必⁹⁾者 自從容閑暇得之也 未有
匆忙恍惚¹⁰⁾ 而可取必也 匆忙有中 亦幸¹¹⁾耳〔從容閑暇 乃善射
之主宰¹²⁾ 設若¹³⁾試場校射 一發至五矢 上下而猶未中者 更要從
容審決 勿因不中 而動荒忙之念 動念 則益乖張¹⁴⁾ 而六七八九矢
更無中理矣〕

1) 校試(교시) : 활쏘기 기술의 기량(技量)을 시험하는 일.
2) 演武之場(연무지장) : 무예(武藝)의 연습 장소.
3) 兢業(긍업) : 긍긍업업(兢兢業業)과 같다. 두려워 삼가하여 가볍게 행동
   하지 않는 일.
4) 神凝思曠(신응사광) : 신사응광(神思凝曠)과 같다. 신사(神思)는 정신
   (精神)이라는 뜻, 응광(凝曠)은 도량(度量)이 느긋하고 침착하며 또한
   한 곳으로 집중(集中)하는 일.
5) 監司(감사) : 보통으로는 주군(州郡)을 감찰(監察)하는 관리를 이르는
   말이지만, 여기서는 시험관의 뜻으로 쓰이고 있다.
6) 徐徐然(서서연) : 여유 있고 침착한 태도.

7) 嘈雜(조잡) : 시끄럽고 어수선하다.

8) 倉遑(창황) : 침착성을 잃고 허둥대는 모양.

9) 必(필) : 벗어나는 일이 없이 반드시 과녁에 명중(命中)하는 것.

10) 匆忙恍惚(총망황홀) : 총망(匆忙)은 부산하고 냉정하지 못한 것. 황홀
    (恍惚)은 정신이 일정하게 집중되지 않은 것.

11) 幸(행) : 요행(僥倖). 우연한 행운.

12) 主宰(주재) : 활쏘기의 좋고 나쁜 것을 좌우하는 것으로 가장 중심이 되
    고 활을 잘 쏘게 하는 바의 본질을 말한다.

13) 設若(설약) : 가정(假定)을 보이는 말이다. 만약. 설령(設令).

15) 乖張(괴장) : 서로 어긋나다. 생각했던 것과는 아주 다르게 사태가 진행
    되는 일.

3. 실제 전투에서는·부동심(不動心)이어야 한다

가. 성낼 일에도 쉽게 성내지 말아야 한다

또 멀리 원정(遠征)하여 적과 직접 맞부딪쳐 서로 싸우는 전
쟁터에 있어서는 많은 깃발이 하늘을 가릴 정도로 펄럭이고 크고
작은 종(鐘)과 북은 대지를 뒤흔들 만큼 웅장하게 울려 퍼지는
한편, 왜구(倭寇)는 그 예봉(銳鋒)을 일광(日光)에 번득이면
서 공격해 오고 북방의 오랑캐는 그 사나운 말을 달려 흙먼지를
자욱하게 울리면서 진격해 온다.

이와 같은 웅장하고 혼란한 전쟁터의 한가운데에 있을 때 한 번
공포심이 싹트면 손과 몸뚱이가 후들후들 떨리게 된다. 보통때 같
으면 일곱 겹의 갑옷이라도 쏘아서 꿰뚫을 수 있는 기량을 가지
고 있다 하더라도 반드시 그의 담력(膽力)은 위축되어 몸에 밴
기량을 전혀 발휘하지 못하게 되는 것이다.

　그러므로 군대의 장수가 지녀야 할 덕목은 우선 첫째로 어떠한 상황에서도 흔들리지 않는 마음을 갖도록 정신력을 수양하지 않으면 안된다. 명예를 드날리더라도 별다르게 기뻐할 것이 없고, 성낼 일이 생기더라도 쉽게 노하지 않아야 한다.

　전투에서 승리하더라도 교만해져서는 안 되고, 패하더라도 낙담하여 위축되지 않아야 한다. 태산(泰山)이 돌연 눈앞에서 무너지는 일이 있어도 놀라지 않고, 호랑이나 사나운 외뿔소가 갑자기 등 뒤에서 나타나더라도 겁내어 떠는 일이 없어야 한다.

　《또 만약 장구(長驅)하고 접전(接戰)하는 때가 되면, 정기(旌旗)가 하늘을 가리고, 정뇨(鉦鐃)가 땅을 진동시키며, 왜봉(倭鋒)은 햇볕을 번득이면서 오고, 호마(胡馬)는 먼지를 날려서 나아간다. 두려운 마음이 한 번 움직이면 곧 손이 떨리고 몸이 오싹해진다. 즉 평일(平日) 능히 7찰(七札)을 뚫어도 또한 반드시 위축되어 떨치지 못한다. 그러므로 장(將)이 되는 도(道)는, 마땅히 먼저 마음을 다스려야 한다. 칭찬해도 기뻐하지 않고 심하게 해도 노하지 않는다. 이겨도 교만하지 않고 패해도 겁내지 않는다. 만약 태산(泰山)이 앞에서 무너져도 놀라지 않고 만약 호시(虎兕)가 뒤에서 나타나도 떨지 않는다.》

　又如長驅¹⁾接戰²⁾之期 旌旗蔽空³⁾ 鉦鐃震地⁴⁾ 倭鋒耀日而來 胡馬⁵⁾揚塵以進 懼心一動 則手顫身寒 即平日能穿七札⁶⁾ 亦必委而不振矣 故 爲將之道⁷⁾ 當先治心 譽之不喜 激之不怒 勝而不驕 敗而不懾 若泰山⁸⁾之崩于前 而不驚 若虎兕⁹⁾之出于後 而不震

1) 長驅(장구) : 멀리 적(敵)을 추격하여 싸우는 일. 원정(遠征).

2) 接戰(접전) : 적과 뒤섞여 싸우는 일. 백병전(白兵戰).

3) 旌旗蔽空(정기폐공) : 깃발이 열을 지어 움직여 군대의 위용(威容)이 일대를 압도하고 있는 모양. 중국에서는 여러 가지 깃발을 가지고 군진(軍陣)을 정돈하거나 명령과 신호를 하는데 이용하였다. 송(宋)나라의 소식(蘇軾)이 지은 『전적벽부(前赤壁賦)』에 보면 "축로천리(舳艫千里)에

정기(旌旗)가 하늘을 덮다."라고 하였다.

4) 鉦鐃震地(정뇨진지) : 정(鉦)은 큰 징, 요(鐃)는 작은 징으로 군대의 행
   군에 나아가고 물러나는 것을 지시하기도 하고, 군대의 사기를 고무하기도
   하는 데에 쓰인다.『순자(荀子)』의병(議兵)편에는 "북소리를 듣고 전진
   하고, 징소리를 듣고 후퇴한다."라고 하였고, 또『춘추좌씨전(春秋左氏
   傳)』성공(成公) 2년에는 "장후(張侯)가 말하기를 '군대의 이목(耳目)
   은 나의 깃발과 북에 있다. 진퇴(進退)는 이에 따른다.' 고 했다."라고 하
   였으며, 다시『손자(孫子)』의 군쟁(軍爭)편에는 "대저 징과 북과 깃발은
   사람의 이목(耳目)을 하나로 하는 소이(所以)이다. 사람이 이미 하나가
   되면, 곧 용자(勇者)도 홀로 나아갈 수 없고, 겁자(怯者)도 홀로 물러설
   수 없다. 이것은 중(衆)을 쓰는 법이다."라고 하였다. 곧 깃발이나 징이나
   북같은 것으로 병사들에게 직접 명령을 내려 그 움직임을 정돈하고 가지런
   하게 하는 것이다.

5) 胡馬(호마) : 북방(北方) 이민족(異民族)의 말이라는 뜻. 이 호(胡) 자
   는 청조(淸朝)가 된 뒤에 수정 간행된『속설부(續說郛)』본(本)에서는
   삭제되어 공란으로 되어 있고『고금도서집성(古今圖書集成)』본에서는
   변(邊)자로 바뀌어졌다. 이것은 만주족(滿洲族)의 왕조(王朝)인 청조
   (淸朝)의 금기(禁忌)에 저촉되기 때문이다.

6) 七札(칠찰) : 찰(札)은 가죽이나 쇠로 만든 갑옷의 비늘이다. 이것은 갑
   옷을 겹쳐서 칠령(七領)이라고 할 만큼의 뜻일 것이다.『춘추좌씨전(春
   秋左氏傳)』성공(成公) 16년에 "양유기(養由基)가 갑옷을 모아서 이것
   을 활을 쏘았는데 7찰(七札)을 꿰뚫다."라고 하였다.

7) 爲將之道(위장지도) : 이하의 글은 송(宋)나라 소순(蘇洵)의『소노천선
   생전집(蘇老泉先生全集)』제2권 심술(心術)편의 문장을 근거로 하고 있
   다. "장(將)이 되는 도(道)는 마땅히 먼저 마음을 다스릴 것이다. 태산(泰
   山)이 앞에서 무너져도 얼굴의 표정이 변하지 않고, 미록(麋鹿)이 좌측
   에서 일어나도 눈도 깜박이지 않는다. 그러한 뒤에 써 이해(利害)를 제
   (制)하고, 써 적(敵)을 기다릴 것이다."라고 하였다.

8) 泰山(태산) : 중국 산동성(山東省)에 있는데 오악(五岳)의 하나로 동악 (東岳)이라 일컬어진다. 역대의 천자(天子)가 천지(天地)에 제사지내던 곳으로서 유명하다.

9) 兕(시) : 수우(水牛)와 비슷하게 생긴 큰 외뿔소. 여기서는 정신수양을 해서 항상 침착하고 냉정하여 어떠한 돌발사태가 생기더라도 전혀 동요하 는 일이 없는 부동심(不動心)을 북돋는 것을 말하고 있다.

4. 정신을 맑게 하는 5가지 덕(德)

가. 군자가 취해야 할 5가지 덕(德)

용모와 몸가짐을 고쳐서 동요하는 일이 없고, 표정을 바꾸어서 감정을 나타내는 일이 없고, 온 몸의 균형을 바르게 조화시키며 그 호흡을 유효적절하게 조절하고, 마음을 집중하여 전일(專一) 하게 한다.

이 정신을 맑게 하기 위한 5가지 덕(德)의 가르침을 몸으로 체 득하면 그 다음은 다만 활을 힘껏 당겨서 구(彀 : 시위를 적당히 벌 리다)에 마음을 쓸 따름이다.

그리하여 쏘아 보내서 표적(標的)에서 벗어나면 그 원인을 오 로지 자기 자신에게서 찾아 반성하여 고치려고 한다. 이러한 활 쏘기를 연마하는 자세야말로 군자(君子)가 취해야 할 방도인 것 이다.

▨ 여기에 인용된 『중용(中庸)』의 글은 유가(儒家)에 있어서 활쏘기에 대한 인식을 보여준 것이다.

곧 유가에 있어서 인격 수양의 요점은 자기를 반성하고 반성함 으로써 항상 자기를 바르게 절제해 나간다는 것이다. 실제로 사술(射術)에 있어서 사례(射禮)의 규범화(規範化), 사법(射法)의 규구준승(規矩準繩)에 적합한 단정(端正)함이나 연습 단계에서의 자기 단련 같은 것은 적중(的中)하였는가 실패하였는가 하는 결과를 보는 것에 유가의 이념이 발로되어 있는 것을 간파(看破)하고 있는 것이다.

따라서 『예기』 사의(射義)에 "활쏘는 것은 인(仁)의 도(道)이다. 활쏘기의 바른 도는 자기에게서 구(求)하여 자기의 몸이 바르게 된 뒤에야 발(發)하는 것이니, 발하여 맞추지 못해도 자기를 이긴 자를 원망하지 않고 반성하여 자기에게서 구할 따름이다."라고 쓰여 있고, 『맹자』 공손추상(公孫丑上)편에도 "인(仁)은 활쏘기와 같다. 활쏘기는 자기를 바르게 하고, 그러한 뒤에 발(發)한다……."라고 하여 거의 같은 문장이 실려 있다. 이에 있어 활쏘기는 유가 최고의 덕목(德目)인 인(仁)에 비교되기에 이르렀다. 또 활쏘기는 인격의 내면적인 수양의 상태를 반영하여 행동 형식으로 나타내 주는 가치를 지닌다.

이와 같은 논리로 일본의 궁도(弓道)에 있어서도 그 윤리화(倫理化)의 방향을 이끄는 주요한 말로서 극히 중요하게 여겨지는 것이다.

이 절(節)에서 논해진 활쏘기의 전제로서 마음을 다스리는 5가지 덕(德)의 단계는, 혹은 고대 공자시대의 활쏘기의 이념으로, 곧 자기를 닦는 인격 수양의 과정과 통하는 것이라고 이정분은 생각한 것 같다.

한(漢)나라 시대에 이르러서는 활쏘기의 의의가 다만 활을 쏘는 데 있어 마음가짐과 몸가짐의 자세가 인(仁)과 덕(德)을 수양하게 한다는 생각 뿐만 아니라, 활쏘기에 부수되는 활이나 화살같은 도구 자체까지가 도덕적인 수양의 상징으로 파악되기에 이르렀다.

양웅(揚雄)의 "몸을 닦아서 써 활로 삼고, 생각을 바르게 하여 써 화살로 삼고, 의(義)를 세워서 써 과녁을 삼는다."는 말에 그간의 사정이 엿보인다.

그리고 이른바 기계로 장치된 활의 일종인 쇠뇌〔弩〕는 한(漢)나라 시대에 이르러 활이 더욱 이념화(理念化)된 경향을 이어받아서인지 『회남자(淮南子)』태족훈(泰族訓)에는 "대저 화살이 먼 것을 쏘아 뢰(牢)를 꿰뚫는 것은 쇠뇌의 힘이다. 그 과녁에 맞아 미(微 : 가는 것)를 쪼개는 것은 마음을 바르게 해서이다."라고 하였다.

이정분은 명(明)나라 시대의 심학(心學)을 대성(大成)시킨 왕양명(王陽明)을 높이 섬겼으며 그의 사리관덕(射裡觀德 : 활에서 덕을 살핌)하는 마음의 자세를 아래와 같이 논했다.

"군자(君子)의 활쏘기에 있어서는 내지(內志)가 바르고, 외체(外體)가 곧아야 활과 화살을 잡는 것이 심고(審固)하다. 그러한 뒤에 써 맞춘다고 말할 수 있다. 그러므로 옛날에는 활쏘기로써 덕(德)을 보았다. 덕은 이것을 그 마음에서 얻는다.

군자의 배움은 써 이것을 그 마음에서 얻을 것을 구한다. 그러므로 군자의 활쏘기에 있어서는 그 마음을 존(存)한다. 그런 까닭에 그 마음이 침착하지 않은 자는 그 움직임이 망령되고, 그 마음에 동요가 있는 자는 그 보는 것이 고정되지 않고, 그 마음에 불만이 있는 자는 그 기(氣)가 굶주리고, 그 마음에 소략(疎略)하게 하는 자는 그 모양이 게으르고, 그 마음이 거만한 자는 그 안색이 잘난체 한다.

이 5가지는 마음이 있는 것이 아니다. 있는 것이 아니라고 하는 것은 배우지 않은 것이다. 군자가 활쏘기를 배우는 것은 그 마음을 존(存)하는 것이다. 그런 까닭

곡(鵠 : 과녁)

에 마음이 단정하면 곧 몸이 바르고, 마음이 공경하면 곧 얼굴이 엄숙하고, 마음이 편안하면 곧 기(氣)가 한가하고, 마음이 전일(專一)하면 곧 보는 것이 상세해지고, 마음이 통하는 까닭에 때가 있어 다스려지고, 마음이 순수한 까닭에 사양하여 삼가고, 마음이 넓은 까닭에 이겨도 뽐내지 않고 져도 늦추지 않는다.

이 7가지의 것이 갖추어져서 군자의 덕(德)은 이루어진다. 군자는 곳을 가려 그 배운 것을 쓰지 않는 일이 없고, 활쏘기에 있어서는 이것을 보인다.

그러므로 이르기를 '남의 군주되는 자는 써 군주의 과녁(鵠：仁)이 되고, 남의 신하되는 자는 써 신하의 과녁(鵠：忠)이 되고, 남의 아비된 자는 써 아비의 과녁(鵠：慈)이 되고, 남의 자식이 된 자는 써 자식의 과녁(鵠：孝)이 된다. 활쏘기라는 것은 자기의 과녁(鵠)을 쏘는 것이다.' 라고 하였다.

곡(鵠)은 마음이다. 각자가 자기의 마음을 쏜다는 것은 각자가 그 마음을 얻는 것일 따름이다. 그러므로 이르기를 '써 덕(德)을 볼 수가 있다.' 라고 하였다."―『왕양명전집(王陽明全集)』제7권 문록(文錄) 4, 관덕정기(觀德亭記)에 있는 말이다.

《얼굴을 움직이는 일 없이, 색(色)을 짓는 일 없이, 그리하여 그 지체(肢體)를 화(和)하고, 그 기식(氣息)을 조절하고, 그 심지(心志)를 하나로 하다. 이 오덕(五德)을 갖추면 다만 구율(彀率)을 그 여기에 도모할 따름이다. 이것을 정곡(正鵠)에 잃으면 도리어 그 몸에서 구한다. 이것이 군자(君子)의 도(道)이다.》

無動容 無作色[1] 而和其肢體 調其氣息[2] 一其心志 備此五德[3] 惟彀率之是圖 失諸正鵠[4] 反求諸其身 此君子[5]之道也

1) 無作色(무작색)：원본에는 '무(無)'자가 없으나 왕거의 『사경(射經)』과 거의 유사한 글에 의해 보충했다. 『기효신서』사법편(射法篇)에도 실

려 있다. 『예기』 애공문(哀公問)편에 "공자(孔子)가 추연(愀然)히 색(色)을 지어 대(對)하다."라고 하였고, 정현(鄭玄)의 주석에는 "추연(愀然)이란 모습을 바꾸는 것이고, 작(作)은 오히려 바꾸는 것과 같다."라고 하였다. 즉 얼굴의 표정을 바꾸는 일이다.

2) 調其氣息(조기기식) : 기식(氣息)은 호흡(呼吸)이다. 즉 호흡법을 그때 그때의 행동에 적합하게 조정하고 정신의 안정을 도모하는 일을 말한다. 이른바 배꼽 아래 단전(丹田)에 호흡을 모은다는 것도 그 한 가지 법이다. 『안씨가훈(顏氏家訓)』 양생(養生)편에 "기식(氣息)을 조절하여 보호하다."라는 구절이 보인다.

3) 德(덕) : 『예기』 악기(樂記)편에 "덕(德)은 득(得)이다."라고 하였듯이 사리(事理)의 마땅함을 얻는 것을 덕(德)이라고 한다. 여기의 5가지 덕(德)은 활을 쏘는 데 있어 활의 적중이나 실패를 처음부터 끝까지 지배하는 중요한 마음의 자세인, 정신을 맑게 하여 몸에 얻기 위해 헤아리는 것을 분석한 것이다.

4) 失諸正鵠(실제정곡) : 이하(以下)의 글은 『중용(中庸)』의 글에 거의 근거를 두고 있다. '제(諸)'는 '지어(之於)'의 축약(縮約)된 형태다. 정곡(正鵠)은 활쏘는 표적. 곧 과녁. 과녁인 네모의 천 중앙에 그린 검은색 점을 정(正)이라 하고, 그 천을 가죽으로 한 과녁을 곡(鵠)이라고 한다.

5) 君子(군자) : 덕(德)의 수양을 쌓은 훌륭한 인격자(人格者).

5. 기(技)를 넘어 도(道)에 이르는 것

가. 백발백중의 기예에 이르는 것은….

옛날에 활쏘는 것을 바라보던 사람이 그 활쏘는 기술이 백발백중(百發百中)의 절묘한 기술에까지 달성되는 것을 보고 안 다음에 겨우 "활쏘기에 대하여 가르칠 수 있다."고 말하였다.

그것을 물으니, 그 맞는 것이 가장 잘 맞을 때야말로 절묘한 기술로서의 활쏘기를 멈출 때라고 가르쳤다.

사술(射術)을 잘하는 사람은 그 기교(技巧)에 의하는 것이지만, 기교로서의 활쏘기는 그만둘 적당한 때를 바르게 보고 정하는 사람은 기교의 단계를 초월하여 도(道)의 영역으로까지 도달해 있는 것이다.

가령 마음이 우선 바르게 호흡하는 것에 따르지 않고, 예(禮)에 맞는 나아가고 물러나는 것이 자유자재 하지 않으면, 설사 어떠한 명중(命中)이 있은들 어떻게 예악(禮樂)의 도(道)에 합치될 수 있을 것인가.

▨ "그만두는 일을 잘하는 자는 기(技)보다 앞선다."라는 말은, 오이겐 헤리겔 박사의 저서에 의해 유명한 아파연조(雅波研造) 범사(範士)의 활쏘기를 방불케 하는 것이 있다.

헤리겔의 저서 속에서 일본의 궁술(弓術)에 대한 소감을 담은 소정곡조삼(小町谷操三) 씨의 발문(跋文)을 보자.

"명치 43년 경에 아파(雅波) 사범은 '30세 정도의 젊은 원기 있는 선생으로 대단히 강한 활을 당기고, 때로는 어느 신사(神社)의 봉납궁(奉納弓)인가 생각될 만큼 굵은 중등(重籐)의 활을 가지고 왔다. 당시의 선생은 궁도(弓道)라고 하기보다는 차라리 궁술(弓術)을 가르쳐서 자세에 대하여 잔소리가 많았다. 적중(的中)이라는 것도 무겁게 보고 있었다. 그리하여 언제나 우리들과 함께 활쏘기의 실력을 겨루었다.'라고 하였다.

이것은 기교로서의 활쏘기였으나, 대정 30년이 되면 '그리하여 선생의 활쏘기도, 내가 이고(二高)를 졸업할 때와는 완전히 바뀌어서 대단히 원숙해졌던 것 같다.

선생은 어느새 궁술(弓術)을 말하지 않고 오로지 궁도(弓道)를 말하여, 적중(的中)을 무겁게 보지 않고 매번 쏠 때마다 온 정신을 기울이지 않으면 안 된다는 것을 역설하였다.' 라고 하였다."

기(技) 보다 앞선 활쏘기를 몸소 실천해 보이고 있다. 다시 무전행웅(武田行雄) 씨에 의하면

"적중(的中)에 열중하여 잘난체 한 사람으로 선생에게 '활은 그만두시오.' 라는 소리를 들으면서 활을 몰수당했던 자는 나 말고도 상당히 있었던 듯하다. 중야경길(中野慶吉) 범사도 적중률이 절정에 이르렀던 젊은 시절에 선생에게서 '활은 그만두시오.' 라는 말을 들었다……."

라고 하듯이, 적중(的中)의 기술에만 구애되어 그것이 전부라고 생각하던 때에 활을 몰수당하는 일로 해서, 다른 경지(境地)를 향해 눈을 돌리게 하려는 것이 아니었을까.

이어서 '예악(禮樂)의 도에 합치하다' 에 대하여 일본의 궁도(弓道)에 있어서는 악(樂)이 말해지는 일은 없으나 예(禮)에 관해서는 "활쏘기는 예(禮)로 시작하여 예로 마친다."라고 항상 말하였다. 그 활쏘는 방식의 다름에 의하여 가지가지의 예의가 정식화되어, 그 위의(威儀)에 빛나는 것이 있다.

그렇지만 이들 사례(射禮)에 있어서의 예(禮)는 이른바 법식으로서의 예의이고, 혹은 내면적인 수양을 나타내는 것으로서의 윤리적인 처지에서 말하는 예의라고 하는 범주에 머무는 것이다.

그런데 고대 중국, 특히 유가에 있어서는 『예기』 악기(樂記) 편에 "악(樂)은 하늘과 땅의 화합이다. 예(禮)는 하늘과 땅의 차례이다."라고 하여, 지극히 큰 규모로 이념화함과 동시에 덕(德)으로 다스리는 정치를 행하는 불가결의 요소라고 의의가 붙여지고 있다.

같은 악기(樂記)편에 "예(禮)는 백성의 마음을 절(節)하고, 악(樂)은 백성을 소리를 화(和)한다. 정(政)으로써 이것을 행(行)하고, 형(刑)으로써 이것을 막는다. 예(禮), 악(樂), 형(刑), 정(政)의 4가지를 달통하여 어긋나지 않으면, 즉 제왕의

도(道)가 갖추어졌다고 할 수 있다."라고 하였다.

곧 이와 같은 예악(禮樂)의 인식을 배경으로 하여 활쏘기의 위치가 자리잡힌 것이다.

따라서 『예기』 사의(射義) 편에 "사례는 성덕(盛德)을 보이기 위한 것이다. 이런 까닭으로 옛날에 천자는 사례로써 제후(諸侯)와 경(卿)과 대부(大夫)와 사(士)를 선택하였는데 활쏘는 일은 남자의 일이다. 인하여 예악(禮樂)으로써 그것을 꾸몄다. 그러므로 예악을 다하고 그것을 자주함으로써 덕행(德行)을 세울 수 있는 것으로 사례보다 나은 것이 없다. 그러므로 성왕(聖王)이 이것을 힘쓴 것이다."라고 하였다.

활쏘기에 나타난 덕(德)에 의하여 국가의 행정 분담자였던 제후나 경과 대부와 사 등이 결정되기에 이르렀다고 비유하여 이념상의 이야기라 하더라도 지극한 논리로 전개되어 있다.

물론 이와 같이 커다란 규모의 예악(禮樂) 뿐만 아니라 절도 있는 볼 만한 위의(威儀)의 완성으로서 보는 예악으로도 고려되어 있다.

『주례(周禮)』 지관(地官)에는 "경대부(卿大夫)의 직(職)에서 물러나 향사(鄕射)의 예(禮)로써, 오물(五物)로 모든 백성들에게 묻기를 첫째는 화(和)요, 둘째는 용(容)이요, 셋째는 주피(主皮)요 넷째는 화용(和容)이요, 다섯째는 흥무(興舞)였다."고 했다.

이것은 활쏘기 대회에 있어 예악(禮樂)의 절(節)을 보는 5가지의 관점, 곧 오물(五物)을 명시하고 있는 것이다.

이 오물에 대하여 몇가지 해석이 되어 있는데, 그 중에는 이것들을 사전(射前 : 쏘기 전)과 사중(射中 : 시위를 당김)과 사후(射後 : 과녁을 맞춤)의 세 과정의 위의(威儀)라고 보는 설도 있다.

곧 예사(禮射)를 행함에 있어서는 천자로부터 대부(大夫), 사(士)에 미치기까지 각각의 격식에 맞는 악(樂)을 연주하면서 활쏘기 대회를 하였던 것이다.

그 음악의 리듬을 들어 마음을 바르게 하고, 그 마음의 절도에 맞는 움직임이 음악에 일치하는 것을 첫째의 화(和)로 하고, 그 마음의 절도있는 움직임이 몸 밖으로 나타나 외용(外容)이 모두 예에 맞는 것을 둘째의 용(容)으로 한다. 이상이 활쏘기 전의 의 (儀)다.

다음으로 활과 화살을 잡는 것을 자세히 살피고 가죽으로 만든 과녁을 바르게 쏘아 맞추는 것을 셋째의 주피(主皮)로 하고, 쏘 아 보내 적중하는 순간에는 마땅히 먼저의 예악의 절(節)이 교 대로 연주될 것이므로 이것을 넷째의 화용(和容)으로 하는 것이 다. 이상이 활쏘기 대회 때의 의(儀)다.

그리하여 4가지 화살의 행사가 끝나고부터는 춤을 추는데 이 것을 다섯째의 흥무(興舞)라 하고 사후(射後)의 의로 한다.

이와 같은 순서에 따라 활쏘기를 하는데 있어서 각 과정에 쓰 이는 예악의 용의(容儀)를 살핀 것이다.

한(漢)나라의 마융(馬融)은『논어(論語)』팔일(八佾)편에 서 "활쏘기는 주피(主皮)하지 않는다. 일을 하지 과(科)를 같이 하지 않는다. 옛날의 도(道)이다."라고 한 말에 주석하기를 "활 쏘기에 오선(五善)이 있다.

첫째가 화지(和志)이며 그의 뜻은 체화(體和)한다는 것이다. 둘째는 화용(和容)인데 용의(容儀)가 있다는 것이다. 셋째는 주 피(主皮)인데 능히 과녁에 맞는다는 것이다. 넷째는 화송(和頌) 인데 아송(雅頌)에 적합한 것이다. 다섯째는 흥무(興武)인데 그 뜻은 무(舞)와 한 가지이다."라고 하였다.

『주례(周禮)』의 오물(五物)과 마융의 오선(五善)에는 문자상 얼마만큼의 차이가 있으나 전적으로 같은 내용으로 보는 것이다. 그리고 이것은 일본에서도 활쏘기의 오선(五善)이라고 하여 고 래로부터 언제나 활을 쏘는 대회에서는 위의(威儀)를 말할 경우에 내세워 온 말이다.

《옛날의 사(射)를 보는 자는 그 백발백중(百發百中)함을 보고 이에 말하기를 "사(射)를 가르칠 수 있다."고 했다. 그것을 물으니 즉 선(善)으로써 그만둘 것을 가르치다. 사(射)를 잘하는 자는 기(技)로써 하고, 그만두는 것을 잘하는 자는 기(技)보다 나아간다. 진실로 지(志)가 먼저 바르고 기(氣)에 따라 영고(盈涸)를 하지 않으면 곧 명중(命中)하더라도 어찌 능히 예악(禮樂)에 비(比)할 것인가.》

昔之觀射者 見其百發百中 乃曰 可敎射 問之 則敎以善息[1] 善射者 以技 善息者 進乎技矣[2] 苟志不先正隨氣爲盈涸[3] 卽命中 烏能比乎禮樂[4]哉

1) 昔之~善息(석지~선식) : 이 글은 『전국책(戰國策)』서주(西周) 편에 있다. 진(秦)나라 상승장군(常勝將軍)인 백기(白起)를 설득하여 후퇴시켜서, 진(秦)나라가 주(周)나라를 공격하지 않도록 꾀할 때 비유로 한 이야기의 일부다. "초(楚)나라에 양유기(養由基)라는 자가 있어 활쏘기를 잘하였다. 백보(百步) 밖에 있는 버들잎을 쏘아서 백발백중(百發百中)한다. 주위 사람들이 모두 참 잘한다고 하였다. 그런데 한 사람이 나서서 말하기를 '활쏘기를 잘한다. 활쏘기를 가르칠 수 있다.'라고 하였다. 이에 양유기가 말하기를 '사람들이 다 잘한다고 하는데 그대는 이에 활쏘기를 가르칠 수 있다고 한다. 그대는 어찌하여 내 대신 이것을 쏘지 않는가.'라고 하니, 객(客)이 말하기를 '내 그대에게 좌(左)를 떠받치고 우(右)를 굽히는(사법에 있어서 팔의 상태를 말한다) 것을 가르칠 수 없다. 대저 버들잎을 쏘는 자가 백발백중하더라도 선(善)으로써 그만두지 않으면 얼마 있다가 기력(氣力)이 지치고 활이 튕기고 화살이 굽어서 한 발도 맞지 않아 이미 이룬 공(功)이 없어진다.'라고 하였다." '이선사(以善射)'에 대하여 포표(鮑彪)는 "백중(百中)은 선(善)이다. 이때 마땅히 그만두는 것이 옳다."라고 주석하고 있다. 그리고 이 문장과 거의 같은 형태로 『사기

(史記)』주본기(周本紀) 난왕(赧王) 34년에도 수록되어 있다. 여기는
형태가 있는 절묘(絶妙)한 기(技)를 체득하면 그 절묘한 기술을 믿고 모
르는 사이에 오만한 마음이 슬그머니 다가오는 일이 있다. 이러한 때 이것
을 딱 뿌리치고 형태를 넘어선 정신적인 활쏘기로 심안(心眼)을 열도록
하여 최절정의 시기에 그 기세를 꺾는 마음의 결단력을 보인다. 그런 다음
형태 없는 활쏘기에 있어서의 절묘함으로 승화시킨다고 하는 뜻으로 부연
(敷衍) 된 것이다.

2) 進乎技矣(진호기의) : 『장자(莊子)』양생주(養生主)편의 이야기다. 요
리의 명인(名人)으로 불리는 주방장이 소를 잡는데 단순한 칼의 사용법인
기술을 초월하여, 어떤 방법으로 소를 해체하거나 칼날이 뼈에서 살만 발
라내고 뼈에는 전혀 칼날이 닿지 않아 I9년 동안이나 칼날을 가는 일이 없
었다고 하는 묘기(妙技)를 말하였다. 거기서 문혜왕(文惠王) 이 말하기를
"아아, 잘하는 도다. 기(技)가 대개 여기에 이르도다." 라고 하니, 주방장
이 칼을 놓고 말하기를 "신(臣)이 좋아하는 바는 도(道)입니다. 기(技)
보다 나아갑니다."라고 하였다. 즉 활쏘기에 있어서는 단순한 기교로서의
완벽함에 유래(由來)하는 백발백중의 절묘한 기술을 초월하여, 활쏘기의
도(道)를 깨닫는 경지까지 들어가 있는 것을 보이는 것이다.

3) 盈涸(영고) : 영은 물이 가득 찬 것. 고는 물이 마르는 것. 그때 그때의 상
황에 따라 활쏘기에 있어서의 나아가고 물러나는 것이나 그밖의 모든 것의
판단이 정확하게 되는 것.

4) 比乎禮樂(비호예악) :『예기(禮記)』사의(射義)편에는 "이것을 사궁
(射宮)에서 시험하니, 그 용체(容體)가 예(禮)에 비교되고, 그 절도가 악
(樂)에 비교된다."라고 하였다. 곧 활쏘기가 예와 악의 절(節)에 바르게
합치하는 것에서 그 사의(射儀)의 완성을 보는 것이다.

제7장 몸의 차세〔身法〕

1. 대가(大架)와 소가(小架)의 차이점

가. 2가지 다 좋은 방법은 아니다

대체로 사람들이 활을 쏘는 것은 팔과 손에 의하여 행해지는 것이지만 그 근본은 신체의 용모와 맵시를 중요한 기본으로 하는 것이다.

활을 쏠 때마다 만약 몸은 우뚝 솟듯이 단정하고 바른 자세를 하여 똑바로 서며, 두 발을 아울러 가지런히 하듯이 하는 상태를 대가(大架)라고 한다. 대가는 발이 아울러 가지런히 있어 하부에 힘이 들어가지 않고 또 어깨가 높아서 팔이 안정되어 있지 않아 쉽게 흔들리는 것이 결점이다.

만약 양쪽 넓적다리를 완전히 벌리고 몸을 손 근처까지 엎드려서 손이 낮게 만들어지는데 이러한 상태를 소가(小架)라고 한다. 소가는 몸이 손 근처까지 엎드려져 쳐져 있기 때문에 몸을 일으키기가 곤란하고, 또 발이 완전히 제쳐져 있어서 그 발을 급하게 오무리기가 어려운 것이 결점이다.

이 2가지의 활쏘는 자세는 만약에 실제로 적과 마주 대하고 쏠 때, 대가(大架)로는 몸을 돌려서 도피하는데 불편하고, 소가(小架)로는 발을 오무리는 일이 적합하지 않다. 어느 것이나 활쏘기

대가(大架)

소가(小架)

에 있어서 몸의 자세로는 좋은 방법이 아니다.

▨이정분은 대가(大架)와 소가(小架)의 자세를, 실전(實戰)에서의 순간적인 행동이나 몸을 지키는 일과 함께 활을 쏘는데 있어 몸의 자세가 안정되지 않는다는 점에서 비판하고 있다.

고영도『사학정종지미집』에서 각각 몇 가지씩의 이유를 들어 그 결점을 지적하고 있다. 이와 같은 결점은 있지만 이런 활쏘는 자세에도 나름대로의 장점이 있어, 때와 장소에 따라서는 최선의 것도 된다.

대가(大架)는 문사(文射)라고도 일컬어지 듯이 용맹스러운 모습은 모자라지만 보는 사람에게 풍아(風雅)함을 생각하게 하는 보기좋은 활쏘기를 만들어낸다. 따라서『무비요략(武備要略)』에서는 "문(文)하다고 하지만 웅(雄)하지 않다. 관장(官場)에 이로운 것이 있다."라고 하였다.

무과(武科) 시험 때 보사시(步射試)에 적용하는 것이 좋다고 한다.

한편 소가(小架)는 기마사(騎馬射)라고도 하고 좌사(坐射)라고도 하듯이 허리가 낮게 떨어져 있어서『무비요략』에서는 "웅장하고도 위의가 있다. 보(步)와 기(騎) 함께 이로움이 있다. 능

히 굳센 활을 벌려 가장 사중(射中 : 쏘는 상태)의 오(奧)를 얻는
다.”라고 칭찬하고 있다.

또 『사사(射史)』에서는 “밤에 활쏘는 일에 편하고, 준(準)이
있다.”라고 하였다. 보통 밤에는 밝은 낮에 겨누는 것과 차이가
있는 것인데 야사(夜射 : 밤에 쏘기)에 좋다고 한다.

《대저 사람의 사(射)는 비록 손에 있다고 하지만 그 근본은 몸을 주(主)로
한다. 사(射)할 때마다 만약 몸이 정연(挺然)하게 직립(直立)하고, 양 다리가
서로 나란한 것은 이것을 대가(大架)라 이른다. 다만 발이 나란하여 아래에 힘
이 없고 어깨가 높아 손이 흔들리기 쉽다. 만약 두 다리가 다 벌어지고 몸이 손
까지 엎어져 낮은 것은 이것을 소가(小架)라 이른다. 다만 몸이 손까지 엎어져
일어설 수가 없고 발이 벌어져서 넓적다리가 급하게 거두어지기 어렵다. 2가지
는 만약 적인(敵人)과 더불어 대사(對射)하면, 대가는 몸을 피하기에 편하지
않고 소가는 발을 거두기에 괴롭다. 고르게 아직 선(善)하지 않다.》

夫人之射 雖在乎手 其本主于身[1] 每射時 如身挺然[2] 直立 兩足
相竝 此謂大架[3] 第足竝而下無力 肩高而手易搖 如兩股[4] 盡開 身
伏手低 此謂小架[5] 第身伏手 不能起 足開腿[6] 急難收 二者 若與敵
人對射 大架不便躲避[7] 小架苦于收足 均未爲善

1) 其本主于身(기본주우신) : 일본의 활쏘기에 있어서도 ‘신법(身法)’은
   극히 중요하게 여겨져서 역시 활쏘기의 근간(根幹)을 이루는 것으로 본
   다. 이 ‘신법(身法)’은 이른바 발디딤과 몸통 만들기라 생각한다. 중국의
   사법(射法)에서는 활을 쏠 때 몸의 자세를 삼사세(三射勢)로 크게 구분
   하는데 활쏘기를 논하는 책의 거의 대부분이 여기에 대해 언급(言及)하고
   있다.

2) 挺然(정연) : 높이 솟듯이 곧바르게 서는 모양.

3) 大架(대가) : 이것은 그림에서도 알 수 있듯이 일본 궁도(弓道)의 사세
   (射勢)와 같은데 다만 발을 벌리는 것이 작은 차이점이다. 『사사(射史)』

에서는 그 자세를 '입사세(立射勢)'라 하고,『무가구(武家彀)』에서는 그 온건한 위의(威儀)를 보고 '문사세(文射勢)'라 하고,『무비요략(武備要略)』에서는 그 규모를 보고 '대가자(大架子)'라고 각각 칭하고 있다.

4) 股(고) : 무릎으로부터 위의 넓적다리.

5) 小架(소가) : 그림으로도 알 수 있듯이 말을 탔을 때 쓰이는 활쏘는 자세이다.『사사(射史)』에서는 '기마사세(騎馬射勢)' 혹은 '좌사(坐射)'라 하고,『무가구(武家彀)』에도 '기마세(騎馬勢)'라 하고,『무비요략(武備要略)』은 '소가자(小架子)'라고 했다.

6) 腿(퇴) : 정강이. 혹은 발과 같은 뜻으로 쓰인다.

7) 躱避(타피) : 몸을 피하여 도망가려고 하는 것. 도피(逃避).

2. 활쏘기의 이상적인 자세

가. 걸상에 앉는 듯한 것이 가장 좋은 자세이다

활을 쏠 때의 몸의 자세로서 가장 좋은 것은, 허리를 내려서 고정시키고 걸상에 앉은 듯한 자세가 가장 편하고 알맞은 자세이다.

중평가(中平架)

허리를 내려 고정시키면 신체는 흔들리는 일이 없고, 걸상에 앉는 듯이 하면 둔부(臀部)가 불거져 나오지 않는다.

어깨와 팔꿈치, 허리와 발은 전부 힘이 한 곳으로 집중되므로 일어나고 엎드리고 하는 등의 행동이 용이하다. 또 적과 마주쳤을 경우에도 전수(前手)로 활을 밀어 벌리면서도 몸을 바꾸어 지키는 것도 가능하고, 화살을 대어 걸고 활을 당겨 벌려서 화살을 쏘아 보낼 때에도 몸의 근간은 완전히 안정되어 움직이지 않는다.

이 활쏘는 자세를 취하면 활을 쏘는 사람은 사법(射法)에 맞게 충실(充實)해져 있고, 한편 주위에서 구경하는 사람은 그 활쏘는 자세가 보기좋게 느껴진다.

▨여기서 가장 좋은 활쏘는 자세라고 하는 것에는 그 이름이 붙어 있지 않지만 대가(大架)와 소가(小架)를 본뜨면 중평가(中平架)라고 일컬어지는 것이다.

왜냐하면 『무비요략』에 "중평가(中平架)는 좌족(左足)은 곧고 우족(右足)은 약간 굽는다."라고 하여 그 발 디디는 모양을 지적하고 있다. 이 『사경』의 제9장 발의 자세(足法)에는 "전퇴(前腿)는 말뚝과 같고 후퇴(後腿)는 혹과 같다."라고 하여 활쏘는 자세에서 디디는 발의 모양을 말하고 있는데 이것은 앞발은 막대기처럼 똑바르게 하고 뒷발은 혹이 달린 듯이 구부린다는 뜻이므로 분명히 중평가(中平架)로 생각된다.

이 중평가(中平架)는 『사사(射史)』에서는 '중평사세(中平射勢)'라 하고, 『무가구(武家彀)』에서는 우수한 실전용이라는 데에서 '무사(武射)'로 일컬어지고 있다.

이를테면 대가(大架)와 소가(小架)의 중간에 위치한 활쏘는 자세로 각각의 좋은 점을 지니고 있으며, 가까이에서 구경하는 사람에게는 우아하게 보인다. 한편 극히 자세가 안정되어 있고 강하고 웅혼(雄渾)하여 수비를 할 때나 공격할 때나 모두 적당하여 무사(武射)가 될 만하다.

『무비요략』에는 이 중평가(中平架)를 "문(文)하고 또한 웅(雄)하다. 싸움터의 진지에서는 이롭다."라고 평가하고 있다.

《신법(身法)의 선(善)은 허리를 고정하고 좌과(坐胯)하는 것이 가장 편의

(便宜)가 되는 것 같음이 없다. 허리가 고정되면 곧 몸이 움직이지 않고, 좌과 하면 곧 궁둥이가 나타나지 않는다. 어깨, 팔꿈치, 허리, 발의 힘은 한 곳으로 모여서 서기 쉽고 엎드리기 쉽다. 적을 만나는 때 전수(前手) 활을 당겨 한 몸을 지킬 수 있고 공예(控拽)하여 살방(撒放)함에 몸이 함께 움직이지 않는다. 사(射)에 있는 자에게는 법(法)이 있고, 곁에서 보는 자는 미관(美觀)이다.》

身法之善 莫若蹲[1]腰坐胯 最爲便宜 腰蹲 則身不動 坐胯 而臀不顯[2] 肩肘腰腿 力萃于一處 易起易伏 遇敵之際 前手挽弓 可衛一身 控拽[3]撒放 身俱不動 在射者有法 而旁視者美觀矣

1) 蹲(준) : 『설문해자(說文解字)』에 "준(蹲)은 거(居)이다."라고 하였고, 보통 '쭈그리다'로 풀이하지만, 여기서는 허리를 굽혀서 안정시킨다는 뜻이 있으므로 무엇보다도 '고정시키다'로 풀이하였다.
2) 臀不顯(둔불현) : 『무비요략』에 활쏘기에 있어 신법(身法)의 6가지 꺼리는 것을 설명하는데, 그 하나가 궁둥이가 드러나는 것을 들고 있다. 궁둥이가 불거져 내밀어지지 않는다.
3) 控拽(공예) : 공은 마수(馬手)로 현(弦 : 시위)을 대비하여 거는 일. 예는 활을 당겨 벌리는 일.

3. 활쏘기 자세에서 꺼리는 것

가. 가슴이 앞으로 돌출하는 것을 꺼린다

왕거가 『사경(射經)』에서 말하였다.

"턱은 옆으로 기우는 것을 꺼리고, 머리는 뒤로 젖히거나 앞으로 숙이는 것을 꺼리고, 가슴은 앞으로 돌출하는 것을 꺼리고, 등은 뒤로 제쳐지는 것을 꺼린다.

이 4가지 점은 어느 것이나 활쏘기에 있어서 골수(骨髓)의 결함이다. 따라서 이러한 버릇들을 내지 않기 위해서는 몸의 근간은 앞으로 뻗는 정도로 하여 사나운 호랑이가 당장이라도 뛰어나올 듯한 마음으로 하고, 이마는 앞으로 튀어나올 정도로 하여 커다란 외뿔소가 싸우려고 할 때의 마음으로 해야 하는 것이다.

활고자를 세울 때는 주머니 속에서 달을 뜨게 하는 듯한 고요한 마음으로 행하고, 화살을 활시위에 대어 수평(水平)을 보존할 때에는 활시위에 저울을 달은 듯이 하는 것이다.

이것들은 모두 활쏘는 자세에 위의(威儀)가 있는 모양을 서술한 것이다.”

▨여기서는 활을 당겨 벌릴 때 몸이 기우는 것과, 턱과 머리와 가슴과 등의 4가지 신체에 있어 꺼리는 것을 논하고 있다. 반면에『무비요략』에서는 신법(身法 : 몸의 자세)의 6가지 꺼리는 것이라고 하여 또한 주의할 점을 논하고 있다.

이것은『궁도교본(弓道敎本)』제2권에도 ‘신법육기(身法六忌)’라고 하여 설해지고 있듯이 일본의 궁도(弓道)에서도 그대로 답습되고 있다.

곧 “머리 오무리는 것을 꺼린다. 가슴 느슨함을 꺼린다. 앞으로 넘어지는 것을 꺼린다. 뒤로 자빠지는 것을 꺼린다. 궁둥이가 드러나는 것을 꺼린다. 허리 휘는 것을 꺼린다. 이 6가지 꺼리는 것이 분명하여 입신(立身)의 법이 선(善)하다.”라고 하였다.

고영은『사학정종지미집』에서 “신법(身法 : 몸의 자세)의 폐단은 대체로 함께 처음으로 배울 때에 있다. 익혀서 이루어진 뒤에는 마침내 고치기 어렵다.

다만 처음에 빈 마음이었을 때 잘 물어서 좋지 않은 점을 들으면 즉시 빠르게 고쳐 법을 얻어 굳게 지킨다. 연습하여 완전히 익힌 뒤 움직여서는 승묵(繩墨 : 먹줄)에 맞아 종신(終身)토록 잘못이 적게 된다.”라고 말하여, 처음 배울 때부터 단계적으로 좋지 않은 버릇에 물들지 않도록 경계하고 있다.

《사경(射經)에 이르기를 "턱은 방인(傍引)함을 싫어하고, 목은 각수(却垂)함을 싫어하고, 가슴은 앞으로 볼록함을 싫어하고, 등은 뒤로 눕는 것을 싫어한다. 다 사(射)의 골수(骨髓)의 질(疾)이다. 그러므로 몸은 전송(前竦)하여 맹호(猛虎)가 바야흐로 오르려고 하고, 이마는 앞으로 다달아 봉시(封兕)가 싸우고자 하듯이 한다. 궁소(弓弰)를 내는 일 회중(懷中)에서 달을 토(吐)하 듯하고, 전활(箭闊)을 평(平)하는 일 현(弦) 위에 저울을 걸 듯한다. 이것은 다 위의(威儀) 있음의 일컬음이다." 라고 하였다.》

射經¹⁾曰 頤惡²⁾ 傍引³⁾ 頸惡却垂⁴⁾ 胸惡前凸 背惡後偃 皆射之骨髓疾也 放 身前竦⁵⁾ 爲猛虎方騰 額前臨 爲封兕⁶⁾欲鬪 出弓弰 爲懷中吐月⁷⁾ 平箭闊⁸⁾ 爲弦上懸衡⁹⁾ 此皆有威儀之稱也

1) 射經(사경) : 왕거(王琚)의 『사경(射經)』을 말한다. 이 부분은 그 총결(總訣)에 있는 글이다.

2) 惡(오) : 음은 '악' 이 아니고 '오' 다. 미워하다, 싫다, 꺼리다의 뜻.

3) 傍引(방인) : 좌우로 기울고 굽은 것.

4) 却垂(각수) : 고개를 뒤로 젖히거나 앞으로 수그리는 것.

5) 前竦(전송) : 뛰어나갈 듯한 기분에서 앞쪽으로 몸을 발돋음하여 펴는 일.

6) 封兕(봉시) : 봉은 풍(豐)과 통하여 크다는 뜻. 거대한 외뿔소를 말한다.

7) 懷中吐月(회중토월) : 활을 잡는 자세에서 쳐서 일으키는 때의 활을 괴어 쥐는 팔의 모양이 여유있는 원형이고, 거기다가 고요하게 주머니 속에서 마치 달이 떠오르는 듯한 느낌으로 활을 떠받들어 올리듯 하는 모양을 말한다.

8) 箭闊(전활) : 활은 괄(筈)로서, 활오늬를 말하는 것이라고 생각된다.

9) 衡(형) : 수평(水平)으로 되어 있는 것을 말한다.

제8장 손의 바른 자세〔手法〕

1. 궁사(弓師)의 아내의 가르침

가. 3년만에 활을 만들어 바쳤다

옛날에 진(晉)나라 평공(平公)이 궁인(弓人 : 활 만드는 장인)에게 활을 만들게 하였는데 3년만에 활이 완성되었다.

평공이 시험삼아 활쏘기를 하였는데 갑옷이나 투구의 한 비늘도 쏘아서 뚫지 못하였다. 평공은 매우 화가 나서 활을 만든 궁인(弓人)을 죽이려고 하였다. 이 말을 전해들은 궁인의 아내가 급히 평공을 알현하기를 청하여 평공을 만나서 말하였다.

"저의 남편은 이 활을 만들기 위해 많은 힘을 기울였습니다. 그럼에도 불구하고 하나의 비늘도 꿰뚫지 못한 것은 주군(主君)께서 그 활을 바르게 쏘지 못하셨기 때문이옵니다. 제가 들어서 알고 있는 활쏘기의 도(道)는, 왼손은 거절하듯이 강하게 활을 밀어내고 오른손은 나뭇가지를 어루만지 듯이 가볍게 활시위를 쥐고서 오른손이 화살을 쏘아 보내는 것을 왼손이 전혀 모르게 하는 것이라 하옵니다.".

이 말을 듣고 평공이 그 궁인의 아내가 가르쳐 준 사법(射法)에 따라 자세를 바로잡고 활을 쏘니 일곱 비늘을 꿰뚫었다.

여기의 사법은 신체를 바르고 단정하게 하여 나무의 줄기처럼

똑바로 세우고 팔은 나뭇가지처럼 똑바르게 펴는 것이다. 그리고 왼쪽 팔은 털끝만큼도 움직이지 않고 교묘함과 힘은 모두 오른손에서 쓰는 것이다. 이것이 사가(射家)의 심원(深遠)한 가르침이다.

▨위의 내용은 『열녀전(列女傳)』에 나오는 이야기이다. 그런에 이 내용에 나오는 사법(射法)은 중국 문헌에 있어 좁은 견문에 지나지 않지만 가장 오래된 것이 아닌가 생각된다.

물론 『의례(儀禮)』나 『주례(周禮)』 『시경(詩經)』 『춘추좌씨전(春秋左氏傳)』 등에 활쏘기나 활과 화살에 대해, 혹은 사례(射禮)에 관한 방대하고 상세한 기록이 있고, 『예기』나 『논어』, 『맹자』에도 활쏘기에

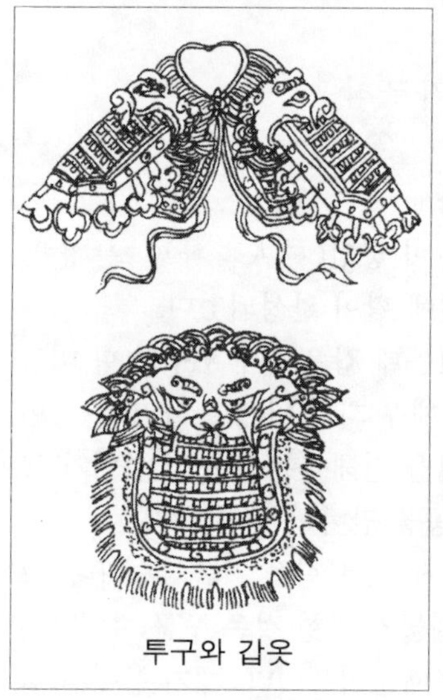

투구와 갑옷

관한 이념이나 교훈이 많이 보인다.

그러나 좌우(左右)의 손의 균형을 구체적으로 보인 사법(射法)은 어느 것에도 기록되어 있지 않다.

이것들은 그 당시의 사람들에게 있어서는 설명하지 않고도 스스로 얻는 방법으로 특별히 기재할 필요가 없었기 때문이었겠지만, 그러한 것을 지금으로서는 그 당시 사법의 구체적인 것을 살핀다고 하더라도 알 수가 없다.

『장자』 전자방(田子方)편에 팔을 수수(水手)로 하여 술잔을 얹어놓는다고 하였으나, 이것도 단순히 그것에 지나지 않는다.

어쨌든 당연히 춘추시대 진(晉)나라의 평공(平公) 때까지는 거슬러 오르게 할 수는 없으나 궁수(弓手)와 마수(馬手)가 활에 화살을 메어 활시위를 충분히 당겨서 회(會)에 이르렀을 때의 상태와 떠날 때의 모양을 훤히 깨닫게 된다.

"좌수(左手)는 거절하는 듯이 하고 우수(右手)는 나뭇가지에 붙듯이" 하는 부분에 있어 『한시외전(韓詩外傳)』에는 "손에 있어서는 나뭇가지에 붙듯이 하고 손바닥은 알을 쥐듯이 하여 사지(四指)는 단장(短杖)을 끊듯이."로 되어 있다.

또 팔의 형평에 대한 기술(記述)에는 궁수(弓手)에 관한 설명이 있는 듯이 생각되지만 손에 대해서는 조금 상세하게 되어 있을 뿐이다. 그러므로 오늘날 일본에서 활을 잡는 좌수(左手)를 위로 미는 기분으로 하여 그때 메추리의 알을 들여보낼 여유가 되는 손의 안을 '난중(卵中)'이라고 하는데, 그 문헌적 근거라고도 말할 수 있는 기술이 여기에 있다.

여기서 활을 힘껏 당겨서 벌렸을 때 두 손의 상태를 왼손은 "힘을 주체(主體)로 하는데 거절하는 것과 같다."고 하고, 다음에서는 "태산(泰山)을 미는 것과 같다."라 표현하였고, 『전국책(戰國策)』에서는 "왼쪽을 지탱한다."고 하였는데 이것은 모두 같은 말이다.

그리고 오른손은 힘이 아니고 기교(技巧)를 주체로 삼기 때문에 가볍고 부드럽게 활시위를 잡아걸어서 나뭇가지에 붙이는 것과 같다고 하였으며 『전국책』에서는 "오른쪽을 굽힌다."고 표현하고 있다.

이 좌우의 손에 힘을 배분하는 것이 다른 것은 일본의 궁도(弓道)에서도 이야기되는 것이다. "미는 것은 대목(大目)으로 하고 당기는 것은 3분의 1"로 되어 있듯이 궁수(弓手)는 다목(多目)

으로 7분목(七分目) 정도의 힘을 들이는데 대하여, 오른쪽 마수(馬手)의 힘은 3분(三分)으로 된다. 그러나 우수(右手)가 기교를 주체로 한다는 것에 대해 약간 사정이 다르다. 일본에서는 좌수(左手)의 손 안이야말로 활쏘기의 묘기(妙技)가 있는 것이라고 한다.

"오른손이 화살을 쏘아도 왼손이 알지 못하듯이 한다."에 대해서는 가볍게 잡아걸었던 마수(馬手)에서 화살이 경묘(輕妙)하게 발해져도 궁수(弓手)는 그것을 의식하지 못하고 아무런 영향도 받지 않는 자연적으로 떠나는 활쏘기 방법을 설명한 것이다.

이 화살의 떠남은 궁수(弓手)는 활고자를 과녁으로 밀어내듯이 활을 넘어뜨리는 '질(搩)'법이나 마수(馬手)는 끊듯이 떠나는 '절(劈)'법과는 전혀 맞지 않는 듯이 생각된다.

하지만 연습하여 완전히 익혀가는 정도에 따라서 가령 '질절(搩劈)'의 사법에 의해서도 차차 승화되어서 뜻은 우수가 발하여도 좌수는 알지 못하는 경지에 도달하는 것이고, 또한 그것을 목표로 하고 있는 것이다.

이 이야기는 한(漢)나라 유향(劉向)이 펴낸 『열녀전(列女傳)』제6권 변통전(辨通傳)의 '진궁공처(晋弓工妻)'에서 인용한 것이다. 한(漢)나라의 한영(韓嬰)이 편찬한 『한시외전(韓詩外傳)』제8권에도 거의 같은 취지의 글이 수록되어 있는데, 진(晋)나라 평공(平公)이 제(齊)나라 경공(景公)으로 되어 있다.

또 고영의 『사학정종지미집』에도 고사법(古射法)의 유언(遺言)이라고 하여, 이 글의 일부를 실었는데, 여기서는 초왕(楚王)으로 되어 있다. 혹은 이야기는 단순한 가탁(假託)으로 생각된다.

《옛날 진평공(晋平公)이 공(工)으로 하여금 활을 만들게 하여 3년에 이에 이뤘다. 사(射)함에 1찰(一札)도 뚫지 못했다. 공(公)이 노하여 장차 공(工)을 죽이고자 하니 그 아내가 공을 만나 말하기를 "첩(妾)의 남편이 이 활을 만듦에 또한 수고하였습니다. 그런데 1찰(一札)도 뚫지 못한 것은, 이것은 군(君)께서 능히 사(射)를 하지 못하셨기 때문입니다. 첩이 들으니 사의 도(道)는 좌수(左手)는 거절하는 듯이, 우수(右手)는 가지에 붙듯이 하고 우수가 전(箭)을 발(發)해도 좌수가 알지 못합니다."라고 하였다. 공(公)은 그 의(儀)로써 사(射)하여 7찰(七札)을 뚫었다. 이 의는 몸을 단정하게 하기 간(幹)과 같고, 팔을 곧게 하기 지(枝)와 같다. 왼팔은 호발(毫髮)도 움직이지 않고, 기교와 힘은 모두 이것을 오른손에 쓴다. 이것이 사가(射家)의 극칙(極則)이다.》

昔 晋平公[1] 使工爲弓 三年乃成 射不穿一札 公怒將殺工 其妻見公曰 妾之夫 造此弓 亦勞矣[2] 而不穿一札 是君不能射也 妾聞射之道 左手如拒 右手如附枝 右手發箭 左手不知 公以其儀 而射穿七札 此儀也 端身如幹 直臂如枝[3] 左臂毫髮[4]不動 巧力盡用之右手 是射家極則也

1) 晋平公(진평공) : 춘추시대(春秋時代) 진(晉)나라의 군주(君主)로 26년 간 재위(在位)하였다. 공자(孔子)의 생존 시기와도 중복되는 바가 있어, 만약에 가탁(假託)이 아니라면 공자가 인용한 사법(射法)도 여기서 전하는 것으로 보아도 될 것이다.

2) 亦勞矣(역노의) : 많은 노력을 아끼지 않았다. 뛰어난 활을 만들기 위해 각각 좋은 재질을 구하려고 힘쓴 일. 궁인(弓人)이 그 일에 기울인 집념이 『열녀전(列女傳)』에 보인다. 곧 "그 활의 본체인 나무 부분은 태산(太山)의 언덕에서 자라는 나무로 하루에 3번 그늘을 보고, 3번 볕을 보였다. 활에 덧붙이는 것은 연(燕)나라 소의 뿔로 하고, 동여매는 데에는 형(荊)나라 사슴의 힘줄로 하고, 붙이는 데에는 물고기 부레로 만든 아교로 하였다. 이 4가지는 다 천하에서 특별히 고른 것이다."라고 기술하고 있다. 『후한서(後漢書)』 채옹전(蔡邕傳)의 주석에 인용된 『궐자(闕子)』에는 "송(宋)나라 경공(景公)이 궁공(弓工)으로 하여금 활을 만들게 하였는데 9

년만에 와서 공(公)을 만났다. 공이 말하기를 '활을 만드는 일이 너무 늦었다.' 고 하자 대답하여 말하기를 '신(臣)은 정성껏 활에 모든 힘을 다하였습니다.' 라고 하고는 활을 바치고 돌아가서 사흘만에 죽었다. 공이 활을 펴서 동쪽을 향하여 쏘면, 화살은 서패(西覇)의 산을 넘어 팽성(彭城) 동쪽에 모였다. 그 힘이 극히 강해서 화살깃까지 돌에 박혔다."라고 하였다.

3) 端身如幹直臂如枝(단신여간 직비여지) :『회남자(淮南子)』설산훈(說山訓)에는 "활쏘기는 사람으로 하여금 단정하게 하고, 낚시는 사람으로 하여금 공손하게 한다. 일이 그렇게 되게 하는 것이다."라고 하여, 궁사(弓射)라고 하는 것은 몸이 단정하게 바로 서고, 규구(規矩)에 적합한 자세를 취하여야 비로소 정확한 명중이 나타난다는 데에서 자연히 사람의 자세를 바르게 만든다는 것이다. 또 활쏘기는 정신적인 안정을 필요로 하는 것에서 내면적으로도 안정되고 가지런하게 만드는 것이라고 생각한 것이다. 오늘날 궁도(弓道)에 효용이 있는 자세를 바르게 하는 것이 설명되고 있다. 구체적으로는 '종횡십문자(縱橫十文字)의 규구(規矩)'의 기본 체형(體型)이 설명되었다. 목, 등성마루, 허리, 발의 종선(縱線)과 수평(水平)으로 펴는 횡선(橫線)으로서의 두 어깨, 팔, 팔꿈치, 손이다. 혹은 또 '삼중십문자(三重十文字)'라고 하여 종(縱)으로 신체의 정중선(正中線)에 대하여 발딛은 두 다리를 맺는 횡선(橫線), 양 허리와 양 어깨의 각 횡선의 바른 십문자(十文字)가 중시되어 있다. 중국의 궁사(弓射)에 있어서도 몸의 종횡의 선은 당연히 중요하게 여겨져 청(淸)나라 이서(李璲)의『학사록(學射錄)』권1에 '오평(五平)'이라고 하여 제시되어 있다. "활쏘기에 오평이 있다. 전수(前手)와 배(背)가 평(平)한 것은 그 하나다. 후수(後手) 현(弦)을 얻음에 팔의 평(平)한 것을 가짐은〔후완(後腕) 밖으로부터 그것을 보면 평하다. 평정(平正)하여 힘을 쓴다〕그 둘이다. 전권(前拳)이 후안(後眼)과 평평하게 되는 것은 그 셋이다. 후주(後肘)가 후이(後耳)와 평해지는 것은 그 넷이다. 후척(後脊)이 궁둥이에서 직평(直平)으로 뇌(腦)에 주입(注入)함은 그 다섯이다."라고 하여, 몸뚱이의 종선(縱線)과 팔의 횡선(橫線)이 명시되었다. 그런데 팔을 옆으로 평직(平直)하는 것을 나뭇가지에 비교하

는데 일반적인 나무로는 생각할 수 없는 일이다. 이것은 '해목(楷木)'을 염두에 둔 것으로 상상된다. 공자(孔子)의 출생지인 곡부(曲阜)에 있는 공자묘(孔子廟)에 많이 심어져 있는데 그 줄기와 가지가 곧은 성질을 가지고 있어 굴곡하지 않고 가지의 퍼짐은 종과 횡이 반듯하다. 여기서 반듯한 서체(書體)를 해서(楷書)라 칭하게 되었다.

4) 毫髮(호발) : 호(毫)는 짐승의 지극히 가는 털. 여기서는 극히 작은 것을 말한다. 조금이라는 뜻이 된다.

2. 궁수(弓手)는 힘, 마수(馬手)는 기교

가. 가는 버들잎을 쏘아서 맞추다

날고 있는 독수리를 쏘아 죽인다거나 100보(百步)나 떨어져 있는 가는 버드나무 잎을 쏘아 맞춘다거나 하는 활쏘는 기술은 활쏘기를 배우고 있는 자가 쉽게 도달할 수 있는 것은 아니다.

지금 활쏘기를 배우는 자들은 "전수(前手)로 활을 잡을 때는 힘껏 움켜잡는 것을 주로 생각하고, 후수(後手)로는 현(弦 : 시위)을 힘껏 당기지만 쏘아 보낼 때에는 특별한 법이 있다."고 말한다.

이것은 전수는 힘이고, 후수는 기교라고 하는 것인데 전후 각각의 주체(主體)로 여기는 것을 꿰뚫어 본 것이다.

▨ 고대 중국에서 교묘히 활을 잘 쏘았던 사람들 중에 춘추시대(春秋時代) 초(楚)나라의 양유기(養由基)와 한(漢)나라 때 이광장군(李廣將軍)의 이야기가 있다.

『여씨춘추(呂氏春秋)』의 정통(精通)편에 "양유기(養由基)가 돌을 외뿔소로 잘못 보고 쏘았는데 화살이 돌에 맞아 화살깃마저 돌이 삼켜 버렸다. 그것은 돌을 외뿔소로 보고 오직 그 놈을 맞추어야겠다는 일념으로 쏘았기 때문이다."라고 하였다.

또 『사기(史記)』이장군전(李將軍傳)에 "광(廣)이 사냥을 나가 풀 속의 돌을 보고 호랑이로 여겨 그것을 쏘았는데 그 물체가 화살에 맞아 화살촉까지 거두어 들였다. 그것을 자세히 살펴보니 돌이었다."라고 하였다.

대상에 대하여 성심으로 행동하면 생각 밖의 힘이 발휘된다고 하는 일화이다.

더욱 왕충(王充)의 『논형(論衡)』유증(儒增)편에는 이 "돌을 쏘았는데 화살깃까지 삼켰다〔射石飮羽〕"에 관한 의론(議論)이 실려 있다.

다음은 '살방(撒放)'에 관한 해설인데 이것은 화살을 쏘아 보내는 헤어짐의 뜻이다. 그 용법(用法)에는 얼마만큼의 문제가 있는 듯하다.

이 책에서는 헤어지는 때의 앞과 뒤의 손이 여러 가지 생각이나 상태로 전력후절(前力後絶)로 분석되어 왔다. 또 혹은 전별후절(前撤後絶)이라 분석된 것이 있다. 어쨌든 단순한 헤어짐의 뜻으로 '살방(撒放)'이라고 일컫고 있음에 지나지 않는다.

청(淸)나라 나란상균(那蘭常鈞)의 『사적(射的)』에서는 "지금 살방(撒放)이라고 일컬어지는 것은 곧 옛 사람들의 이른바 발(發)이다. 옛 사람들은 활쏘기를 말하는데에 전권(前拳)을 체(體: 本體)로 하고, 후권(後拳)을 용(用: 應用)으로 한으로써 발(發)이라는 한 글자로 뜻을 다했다.

그 발(發)하는 때, 전권(前拳)은 사호(絲毫: 조금)도 움직이지 않고, 후권(後拳)의 발(發)도 또 아직 일찍 힘을 쓰지 않고 …… 약간 그 기교를 쓸 뿐."이라고 하여, '살방(撒放)'을 '발(發)'과 같은 뜻으로 풀이하였는데 옛 사람들은 힘을 쓰지 않는 고요한 자연의 활쏘기로 전후의 손이 일체였으므로 '발(發)'이라는 한 글자로 뜻을 다한 것이다.

지금 사람은 두 손에 힘을 들이는 활쏘기이므로 그 떠남을 '살방(撒放)'이라고 말하지 않을 수 없게 되었고, 이것을 "후수를 살(撒)이라 하고, 전수를 방(放)이라 한다."라고 이해하였다.

곧 살(撒)을 절(絶)에, 방(放)을 별(撇)에 각각 비교하여 정한 것이다.

이와 같은 설에 대해 다시 청(淸)나라 이서(李璡)의『학사록(學射錄)』제1권에는 "후수(後手)의 이지(二指 : 둘째손가락과 가운데손가락)가 일어나는 것을 살(撒)이라 이르고 엄지손가락이 일어나는 것을 방(放)이라 이른다. 2가지는 법으로서 마땅히 제속(齊速 : 동시에 손가락을 일으킴)할 수 있다.

만약 살(撒)이 무거우면 곧 시표(矢飄)하고〔화살이 좌로 향하다〕, 방(放)이 무거우면 곧 시합(矢合)한다〔화살이 우로 향한다〕라고 하였다.

곧 '살방(撒放)'을 후수(後手)의 활시위와 활오늬를 걸고 있는 손가락에 한정하고 그와 같이 살(撒)과 방(放)과의 2가지 일에 나누어서 이해하고 있다.

이상과 같이 쏘아 보내 헤어지는 것으로 치면 일치하지만, 그 세부에 있어서는 서로 어긋남이 크다고 말하지 않을 수 없다.

계속하여 힘과 기교에 대하여 말한다면 활쏘기에 있어서 가장 근본적인 요소라고 생각되는 것은 활을 당겨 벌리는 힘과 명중시키는 기교와의 2가지 면일 것이다.

이『사경(射經)』에서는 일단 궁수(弓手)는 힘에 중점을 두고, 마수(馬手)는 기교에 중점을 둔다고 구분하였다. 그것은 어디까지나 상대적인 것이며 말할 것도 없이 어느 신체 부위에 있어서도 힘과 기교가 긴장 속에 통합되는 데에 참된 활쏘기가 나타나는 것이다.

『맹자(孟子)』만장하(萬章下)편에는 공자(孔子)가 성인(聖

人) 중의 성인이라는 것을 활쏘기에 비유하여 말한 문장이 있다. "지(智)는 비유하면 기교다. 성(聖)은 비유하면 힘이다. 100보(百步) 밖을 쏘는 것과 같다. 그 화살이 이르는 것은 그대의 힘이다. 그 명중하는 것은 그대의 힘이 아니다."라고 하였다.

곧 강궁(强弓)을 힘껏 당겨서 100보 이상을 쏘는 것은 일정한 수준에 도달한 명사수의 역량이다. 결국 여러 가지 방면에서 그 도(道)에 도달한 성인이라 일컬어지는 사람이 있는 것 같은 것이다.

그러나 그와 같은 먼 거리에서 정확한 명중을 보이는 완전한 활쏘기는 일정한 수준의 힘 위에, 손을 얻어서 마음에 이르는 수련에 의해 기교를 길러서 비로소 가능할 수 있는 것이다.

결국 성인 중에서도 다시 지덕(智德)을 얻어서 대성(大成)한 성인을 나타내는 것이다.

《독수리를 쏘고 버들을 뚫는 재주는, 배우는 자가 쉽게 이르는 바가 아니다. 이제 사(射)를 배우는 자 말하기를 전수(前手)는 활을 잡음에 긴(緊)으로써 주(主)로 삼고, 후수(後手)는 현(弦)을 끌어 살방(撒放)함에 법이 있다 라고 한다. 이것이 앞은 힘이요, 뒤는 기교다.》

射鵰[1]穿楊[2]之技 非學者所易到也 今學射者曰 前手搦[3]弓 以緊 爲主 後手捜弦 撒放有法 是前力也 後巧也

1) 射鵰(사조) : 다음의 '천양(穿楊)'과 함께 활쏘기의 좋은 기교를 말한다. 『사기(史記)』이장군전(李將軍傳)에 "중귀인(中貴人)이 기(騎) 수십을 인솔하고 나아가니 흉노(匈奴) 세 사람이 또 쏘아서 중귀인에게 상처를 입히고, 그 기(騎)를 죽이고 또 모두 죽이려고 하였다. 중귀인이 광(廣)에게로 달아났는데 광이 말하기를 '이것은 반드시 독수리를 쏘는 자일 것이다.' 라고 하였다."는 내용이 있다.

2) 穿楊(천양) : 양(楊)은 천류(川柳) 또는 수류(水柳)라고 일컬어지는,

가지가 늘어지지 않는 버들. 다만 여기서는 늘어진 버들인 유(柳)와 같은 뜻으로 쓰이고 있다. 『전국책(戰國策)』서주책(西周策)에 "초(楚)나라에 양유기(養由基)라는 자가 있었는데 활쏘기를 잘하였다. 유(柳:楊)의 잎을 떠나기 100보(百步)에서 이것을 쏘아 백발백중(百發百中)하였다." 라고 하였다. 다만 『설원(說苑)』정간(正諫)이나 『논형(論衡)』유증(儒增)편에서는 '양엽(楊葉)'으로 되어 있다. 여기 양유기가 유엽(柳葉)을 쏘아서 뚫었다고 하는 전설은 유명하지만, 어째서 유엽이었는가에 대하여 일본의 궁기시정(宮崎市定)씨는 "활의 과녁으로 함에 무엇이 좋아서 일부러 버들잎을 선택하였는가 하면, 버들은 뿌리내림이 좋은데다가 성장이 빠르므로, 종종 군영(軍營) 주위의 생울타리로 심어지기 때문이다. 그래서 장군의 진영을 유영(柳營)이라 부르게 되었다."라고 하였다. 지극히 명쾌하게 설명했다 하겠다.
3) 搦(닉) : 잡다. 쥐다.

3. 화살을 활시위에 대는 순서

가. 활과 시위를 지탱하면서 위로 향하게 한다

　활을 잡는 자세에서 거리까지의 작법(作法)으로 먼저 좌수(左手)로 활을 잡아 반드시 중심이 되도록 한다.

　중심이라고 하는 것은 줌통의 한가운데에 호구(虎口)가 들어맞고, 다시 활줄의 중심에 대응시키는 것이다. 이어서 우수(右手)로 화살을 얹어쥐고, 그 손은 약간 쥘 정도로 하면서 손가락의 세번째 마디를 나란히 갖추어 둔다.

　그리고 세 개의 손가락으로 화살의 뒤쪽 3분의 1이 되는 자리를 잡고 활에 이 화살을 가(加)하여 베푸는 것인데, 이때 또 이 화살 앞쪽의 3분의 1이 되는 자리가 줌통을 쥐고 있는 좌수(左

手)의 둘째손가락으로 버티어 받는 듯이 하는 것이다.

이렇게 하고서 활을 바깥쪽으로 조금 옮겨 향하게 하는 것인데 지금까지 신체쪽에 있던 활줄을 약간 몸에서 떼어 화살의 뒤쪽 3분의 1이 되는 곳에 접촉시킨다.

그런 후 곧바로 우수(右手)를 화살깃을 위로 하듯이 화살의 뒤쪽으로 밀어보내고, 끝부분의 화살오늬가 있는 데까지 이르게 하여, 그 손가락끝이나 둘째손가락의 마디를 써서 화살오늬를 잡아 활줄에 대어 물리기 위해 화살을 조금씩 조용히 움직인다.

화살오늬를 대어서 마치면 네 손가락을 조금씩 미끄러뜨려 봉황새의 날개 모양이 되도록 하면서 이 손을 화살오늬가 물고 있는 활줄의 중심에 더하여 맞춘다.

화살깃과 화살오늬에 손을 더하여 맞추면서 활과 현을 지탱하면서 위로 향하게 일으킨다.

이미 화살을 댄 활이 자신의 몸에서 떠나면 활에 대한 화살의 높이가 한가운데에 당하여 수평(水平)이 된 것을 확인하기가 쉬운 것이다.

▨이 절(節)에는 이른바 화살을 활시위에 물리는, 화살 대는 세부적인 일이 서술되었다.

물론 오늘날의 일본의 궁도(弓道)와 크게 다른 점이 있다. 예컨대 화살을 활에다 대어 왼손으로 받을 때, 오른손으로 화살의 화살촉 가깝게 잡고 활을 끌어안 듯이 하여 화살을 건네는 점이다. 그렇지만 공통되는 점도 있다.

그것은 화살을 활로 보내기 전의 동작으로, 화살에 따라 오른손을 활오늬까지 미끄러뜨릴 때 화살깃을 가볍게 어루만져 주는 뜻은 화살에 대하는 사수(射手)의 기분이 동일하다는 것을 보이는 것이리라.

그리하여 화살을 대어서 끝을 낸 뒤의 활을 잡은 자세의 모양은 몸의 비스듬한 앞쪽으로 갖추는 것으로서, 이러한 자세는 일본에서는 일치류(日置流) 등 무사계(武射系)에서 채택되고 있는 사면(斜面)의 자세와 같은 것이다.

『주례(周禮)』의 궁인(弓人)편에 있는 "이것을 당기면 삼(參)에 맞는다."라는 말에 의하여 미루어 살피면 중국 고대의 활 모양과 여기서 논해지는 명(明)나라 시대의 활 모양이 궤(軌)를 하나로 하고 있는 것을 알게 된다.

한(漢)나라의 정현(鄭玄)은 여기에 주석하기를 "체(體 : 弓體)가 정해져서 이것을 펴면 현(弦 : 시위, 활줄)이 1척(一尺)에 있다. 이것을 당기면 또 2척이다."라고 하였다.

즉 활과 활시위와의 간격, 결국 활줌통의 높이가 화살 길이의 3분의 1로 되어 있고, 당겨서 충분한 구(彀)가 되면 활줌통과 화살축이 일치하게 될 것이니까 3분의 2가 더해져서 3배가 되는 것이다.

이 절(節)에서도 화살을 활에다 가(加)할 때 화살의 3분의 1이 궁파보다 앞으로 나와 마찬가지로 3분의 1이 활시위의 뒤에 있는 데에서 궁파의 높이가 화살 길이의 3분의 1이라는 것이 이해되는 것이다.

《그 법에 좌수(左手)가 활을 잡음에는 반드시 중(中)하다 했다. 중이라 이르는 것은, 파(把)의 중에 있고, 또한 그 현심(弦心)에 당하고자 하다. 우수(右手)가 화살을 취하여 엎어서 그 손을 조금 쥐고 손가락의 제삼절(第三節)로 하여금 제평(齊平)하게 하다. 세 손가락으로써 화살 3분의 1을 잡고서 활에 가(加)하고 또한 3분의 1은 좌수(左手) 두지(頭指)로써 그것을 받다. 즉 활을 옮겨 현(弦)으로 하여금 약간 몸에서 떠나 화살을 취(就)하게 한다. 곧 우수로써 전우(箭羽)를 찾아 아래로 활(闊)에 이르러 지두(指頭) 제이지절(第二指節)로써 활(闊)에 당하고 현(弦)에 약(約)하려 하여 서서히 이것을 보낸다. 중지(衆指)로 하여금 차지(差池)되기 봉핵(鳳翮)과 같이 되게 하여 마음에 당하게 한다. 또 활우(闊羽)에 당하여 궁현(弓弦)을 향상(向上) 하게 한다. 이미 몸에서 떠나면 곧 화살의 고하(高下), 그 중(中)을 취하여 평직(平直)됨을 보기가 쉽다.》

其法 左手執弓必中 中云者 在把¹⁾之中 且欲當其弦心²⁾也 右手取箭覆 其手微拳 令指第三節齊平 以三指捻³⁾箭三分之一 加于弓亦三分之一 以左手頭指受之 則轉弓令弦稍離身就箭 卽以右手尋⁴⁾箭羽 下至闊 以指頭第二指節 當闊約弦 徐徐送之 令衆指差池⁵⁾如鳳翮⁶⁾ 使當於心⁷⁾ 又令當闊羽向上弓弦 旣離身 卽易見箭之高下 取其中平直

1) 把(파) : 파(弝)와 같다. 활의 중앙에 있는 쥐는 부분을 말한다. 활줌통. 이 한가운데에 왼쪽 손의 호구(虎口)가 규칙에 맞게 부딪치는 듯이 쥐는 것이다.

2) 弦心(현심) : 현(弦 : 시위)의 중앙으로, 화살오늬를 물려서 화살을 대는 부분.

3) 捻(념) : 비틀어서 쥐다. 손끝으로 잡다. 화살을 손가락 끝으로 비틀듯이 하여 잡는 것.

4) 尋(심) : 화살깃을 정성껏 어루만지 듯이 하면서 화살깃에 따라서 손을 화살오늬쪽으로 보내는 일.

5) 差池(차지) : 높이나 길이가 정돈되지 않은 상태를 말한다. 여기서는 손가락을 아주 곧게 세워서 손톱으로 가르게 하는 것이 아니고, 점차로 비스듬하게 되도록 미끄러지게 가르는 것. 『시경(詩經)』 패풍(邶風)의 연연(燕燕)편에서 "제비 날으네. 앞서거니 뒤서거니 훨훨 날으네."라고 하였고, 주자(朱子)는 주석에서 차지(差池)는 "가지런하지 않은 모양"이라고 하고 있다.

6) 鳳翮(봉핵) : 핵(翮)은 우근(羽根)의 줄기를 말하는 것이지만, 여기서는 달리 날개의 뜻으로 쓰였다. 즉 날개의 끊은 끝이 뾰족해지면서 기울어서 엇갈려 오는 모양을 말하고 있다.

7) 心(심) : 현심(弦心 : 시위의 중앙).

※이 절(節)은 모두 왕거의 『사경』 총결(總訣)에 의거한 것이다.

4. 떠나는 때의 손동작

가. 어깨가 수평이 되도록 하는 것이다

그렇게 한 뒤에는 드디어 활을 당기는데, 이 때의 모양은 앞이 되는 궁수(弓手)는 태산(泰山)을 밀치듯이 강하게 밀어내고, 뒤가 되는 마수(馬手)는 범의 꼬리를 잡고 놓지 않으려는 듯이 힘껏 쥔다.

일단 손의 태세가 정리되어 정해지면, 활을 앞뒤로 정확하게 균형을 취하여 느긋하게 당겨 벌리고 그리하여 분명하게 화살을 보내는 것이다.

이때 화살날기가 눈보다 높으면 밀어서 지탱하고 있는 궁수(弓手)를 존(存)하여 편안하게 낮추고, 화살날기가 눈보다 낮으면 궁수를 들어올려서 수평(水平)이 되도록 힘쓰면서, 전수(前手)는 과녁을 향해 던지듯이 활을 보내고 후수(後手)는 분명하게 활시위를 끊듯이 하여 화살을 떠나 보내는 것이다.

여기서 존(存)이라고 하는 것은 전수를 눌러서 내리는 것이고, 가(加)라고 하는 것은 전수를 들어올리는 것이다. 요컨대 손이 쥐는 높이와 어깨가 수평이 되도록 하는 것이다.

전수가 과녁을 향해 활을 던지듯이 하고, 후수가 시위를 끊듯이 하여 떠나 보내는 방법은 사법(射法)의 절묘한 기틀이다.

이 한 번의 활을 던지는 듯한 것과 한 번의 시위를 끊듯 하는 동작이 완전히 동시에 대응하여 행해지는 것이야말로 절묘(絶妙)한 것이 된다.

그렇게 하기 위해서는 정신을 집중하여 힘을 떨쳐 일으켜서 활을 밀어 당기고, 가슴은 날카롭게 앞으로 펴서 열고, 등은 견갑골(肩甲骨)을 강하게 뒤에서 좁히는 듯이 하여 활을 보내면 화살 날기는 빠르고 힘은 평상시의 몇 배가 되는 것이다.

▨여기서 지금까지 나타난 활쏘기를 행하는 데 있어 각각의 순간에 좌우(左右) 양쪽의 손과 팔의 동작을 간단하게 정리해 나타내 본다.

더구나 '별절(撇絕)'법은 중국궁(中國弓)에서 가장 적합하고 독특하며 본래부터 전해오는 사법(射法)으로써 완성되었다.

그 유래는 오래이고 확인할 수 있는 것으로는 이미 송대(宋代)에 '질절(控挈)'이라 일컬어지고 있었다.

	궁수(弓手 : 前手, 左手)	마수(馬手 : 後手, 右手)
활잡는 자세	대응조(大鷹爪), 소응조(小鷹爪), 만파(滿把)	쌍탑(雙塔), 단탑(單塔)
당겨서 나누기	전수(前手)는 태산(泰山)을 미는 듯이〔前手如推泰山〕	후수(後手)는 호미(虎尾)를 잡은 듯이〔後手如握虎尾〕
회(會)	좌수(左手)는 거절하는 듯이〔左手如拒〕	우수(右手)는 가지에 붙는 것과 같이〔右手如附枝〕
	좌를 지탱하다〔支左〕	우를 굴(屈)하다〔屈右〕
헤어짐	좌수 알지 못한다〔左手不知〕	우수 화살을 발(發)한다〔右手發箭〕
	좌비 호발도 움직이지 않는다〔左臂毫髮不動〕	교력(巧力)을 다 우수에서 쓴다〔巧力盡用之右手〕
	앞은 힘이다〔前力也〕	뒤는 기교다〔後巧也〕
	질(控) 별(撇) 송(送)	절(挈) 절(絕) 종(縱)

이 『사경(射經)』에 이어서 명(明)나라 말기에 나온 『사학정종(射學正宗)』에서는 이 사법(射法)이 비판되었는데, 역시 이 사법은 중국궁에 있어 합리적이었던 것이며 그후 그대로 청(淸)나라 때까지 계승되었다.

다만 명(明)나라를 넘어뜨리고 청(淸)나라를 세운 만주족(滿州族)은 태조(太祖) 누루하치가 활과 화살에 있어서 우수한 무용(武勇)을 전하듯이 독자적인 사법을 가지고 있었다고 생각은 되지만, 중국의 전통적인 사법에 어떠한 영향을 주어서 청나라 시대의 사법으로 되어갔는지는 자세한 것이 없다.

그러나 청나라 시대의 역사서에는 이 '별절(撇絶)'법이 그대로 계승되어 있다.

이서(李璟)의 『학사록(學射錄)』 제1권에는 "전수(前手) 별(撇)하고, 후수(後手) 절(挈)한다고 하는 것은, 전(前)은 활을 던지는 것과 같이 하고 후(後)는 시위를 끊는 것과 같이 하여 전후의 힘이 함께 활을 당겨서 노서(累黍 : 참으로~약간)라도 차(差)를 두지 않는다. …… 살방(撒放)과 더불어 전수는 줌통을 가지고 외부에 향하여 일양(一讓 : 한 번 사양함)하고, 후수는 뒤로 향하여 일솔(一捽 : 한 번 겨루다)한다."고 기록되어 있다.

기감(紀鑑)의 『관슬심전(貫蝨心傳)』에는 "별(撇)이란 앞의 갈비, 팔, 팔꿈치, 팔뚝으로 붙어 호구(虎口)에 이르기까지를 정(挺 : 바르게 펴다)하고 세게 밖으로 향하여 잡는다. 절(挈)이란 뒤의 팔꿈치와 팔뚝에서 손바닥과 손가락에 이르기까지 뽑아 세게 안으로 향하여 비튼다."라고 표현되어 있다.

《그러한 뒤에 전수(前手)는 태산(泰山)을 미는 것과 같이, 후수(後手)는 호미(虎尾)를 잡은 것과 같이 한다. 한번 권주(拳主)가 정해지면 전후 직정(直正)하게 하여 느슨하게 활을 벌리고 강하게 화살을 보낸다. 사(射)의 큼은 소(小)를 존(存)하고, 사(射)의 작음은 대(大)를 가(加)하여 힘써 수평(水平)

을 취하여 전수는 별(撇)하고, 후수는 절(絶)한다. 존(存)한다함은 그 전수를 누르는 것이요, 가(加)한다 함은 그 전수를 드는 것이다. 이것을 통틀어 권(拳)과 견(肩)을 가지런하게 하고자 하는 것이다. 앞은 별하고 뒤는 절함은 사(射)의 현기(玄機)이다. 일별일절(一撇一絶)은 곧 서로 응(應)하는 묘(妙)이다. 정신을 췌취(萃聚)하고 힘을 떨치어 추예(推拽)한다. 가슴은 날카롭게 앞으로 빼고 등은 사납게 뒤로 끼면, 즉 화살은 빠르고 심상(尋常)에 더함이 수등(數等)이다.》

　　然後 前手如推泰山[1] 後手如握虎尾[2] 一拳主定 前後直正 慢開弓 緊放箭 射大 存于小 射小 加于大[3] 務取水平 前手撇[4] 後手絶 存云者 壓其前手 加云者 擧其前手 總之 欲拳與肩齊也 前撇後絶 射之玄機[5] 一撇一絶 乃相應之妙 萃聚[6]精神 奮力推拽 胸銳前挺 背猛後夾[7] 則箭疾而加于尋常數等矣

1) 推泰山(추태산) : 중국에 있는 오악(五岳)의 하나인 태산(泰山)을 밀어내는 듯이 한다는 뜻으로, 힘을 강하게 하여 활을 밀어내는 일을 말한다. 일본의 『사의주해(射義註解)』에서는 "태산(大山)이라는 것은 호구(虎口)를 세게 밀어 태산이라도 밀어서 무너뜨릴 정도의 마음을 말하는 것이다."라고 하였다.

2) 握虎尾(악호미) : 『역경(易經)』 이괘(履卦)의 괘사(卦辭)에 "호랑이 꼬리를 밟다."라는 말이 있는데 대단히 위험한 상황에 놓여 있는 것을 말하고, 그 때에 진퇴(進退)의 방법이 길흉(吉凶)을 결정한다고 판단하는 괘다. 여기서는 몸에 위험이 미치지 않도록 범의 꼬리를 꽉 쥐고 놓치 않아야 한다는 것이다. 『사의주해(射義註解)』에는 "범의 꼬리라는 것은 우수(右手)의 새끼손가락과 넷째손가락을 강하게 잡고 범을 꼬리로 당겨 멈추게 하는 데에 이를 정도를 말한다."라고 하였다. 추태산(推泰山)과 악호미(握虎尾)는 활을 당겨 나눌 때 궁수(弓手)와 마수(馬手)에 힘이 들어가는 정도를 서술한 것이다. 일본의 경우는, 당겨 가르기 전에 활을 두 손으로 머리 위까지 높이 들어올리고 나서 서서히 아래로 내리면서 두 손을

벌리는 듯이 하여 당겨 벌리는 것이므로 많은 힘을 필요로 하지 않는다. 중국의 활은 처음부터 어깨 높이에서 화살을 메겨 활시위를 충분히 당겨야 하므로 대단한 힘을 필요로 하는 것이다.

3) 射大存于小射小加于大(사대존우소 사소가우대) : 고영의 『사학정종지미집』 제1권에는 이 문장에 대해 주석하였다. "말하는 바 활을 쏘아 크게 지나는 바는 마땅히 그 전수(前手)를 존압(存壓)할 수 있다. 즉 화살이 스스로 작다."라고 하였다. 또 "화살을 쏘아 작은 것은 그 전수(前手)를 들어올리면 즉 화살이 크다."라고도 하였다. 화살날기의 높고 낮음은 궁수(弓手)를 가감(加減)하라는 뜻이지만, 고영은 궁수(弓手)만으로 조정하는 것은 뼈마디의 균형을 깨뜨리는 것이라 하여 비판했다.

4) 撇(별) : 이 말의 일반적인 뜻은 '닦다' 또는 '털다' 이지만, '던지다' '멀리 던지다' 로도 풀이한다. 여기서는 '질(搩)'의 '던지다' 와 통하여, 이른바 떠날 때 활을 과녁을 향해 던져내는 듯이 밀어내는 사법(射法)을 말하는 것이다.

5) 玄機(현기) : 이 말은 보통 도가(道家)에서 사용되어 오묘(奧妙)한 도리라는 뜻으로 쓰인다. 기(機)는 시작한다는 것으로 기틀을 말한다. 여기서는 절묘(絶妙)한 사법(射法)이라는 뜻.

6) 萃聚(췌취) : 모이다, 집중하여 통일한다는 뜻.

7) 胸銳前挺背猛後夾(흉예전정 배맹후협) : 정(挺)은 늦추다, 늘이다의 뜻. 협(夾)은 협(狹)과 통하여 좁다, 좁히다의 뜻. 정종유(程宗猷)의 『사사(射史)』에는 떠나는 순간의 움직임을 "흉골(胸骨)을 열게 하고, 배육(背肉)을 죄게 하다."라고 하였다. 곧 떠나는 때 가슴은 한가운데서 밀어 열듯이 하고, 등은 견갑골(肩甲骨)을 합치는 듯이 하여, 좌우가 균등하게 힘을 들여서 화살이 떠나도록 하는 것을 말하고 있다.

※ 이 절(節)은 당겨 나누기에서부터 헤어지는 수법(手法)을 논하고 있다. 문장에 다소의 드나듦이 있기는 하지만 척계광의 『기효신서』 사법편(射法篇)의 문장을 거의 채택하고 있다.

5. 잘못된 손동작 고치기

가. 넷째와 새끼손가락이 늘어져 있기 때문이다

활쏘기를 배우는 자의 잘못된 버릇은 활을 처음으로 당길 때에 벌써 생겨 있는 것이다.

양쪽의 손이 완전히 긴장되어 있어 떠나는 단계에 이르러서도 손에 점점 힘을 더할 수가 없기 때문에 화살날기가 멀리까지 미치지 못한다.

만약 어깨와 손의 뼈마디가 바르게 대응하지 않으면 화살의 날아가는 방향이 좌우로 흔들리고 만다.

혹은 후수(後手)가 '절(劈)' 법에 적합한 떠남을 하였다고 하더라도 전수(前手)가 그와 완전히 동시에 대응하는 활동을 행하지 않으면 화살날기는 평평하고 명쾌하지 못하며 발사(發射)되자마자 바로 흔들리게 된다.

혹은 전수가 '질(搠)' 법에 적합한 활 넘기기의 떠나 보냄을 하였다고 하더라도 후수가 완전히 동시에 대응하는 떠나 보냄을 하지 않으면 화살날기는 둔하게 막혀 표적에 이르를 듯하다가 반드시 동요하고 만다.

즉 후수의 기교와 전수의 힘에 의해 생겨나는 수법의 절묘(絶妙)함은 화살을 쏘아 보내는 헤어짐의 순간에 촌분(寸分)의 어긋남도 없이 한결같이 쓰이는 데에 있는 것이다.

무릇 화살 끝이 흔들리는 화살날기는 그대로 우수(右手)의 엄지손가락과 둘째손가락이 집는 것이 지나치게 죄어져서 깊은 현도(弦道)로 되어 있기 때문이다.

그 잡아거는 것이 지나치게 죄어지는 것은 넷째손가락과 새끼손가락이 느슨해져 있기 때문이다.

　이 활쏘기의 잘못된 버릇을 고치는 방법은 활쏘기를 행할 때 풀잎 한 치 정도의 것을 손바닥에 놓고 넷째손가락과 새끼손가락으로 눌러서 좁힌다.

　그렇게 하여 화살을 떠나 보낸 뒤에도 풀잎이 떨어지지 않았으면 그 화살날기에는 흔들림이 없어져 있을 것이다.

　▨이 『사경(射經)』에서 논해지는 '질절(搤弰)'의 사법(射法)은, 떠나 보낼 때 궁수(弓手)와 마수(馬手)의 어느 쪽에도 들이는 힘이 강한 사법이므로 그 순간에 좌우 손의 활동에 극히 작은 약간의 실수라도 있으면 화살날기가 좌우 어느 방향으로든 치우치고 마는 결과를 가져온다.

　그러므로 앞에서 "일별일절(一撇一絶)은 서로 응하는 묘(妙)이다."라고 하였고, 또 앞에서 "분(分)이라는 것은 제분(齊分)하는 것이다."라고 하였듯이, 가슴을 가운데에서 갈라서 열 듯이 하는 숨쉬기에 맞추어 좌우의 손을 완전히 동시에 균등하게 활동시켜서 떠나 보냄을 생기게 하는 것을 활쏘기에서 중요하게 보는 것이다.

　《배우는 자의 병(病)은, 처음으로 활을 끌 때에 있다. 두 손을 단단하게 잡고, 보냄에 이르러도 손이 더욱 힘을 더할 수 없고, 화살 가는 것이 멀지 않다. 만약 어깨와 손이 대응하지 않으면 화살은 양방(兩旁)으로 향한다. 혹은 후수는 법을 얻더라도 전수가 응하지 않으면 화살은 평쾌(平快)하지 못하고 문을 나서자 곧 움직인다. 혹은 전수는 법을 얻더라도 후수가 응하지 않으면 화살은 반드시 해태(懈怠)해져서 장차 떨어지려고 할 때 반드시 움직인다. 이 기교와 힘의 묘(妙)는 살방(撒放) 때 이용하는 것에 있다. 무릇 화살이 떠남에 요두(搖頭)함은 곧 우수의 대(大), 식지(食指)가 현(弦)의 구(扣)가 매우 긴장한 때문이다. 그 현의 구(扣)가 매우 긴장하는 것은 이 무명(無名), 소지(小指)의 송개(鬆

開)의 까닭이다. 사(射)할 때 소초(小草)의 끄트머리 1촌(一寸)되는 것을 써서 무명지(無名指), 소지(小指)로써 함께 수심(手心)에 겹(揞)하다. 화살이 떠나고도 풀이 떨어지지 않으면 즉 화살은 요파(搖擺)하지 않는다.》

　學者之病 在始拽弓時 兩手就緊[1] 至放手轉[2]不加力 矢去不遠 若肩手不對 矢向兩旁 或後手得法[3] 前手不應 箭不平快 出門[4]便動 或前手得法[5] 後手不應 箭必懈怠[6] 將落必動 此巧力之妙 在撒放時用 凡箭去搖頭[7] 乃右手大食指 扣弦太緊[8]之故 其扣弦太緊 是無名小指鬆 開[9]之故 射時用小草梢一寸 以無名指小指共揞于手心[10] 箭去而草不墜 卽箭不搖擺[11]矣

1) 就緊(취긴) : 너무 긴장이 되어 손에 여유가 없어지는 것.

2) 轉(전) : 한층, 더욱의 뜻을 지닌다.

3) 後手得法(후수득법) : 마수(馬手)가 확고하게 딱 끊듯이 하는 '절(勢)'의 떠나 보냄이 되는 것을 말한다.

4) 出門(출문) : 보통은 외출한다는 뜻이나 여기서는 발사(發射)한다는 뜻.

5) 前手得法(전수득법) : 궁수(弓手)에 있어 활을 과녁을 향해 밀어내는 듯하게 떠나 보내는 것이 바르게 행해지는 것을 이른다.

6) 懈怠(해태) : 보통은 게으르다는 뜻이지만, 여기서는 화살 나는 것이 둔하게 막혀 있음을 표현한 것이다.

7) 搖頭(요두) : 화살촉이 떨면서 나는 것. 떠나는 때에 마수(馬手)를 잡아가는 것에 영향을 주기 때문에 일어나는 병폐의 하나다.

8) 扣弦太緊(구현태긴) : 구현(扣弦)은 활시위에 화살의 오늬를 물려서 댄 뒤에 그 시위를 잡아거는 일. 여기서는 엄지손가락과 둘째손가락으로 잡아거는 단탑법(單塔法)을 쓰고 있다. 이 시위를 대기하여 잡아거는 엄지손가락의 쾌구(掛口)와 화살오늬와의 사이가 좁게 막힌 상태를 죄어진다고 말하고 있다. 이른바 깊은 현도(弦道)를 말하고, 화살날기에 많은 나쁜 영향을 미친다.

9) 鬆 開(송개) : 늘어져서 긴장되지 않은 것.

10) 掐于手心(겹우수심) : 겹(掐)은 손가락 끝 따위로 쥐는 듯이 누르는 것. 수심(手心)은 손바닥. 곧 넷째손가락과 새끼손가락을 꽉 잡아 굳히기 위해 이 손가락 끝들을 강하게 손바닥에 밀어낸다는 뜻이다.

11) 搖擺(요파) : 흔들려 움직이다. 화살날기에 떨림이 있고 평쾌(平快)하지 못한 것.

6. 상달(上達)의 경지에 오른 묘기(妙技)

가. 절묘한 신사(神射)에 가까워지는 것이다

무릇 이상에서 서술한 것은 모두 통속적인 하학(下學)으로서의 기술론(技術論)에 지나지 않는다.

그런데 지금의 사가(射家)에서 대체 어느 누가 후수(後手)가 활을 쏘아 보내더라도 전수(前手)가 그것을 알지 못하는 경지에 있을 수 있겠는가.

알지 못한다고 하는 것은 수련(修練)이 완전히 습득된 단계에까지 도달하고, 몸의 움직임과 마음 상태가 통일된 경우이다. 말 그대로 상달(上達)된 묘기(妙技)이다.

성인(聖人)의 마음은 어떤 경우라도 동요하는 일 없이 넓고 편안하여 언제나 그 어떤 변화에도 대응할 수 있고, 그러면서 또 어느 경우라도 정밀(靜謐)한 것이다. 따라서 좌수(左手)가 강하게 거절하듯이 힘을 들여 활 넘기기를 하더라도 아직 그의 손은 성인의 마음처럼 정밀하다.

우리들이 힘을 쓰는 단계에서 점차로 의식하지 않는 부동(不動)의 경지에 이르고, 손가락이 화살촉을 감지(感知)하는 단계에서부터 점차로 그것을 의식하지 않는 알지 못하는 경지에 도달하면, 옛날의 절묘(絶妙)한 신사(神射)에 가까워지는 것이라고 하겠다.

▨이상에서 설명하고 있는 사법(射法)에서 중요하게 여기는 것은 화살촉이 손가락까지 당겨지는 것을 감지(感知)하는 활 당기기와 좌력우교(左力右巧)의 '질절(搷撆)'의 힘 나누기이다.

이것들은 적극적인 작위(作爲)로서의 기술로 여겨서 몸소 체험하지 않으면 안 되는 것이다. 그러나 그것을 숙달(熟達)해 가는 상태에서 점차로 내면적인 수련도 행해가면 바로 마음과 몸이 하나같이 된다.

이러한 경지에 이르면 활쏘기를 행하는데 있어 힘 내는 방법은 자연의 이치에 알맞아 무리가 없고, 그것을 의식하여 활을 당기기나 떠나 보냄을 실현하고자 하지 않아도 자연 그대로의 흐름으로서 활 당기기까지 충분히 당겨져, 궁수(弓手)는 과녁에 밀어내는 활 넘기기를 하고, 마수(馬手)는 날카롭게 끊는 헤어짐이 생겨난다. 이것들은 전적으로 정밀(靜謐)한 가운데 행하게 된다.

곧 의식한 기교를 초월한 것으로서 한 차원의 기술을 뛰어넘은 무위자연(無爲自然)의 경지에 있기 때문에 '부동(不動 : 움직이지 않다)'이고 '부지(不知 : 알지 못하다)'라고 한다.

그런데 고영은 『사학정종』에서 이른바 질절(搷撆)의 사법(射法)을 부정하였다. 그것은 전수(前手)의 '질(搷)'과 후수(後手)의 '절(撆)'을 동시에 대응시키는 것이 곤란하다는 것과 떠나 보냄에 즈음하여 힘을 더하는 것이 화살날기를 불안정하게 한다는 이유에서이다. 그는 떠나 보내는 데에서 '경법(輕法)'을 주장하였다.

'질절(搷撆)'의 사법(射法)은 표면적으로는 모순(矛盾)되는 듯한 "우수(右手)가 전(箭)을 발(發)하여도 좌수(左手)가 알지 못한다."라고 하는 고요한 헤어짐과 서로 배척하는 일이 없는 것을 상달(上達)의 경지라고 보고 있다.

그리하여 상달(上達)의 묘기(妙技)에 도달한 '질절(挃挕)'의 헤어짐은 고영(高穎)의 '경법(輕法)'에서 언급(言及)되어 있다. "잠자리가 물을 차고 가볍게 날아 오르는 것이 활발한 것과 같이." "오이가 익어 꼭지의 떨어짐이 온전히 하늘에서 나옴과 같다."라고 했다. 공통되는 자연적인 헤어짐으로 말한 것이다.

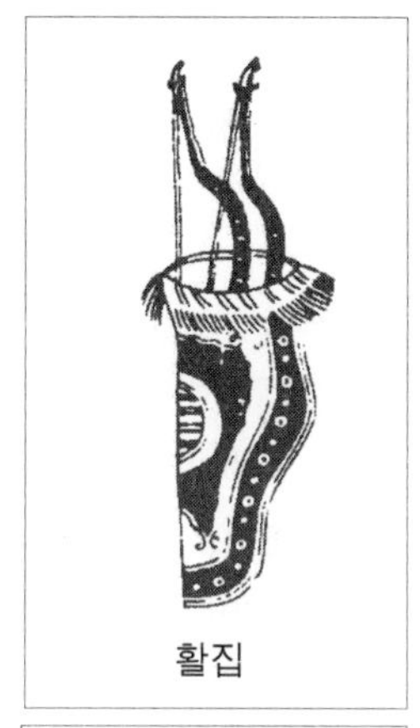
활집

《무릇 이것은 다 하학(下學)의 방법일 뿐. 지금의 사자(射者) 누가능히 우(右)가 발(發)하되 좌(左)가 알지 못할 것인가. 알지 못한다고 하는 것은, 배워서 숙달됨에 이르러 모양과 정신이 함께 응결된 것이다. 곧 상달(上達)의 묘(妙)이다. 성인(聖人)의 마음은 태연(泰然)하여 항상 대응하고 항상 고요하다. 좌수(左手) 거부하듯 해도 또한 다시 이와 같다. 오배(吾輩)는 힘을 씀에 말미암아 써 부동(不動)에 이르고, 측(鏃)을 아는 것으로 말미암아 써 부지(不知)에 이르면 옛날의 절기(絶技)에 가까운 것인가.》

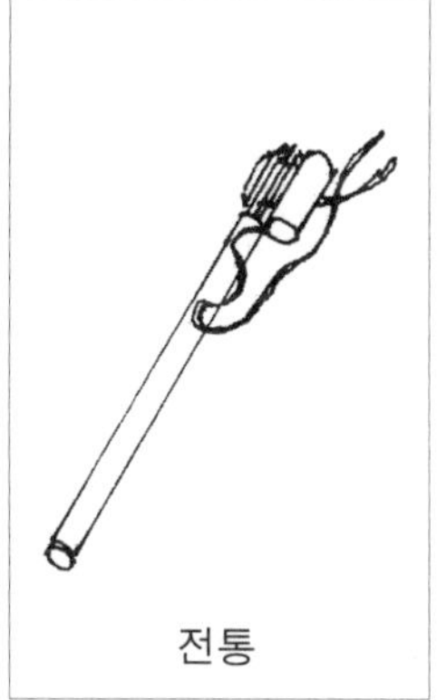
전통

凡此皆下學[1]之方耳 今之射者 疇[2]能右發而左不知也 不知云者 學造[3]乎熟 形神俱凝 乃上達[4]之妙也 聖人[5]天君[6]泰然[7] 常應常靜 左手如拒 亦復如是 吾輩由用力 以造于不動 由知鏃 以造于不知[8] 庶乎古之絶技哉

1) 下學(하학) : 몸 가까이에서 행하는 수업(修業). 기교.

2) 疇(주) : 누구. 수(誰)와 같다.

3) 造(조) : 이르다. 지(至), 달(達)과 같다. 높은 수준(水準)에 미친다는

뜻이다.

4) 上達(상달) : 높은 경지(境地)에 이르다.

5) 聖人(성인) : 유가(儒家)에 있어서 최고 인격(人格)의 구현자(具現者)
를 이른다. 공자(孔子)는 성인(聖人)으로, 맹자(孟子)는 아성(亞聖)으
로 일컬어진다.

6) 天君(천군) : '마음'이라는 뜻. 『순자(荀子)』의 천론(天論)편에 "마음
은 중허(中虛)에 있어 써 이(耳) 목(目) 구(口) 비(鼻) 형(形)의 오관
(五官)을 다스린다. 그것을 천군(天君)이라 이른다."라고 정의하고 있다.
양경(楊倞)의 주석에는 "형체(形體)의 군(君)"이라고 하였듯이, 몸 가
운데에 있어 그것을 지배하는 것이 마음이며, 군주와 같은 처지에 있으므
로 이렇게 말한 것이다.

7) 泰然(태연) : 넓고 편안한 상태. 송(宋)나라 범준(范浚)은 "마음을 다스
려 기(氣)를 기름으로써 본(本)으로 삼다."라고 하였으나 그 『심잠(心
箴)』에는 "천군(天君)이 태연(泰然)하게 백체(百體 : 온 몸)의 영(令)
에 따르다."라고 하였다.

8) 由用力~不知(유용력~부지) : '힘을 쓰다'와 '촉(鏃)을 알다'는 '질
절(控勢)'의 사법(射法)에서 중요한 기교(技巧)이지만 이것들을 하학
(下學)으로 보고, 그것들을 익혀 숙달하면 벌써 그 기교를 의식하지 않는
'부지(不知)'와 '부동(不動)'의 경지인 상달(上達)에 이른다고 했다.

제9장 발의 자세〔足法〕

I. 발딛기의 올바른 법

가. 앞다리는 말뚝처럼 똑바로 뻗는다.

활쏘기에 있어서 앞다리는 말뚝처럼 똑바로 뻗고, 뒷다리는 혹이 달린 듯이 무릎을 굽힌다. 화살이 날아갈 곳에 따라서 움직이는 것은 뒷다리이다.

왼쪽 어깨와 허리는 타(垛)의 중심을 향하는 듯이 하고, 두 다리는 먼저 꽉 딛고 사방으로 기운을 나누어 발딛음을 정해 선다. 그로부터 왼발의 엄지발가락을 옮겨서 왼쪽 어깨와 대응시켜 날카롭게 타(垛)의 중심으로 향하게 한다.

이 때 오른발은 과녁에 대하여 옆으로 평행(平行)하고, 신발의 측면이 타(垛)에 대하는 모양으로 된다.

이 발의 놓는 방법을 정자형(丁字形)도 아니고 팔자형(八字形)으로도 되지 않는다고 일컫는 것이다.

▨ 위에서 논(論)해진 발딛기의 모양은 이른바 '중평가(中平架)'의 활쏘는 자세이다. 이것은 안전성이 있고 동시에 민첩한 동작을 취하기 쉽다고 하였으나 고영(高頴)은 기사(騎射)의 경우에 발딛기를 말하는 것은 무의미하다고 했다.

그런데 다리 벌리는 방법은, 일본에서는 좌우대칭(左右對稱)으로 하여 여기서 말하는 팔자형(八字形)이지만, 중국에서는 "정자(丁字)를 이루지 않고, 팔자(八字)가 되지 않는다."라고 하였듯이, 정(丁)과 팔(八)과의 중간 모양을 취한다.

이른바 반정자(半丁字)라고 말해지는 것이다.

좌우 발에 힘을 들이는 방법은 여기의 발딛음에서는 당연하듯이 뒷발에 무게가 실리는 것을 알 수 있다.

지금의 궁도(弓道)에서는 일단 좌우에 균등하게 힘을 배분하도록 가르치고 있지만 일본의 일치류(日置流)에서는 앞발은 발끝에, 뒷발은 발뒤꿈치에 힘을 넣는다고 하는데 이것 역시 어느 정도는 뒤에 힘이 들어간다.

명(明)나라 당순지(唐順之)의 『무편(武編)』에는 "앞발은 달걀을 밟듯이, 뒷발은 전갈을 밟듯이."라고 하여, 그 힘을 들이는 방법을 가르치고 있다.

《무릇 사(射)에서는 전퇴(前腿)는 말뚝과 같고, 후퇴(後腿)는 혹과 같다. 화살에 따라 고치고 옮기는 것은 다만 후각(後脚)에 있다. 좌견(左肩)과 다리는 타(垜)의 가운데에 대(對)하고, 두 다리는 먼저 사방(四方)을 취하여 서며, 뒤이어서 좌각(左脚)의 대지(大指)를 옮겨서 좌견에 대하여 날카롭게 타(垜)의 중심에 당한다. 우각(右脚)은 횡직(橫直)하고 혜차(鞋衩)하여 타(垜)에 대한다. 이것은 정자(丁字)를 이루지 않고, 팔자(八字)가 되지 않는다.》

凡射 前腿[1] 似橛[2] 後腿似瘤[3] 隨箭改移 只在後脚 左肩與胯[4] 對垜[5]之中 兩脚先取四方[6]立 後次轉左脚大指 對左肩 尖當垜中心 右脚橫直 鞋衩[7]對垜 此爲丁字[8]不成 八字[9]不就

1) 腿(퇴) : 보통은 넓적다리 부분을 가리키지만, 여기서는 단순하게 '다리' 또는 '발'이라는 뜻으로 쓰이고 있다.

2) 橛(궐) : '말뚝'이라는 뜻. 말뚝이 지면에 박혀 있듯이 굽지 않고 단단하

게 땅을 밟고 버티는 일.

3) 瘸(가) :『집운(集韻)』에서는 수족(手足)의 병이라고 되어 있으나 부스
  럼이 굳어서 뭉친 것을 가(瘸)라고 하는 설에 따라서 오른발을 굽혀서 발
  딛기 한 모양이 발에 '혹'이 달린 것처럼 보인다고 해석해 둔다.

4) 胯(과) : 가랑이.『설문(說文)』에 "과(胯)는 고(股)다."라고 되어 있다.
  다만 여기서는 '허리'의 뜻으로 쓰였는가도 여겨진다. '가랑이'로는 잘 통
  하지 않는다.

5) 垛(타) : 사타(射垛). 과녁을 세우기 위해 흙을 쌓아올린 곳. 혹은 과녁
  을 가리킨다.

6) 四方(사방) : 네 방향으로 안정되는 듯한 발딛기의 방법을 행하는 일.

7) 鞋衩(혜차) : 혜는 신, 차는 옷자락. 뜻이 상세하지 않으나 혜(鞋)의 측
  면(側面)을 말하는 것인 듯하다.

8) 丁字(정자) : 발을 딛는 방법이 왼발은 앞으로 과녁을 향해 똑바르게 하
  고, 오른발은 과녁과 평행(平行)이 되도록 하면 마치 정(丁)자의 모양과
  같이 된다.

9) 八字(팔자) : 부채의 형태로 발을 벌리고 딛는 일.

2. 발딛기의 자세 바꾸기

가. 이것이 과녁을 쏠 때의 통상적인 법이다

  활쏘기에서 겨냥을 하는데 오른쪽으로 할 경우에는 뒷발을 왼
쪽으로 고치고 왼쪽으로 할 경우에는 오른쪽으로 고치는 것이 과
녁을 쏠 때의 통상적인 방법이다.

  이 방법을 익혀서 이미 숙달의 단계에 이르면 환옥(環玉 : 둥근
고리모양의 옥)을 굴리듯이 쉽게 발을 맞출 수가 있어 어떤 상황의
변화에도 대응할 수가 있는 것이다.

이 법도 또한 반드시 익혀 알아 두어야 할 것이다.

▨화살을 명중시키려는 형편에 따라 발딛기를 바꾸는 것은 오늘날의 궁도(弓道)에서는 생각할 수 없는 것이다. 그러나 실전적(實戰的)인 무사(武射)에서 자유자재로 발을 바꿀 수 있다면 이 또한 독특한 방법일 것이며 싸움터에서는 많은 공로를 세울 수 있는 대단히 중요한 보법(步法)이라고 생각된다.

《오른쪽을 쏘는 데는 왼쪽으로 고치고, 왼쪽을 쏘는 데는 오른쪽으로 고치는 것은 과녁을 쏘는 상법(常法)이다. 이것을 배워서 이미 익숙함에 이르르면 곧 정돈되고 고리를 굴리 듯하여 능히 변함에 응(應)하는 까닭이다. 이 또한 알지 않으면 안 된다.》

射右改左[1] 射左改右 射的之常法也 迨 學之旣熟 則便截如轉環[2] 所以能應變 此又不可不知

1) 射右改左(사우개좌) : 화살 쏠 자리를 오른쪽으로 미끄러뜨릴 경우 뒷발을 왼쪽으로 움직인다는 뜻.

2) 轉環(전환) : 환(環)은 둥근 모양의 구슬. 움직이기가 부드러워 쉽다는 뜻으로 쓰이는 말.

제10장 눈의 자세〔眼法〕

1. 눈을 바르게 사용하는 방법

가. 미세한 것을 보아도 거대한 것을 본 듯이 한다

"옛날에 활쏘기의 명인(名人)이었던 비위(飛衛)가 기창(紀昌)에게 사술(射術)을 가르쳤다. 비위는 기창에게 가느다란 털로 이를 묶어서 창(窓)에다 걸어놓고 응시하도록 하였다.

그렇게 하기 3년이 지나자 이가 수레바퀴 만큼 크게 보였다. 곧 묶어 걸어논 이를 쏘도록 하였는데 기창이 이의 가슴을 쏘아서 꿰뚫었으나 걸어놓은 털은 끊어지지 않았다. 대개 아주 작은 것을 보아도 아주 커다란 것을 보는 듯이 익숙해 있었던 것이다.

이것은 눈을 깜박이지 않는 것을 습득한 뒤에야 비로소 가능하게 되는 것이다."

이 내용은 궁술가(弓術家)가 첫째로 마음에 둘 일이다.

▨ 여기에 인용된 이야기는 『열자(列子)』의 탕문(湯問)편에 나오는 지극히 유명한 것이며 그 전체 내용은 다음과 같다.

감승(甘蠅)은 옛날의 활을 잘 쏘는 사람이었다. 활을 힘껏 당기면 짐승이 엎드리고 나는 새는 내려앉아 몸을 숨길 정도였다.

그의 제자로 이름을 비위(飛衛)라고 하는 사람이 활쏘는 것을 감승에게 배웠는데 그의 기교는 스승을 앞섰다.

기창(紀昌)이라는 사람이 또 활쏘기를 비위에게 배웠는데 비위가 말하기를

"너는 먼저 눈 깜박이지 않는 것을 배워라. 그런 뒤에 활쏘기를 말할 수 있다."

라고 하였다. 기창은 집으로 돌아와 그 아내의 베틀 밑으로 들어가 똑바로 누워서 베틀의 발 움직이는 동작을 바라보았다. 그렇게 하기 2년이 지난 뒤에는 송곳의 끝이 눈에 와서 찌르려고 하더라도 눈을 깜박이지 않기에 이르렀다. 그래서 그것을 비위에게 고하니, 비위는 말하기를

"아직 멀었다. 다음에는 보는 방법을 배워야 한다. 작은 것 보기를 큰 것 보는 것과 같이 하고 미세한 것 보기를 현저한 것 보는 것과 같게 한 뒤에 다시 나에게 말하여라."

라고 하였다. 기창은 이를 잡아 털로 묶어서 들창에다 걸어놓고 남쪽을 향하여 그것을 바라보았다. 열흘이 지나니 겨우 크게 보이기 시작하여 3년이 지난 뒤에는 그것이 수레바퀴 만큼 크게 보였다. 그리고 그밖에 주위의 모든 것을 보아도 모두 동산 만큼 크게 보였다. 이에 연각(燕角)의 활에다 삭봉(朔蓬)의 화살로써 그것을 쏘았는데 이의 심장을 꿰뚫었는데도 매달아 놓은 털은 끊어지지 않았다. 그것을 비위에게 고하니 비위는 기뻐서 높이 뛰며 가슴을 치면서 말하였다.

"너는 활쏘는 비결을 터득하였구나."

기창은 이미 비위의 궁술(弓術)을 다 배우고 나서, 천하에서 자기와 필적할 자를 살펴보니 오직 비위 한 사람뿐이었다. 그래서 그는 비위를 죽이려고 도모하였다.

들판에서 서로 만나 마주보고 두 사람이 차례대로 활을 쏘았는데 중간에서 화살촉이 서로 부딪쳐서 땅에 떨어지건만 먼지 하나

일지 않았다. 비위의 화살이 먼저 다 없어지고 기창의 화살은 한 개가 남았다. 나머지 화살을 기창이 쏘자 비위는 가시나무의 가시 끝으로 그것을 막았는데 조금도 어긋나는 일이 없었다.

이에 두 사람은 울면서 활을 던지고 서로 길에서 절하며 청하여 부자(父子)의 의(義)를 맺고 팔을 찔러서 맹세하였다.

"궁술(弓術)을 남에게 가르쳐서는 안 된다."

이상이 비위(飛衛)와 기창(紀昌)의 이야기이다. 미소(微小)한 것이라도 거대(巨大)한 것으로 보이도록 눈의 훈련을 한다는 것은, 결국 멀리 있는 표적을 가까이 오게 하는 것과 같은 뜻이 있는 것이다.

그러나 이와 같이 과녁에 눈을 집중시킨다는 것은 일본의 궁도(弓道)에서는 중요하게 여겨지지 않고 도리어 이른바 하적(霞的)을 쓰는데 과녁을 의식하지 않도록 배려되어 있다.

이것은 과녁을 겨냥한다고 하는 집착을 피하여 끝까지 정확한 기준에 적합한 오중십문자(五重十文字)의 사형(射形)을 취하고, 정확한 손 안의 형태를 얻는 것으로서 스스로 정확 무비(無比)한 활쏘기가 나타난다고 하는 처지에 서기 때문이다.

그런데 중도돈(中島敦)의 단편(短篇)인 『명인전(名人傳)』은 이 『열자(列子)』의 설화를 주제(主題)로 삼으면서도 보다 한 단계 전개시켜 '예(藝)' 또는 '도(道)'의 구극적(究極的)인 추구는 형(形)이 있는 것을 초월하고 무위(無爲)에 참입(參入)하는 과정이라는 것을 보이고 있다.

곧 중도돈(中島敦)은 기창(紀昌)에게 "지위(至爲)는 하지 말고, 지언(至言)은 말을 떠나고, 지사(至射)는 쏘지 말라."라 말하게 하고, 마침내는 기창에게 완전히 활과 화살마저 잊어버리게 하고 만 것이다.

"아아, 부자(夫子)가, 고금무쌍(古今無雙)의 활쏘기의 명인

인 부자가 활을 잊어버렸다고. 아아, 활이라는 이름도, 그 사용 방
법도."

그 후 얼마 동안 한단(邯鄲)의 도읍에서 화가는 회필(繪筆 :
그림 도구)을 숨기고, 악인(樂人)은 비파의 현(絃 : 줄)을 끊고,
장인(匠人)은 규구(規矩 : 그림쇠)를 손에 쥐는 것을 수치로 여
겼다는 것이다.

《옛날에 비위(飛衛)는 기창(紀昌)에게 사(射)를 가르침에 털로써 이를 걸
고 들창에 붙여서 그것을 바라보게 하였다. 3년이 되어 수레바퀴와 같았다. 이
의 심장을 꿰뚫었으나 건 것은 끊어지지 않았다. 대개 소(小)를 보기 대(大)와
같았다. 눈 깜박이지 않는 것을 배우고, 그런 뒤에 능(能)하다. 이것이 사가(射
家)의 제일의(第一義)이다.》

昔 飛衛敎紀昌射 以氂¹⁾懸蝨 著牖望之 三年若輪²⁾ 貫蝨心 而懸
不絶 蓋視小如大 學不瞬 而後能 此射家第一義也
1) 氂(리) : 소의 털. 또는 말의 꼬리털이라고도 한다. 또는 단순히 가느다란
   털이라고만 하기도 한다.
2) 若輪(약륜) : 이가 수레바퀴 만큼의 크기로 보이게 되었다는 것.

2. 과녁을 자세히 살피는 일

가. 오늬에 눈을 주어서는 안 된다

사람은 활을 당겨 열 때마다 과녁을 응시(凝視)하여 두 눈 가
득 과녁이 들어오도록 한다. 이래서는 화살날기가 똑바른 것이 되
지 않는다.

또 만약 두 눈으로 과녁을 똑바로 정면에서 보는 것 역시 똑바

른 화살날기가 되지 않는다.

이러한 사정이므로 눈으로 화살오늬의 물리는 형편이나 화살촉의 당기는 위치를 확인하는 것은 능란한 사가(射家)에게 있을 방법이 아니다.

실제 전쟁터에서 적과 상대하는 경우에 눈을 조금이라도 깜박이면 적으로부터의 공격을 피할 수 없고, 적에게 제압되고 만다.

따라서 대체로 활쏘기는 적이나 과녁에 대하여는 발디딤을 단단히 정하고 서서 뜻을 과녁이나 적인(敵人)에게 두고, 오늬에 눈을 주어서는 안 된다.

결국 화살촉이 줌통에까지 당겨져 나왔을 때 틈을 주지 않고 곧바로 과녁의 중심을 자세히 살펴 바라보고 곧바로 쏘아 보내는 것이다. 이렇게 해서 화살이 쏘아 보내어져 과녁에 명중(命中)하지 않는다고 하는 것은 없는 것이다.

자세하게 살펴서 과녁을 쏘아보는 자세히 살피는 법은, 눈동자를 구석으로 몰아 사시(斜視)로써 바라보아 똑바른 겨냥을 얻도록 하는 것이 매우 긴요하다.

우리들이 화살날기가 안온(安穩)하고 많이 명중시키는 것을 구(求)한다면 당연히 이 점에 유의하지 않으면 안 된다.

▨ 여기서는 과녁을 대할 때의 방법이 논해져 있다. 첫째로 과녁을 대하는 얼굴은 너무 완전히 과녁을 향해 정면으로 바라보는 것을 부정한다.

이것은 비위(飛衛)의 과녁을 잘 보라고 하는 가르침과는 모순되는 듯하지만, 화살이 활의 우측에 메겨져 있다는 것 등을 생각하면 당연한 것이다. 따라서 얼굴은 약간 비스듬할 정도로 과녁을 향하고 우측의 눈시울과 좌측의 눈꼬리를 통하여 양안일시(兩眼一視 : 두 눈이 한 곳을 보다)의 겨눔을 정하는 것이다.

일본에서도 다른 사람이 불러서 돌아볼 때의 자연스런 얼굴의 모습과 같이 하는 방법을 좋은 것이라고 하고 있다.

다음에는 두 눈 쓰는 것을 설명하고 있다. 과녁만 집중적으로 보지 않고 화살촉이나 화살오늬의 위치 등을 눈으로 확인하려 하는 것은 정신이 분산된다고 하여 꺼리고 있다.

일본의 활쏘기에서는 화살오늬가 귀의 뒤까지 당겨지므로 화살오늬를 보는 일은 없으나 화살 끝을 보거나 하는 일이 있어 이러한 것은 금지되고 있다.

《사람이 매번 활을 당길 때마다 곧 파자(把子 : 과녁)를 보고 만안(滿眼)이 함께 과녁이 된다. 화살이 많이 진(眞)이 아니다. 만약 두 눈이 과녁을 바로 보더라도 또한 진(眞)을 얻지 못한다. 그러면 눈을 써서 구(扣)를 보고 촉을 보는 것은 능사(能射)가 아니다. 적을 대할 때 눈을 약간 깜박이면 곧 피하기에 미치지 못하고 사람에게 제압된다. 고로 무릇 사(射)는 적(賊)에 대하여, 혹은 과녁에 대하여 참정(站定)하고, 뜻은 과녁 혹은 적인(敵人)에게 있어서 구(扣)를 봄을 얻지 못한다. 화살 머리가 궁파(弓弝)에 나아갈 때에 이르러 곧 과녁의 중심을 심고(審顧)하여 곧 방(放)하다. 화살이 떠나서 아직 과녁에 맞지 않은 것이 없다. 그 심고의 법은 양안(兩眼)의 각(角)으로 사시(斜視)하여 진(眞)을 얻을 것을 요(要)한다. 우리들은 화살의 온건하고 많이 명중(命中)할 것을 구하고자 하면 마땅히 이에 있어 뜻을 주(注)할 것이다.》

人每拽弓 便看把子[1] 滿眼[2]俱把子矣 箭多不眞 如兩目正視把子 亦不得眞 然用目看扣[3]看鏃 非能射也 對敵之際 目稍瞬則不及避 而制于人矣 故凡射對賊或對把站定[4] 意在把子或敵人不得看扣 至箭頭進弓弝時 便審顧[5]把子中心卽放 箭去未有不中的者 其審顧法 要兩眼角斜視[6] 得眞 我輩欲求箭穩多中 當于此注意焉

1) 把子(파자) : 적(的). 과녁.

2) 滿眼(만안) : 과녁만이 두 눈에 꽉 들어차서 다른 주위의 것들이 눈에 들어오지 않는 것.

3) 扣(구) : 괄(筈). 화살오늬.

4) 站定(참정) : 참(站)은 선다는 뜻. 발딘기를 단단히 정하고 몸을 바르고 꼿꼿하게 세우는 일.

5) 審顧(심고) : 과녁에 대하여 정확하게 볼거리를 정하고 자세하게 살펴 과녁을 지켜보는 것을 말한다.

6) 兩眼角斜視(양안각사시) : 과녁에 대하는 볼거리를 정면으로 바라보지 않고 약간 비스듬히 하여 두 눈의 모서리, 즉 왼쪽 눈은 눈꼬리로, 오른쪽 눈은 눈시울을 통하여 과녁보기를 정하는 일.

제3부 이름난 궁수가 되는 길

제11장 자세하게 살펴 굳힘〔審固〕

1. 남당 선생의 가르침

가. 생각한 뒤에 능히 얻는다

남당(南塘 : 戚繼光) 선생이 말하였다.

"『예기(禮記)』에 '활을 잡는 일이 심고(審固)하다.' 라고 하였다. 이 심(審)이란 상세하게 마음을 쓰는 일이요, 고(固)란 활을 잡는 것이 격식에 맞고 단단하다는 뜻이다. 이 심(審)이라는 글자의 뜻은 『대학(大學)』의 '생각한 뒤에 능히 얻는다.' 할 때의 여(慮)자의 뜻과 같다.

군자(君子)는 지극한 선(善)의 경지를, 최종적으로 지향할 대상으로 정하는데 이미 그 지향할 바를 알게 되면 그 몸을 닦을 방향이 정해지고, 그러면 마음이 평정해지고, 그 도(道)에 완전히 편안해질 수 있다. 그 위에 다시 또 이것들에 대한 충분한 배려를 할 수 있으니 이런 기반이 조성되어 정착한 뒤에 그 지향한 지극한 선의 경지에 도달할 수 있는 것이다.

마찬가지로 군자가 화살을 쏘는 상황에 있어 활을 잔뜩 당기는 회(會)의 상황일 때나 화살을 쏘아 보내는 헤어짐의 상황일 때 반드시 자세히 살핀 뒤에 행하므로 과녁에 명중(命中)될 것이 확정적으로 판단될 수 있는 것이다.

  그런데 지금의 활쏘기를 하는 사람들은 많은 사람이 화살의 3
분의 2 정도를 잡아당긴 듯한 때에 자세히 살피는 것 같이 행하
지만 이러한 것이 대체 무슨 효과가 있을 것인가.

  또 심(審)에 대하여 지금 사람들은 모두 과녁을 상세하게 살피
는 것으로만 생각하고 있다. 이 과녁을 상세하게 살펴보는 것은
다만 심(審) 가운데 한 가지 일에 지나지 않는다는 것을 모르는
것이다.

  대개 활이 충분히 당겨졌을 때에는 정신은 이미 지치고 손발의
힘은 벌써 빠져 있는 상태일 것이다. 이러한 때에 만약 갑자기 쏘
아 보냈다면 그 화살날기의 곧음이나 곧지 않음, 혹은 적중(的
中)이나 적중하지 않음은 모두 자기의 마음에 의해 그와 같은 상
황이 이루어지는 것은 아닌 것이다.

  반드시 자세히 살펴보기를 더하여 정신은 온화하고 태평하게
하고 손발의 힘은 편안하고 견고하게 해야 한다. 이렇게 한 후 비
로소 화살을 쏘아 보내면, 그 화살날기의 곧지 않음과 명중하지
않음은 생각할 필요도 없는 것이다.

  그러므로 심(審)자의 가르침을 공부하여 알고 모든 것을 그렇
게 하려고 원한다면 여(慮)자의 가르침을 아울러 공부해서 충분
히 맛보고 더듬으면 가능할 것이다."

  ▨ 여기서는 『예기(禮記)』 사의(射義)편에 있는 "활을 쏘는
것은 나아가고 물러나고 몸을 놀리는 일이 반드시 예(禮)에 맞
아야 하는 것이다. 안으로 뜻이 바르며, 밖으로 몸의 자세가 곧은
연후라야 활과 화살을 잡는 것이 격식에 맞고 단단하며 활과 화
살을 잡는 것이 격식에 맞고 단단한 연후라야 표적을 맞추는 것
을 말할 수 있다."에서 '마음을 바르게 하고 몸을 곧게 한 연후라
야 활과 화살을 잡는 것이 심고(審固 : 자세히 살펴 굳히다) 하다.
활과 화살을 잡는 것이 심고하면 쏘아서 명중(命中) 시킨다.' 라

는 뜻을 취하여 심고(審固)를 논하였으나 특히 심(審)에 중점
이 두어져 있다.

이 심(審)은 고영이 『사학정종』에서 가장 중요하게 여긴 것이
기도 하다. 즉 심법(審法)을 최우선으로 하여 "화살을 발사하는
데 반드시 먼저 첫번째 주의할 것을 정했다. 뜻은 마음에 있고 눈
에 발한다. 그러므로 심(審)을 먼저로 삼았다. 심을 연구한 즉시
꿰뚫어서 도저(到底)하고 뒤의 주자(注字)와 서로 응하다."라
고 하였다. 심은 뜻과 눈을 주체(主體)로 하는 것이므로 최우선
에 두지만, 모든 과정을 관철하는 것으로서, 다섯째의 주법(注
法)으로 지양(止揚)되어 간다고 보고 있다. 행사(行射)의 모든
과정에 있어서 심의 마음가짐을 충실히 할 것을 주장하고 있다.

이것은 여기서 말하고 있는 심(審)의 이념과 통하는 것이다.

『대학(大學)』의 여(慮)자 글자의 의의를 사법(射法)에서 심
(審)의 이념과 결부시켜 통일적으로 이해하고자 하는 처지는 척
계광(戚繼光)의 독창적인 생각이라고 여겨진다.

다만 명(明)나라 채청(蔡淸)의 『사서몽인(四書蒙引)』은
『대학(大學)』의 여(慮)자에 대하여 "여(慮)는 다만 평소 아는
바의 것으로써 재심(再審), 일심(一審)한다."라고 해석하고 있
다. 혹 명(明)나라 당시의 이와 같은 해석을 소재로 한 것인지도
모른다.

『대학』 경문(經文)의 해석에서 그것을 지어지선(止於至善)
의 과정으로 보고 있다. 그 설명 과정은 지소지(知所止)→정
(定)→정(靜)→안(安)→여(慮)→득소지(得所止)라고 한 각
자가 전자(前者)를 전제로 하여 그것을 매개로 단계적으로 후자
(後者)에로 진전하는 것이라고 보여지는 것이다. 그런데 여기서
는 여(慮)를 모든 과정에 영향을 미쳐 총괄적으로 발휘시키는 것
이라고 간주하고 있는 것 같다.

《남당자(南塘子) 이르기를 "기(記)에 활을 잡기 심고(審固)하다 라고 칭했다. 심(審)이란 것은 상심(詳審)이요, 고(固)란 것은 파지견고(把持堅固)이다. 심(審)자는 대학(大學)의 생각한 뒤에 능히 얻는다는 여(慮)의 자(字)와 같다. 군자(君子)는 지선(至善)에 이미 멈출 바를 알고서, 그리고 정(定)하고, 그리고 고요하고, 그리고 편안하다. 또 반드시 능히 이것을 생각하여 그러한 뒤에 능히 멈출 곳을 얻는다. 군자 화살을 쏨에 인만(引滿)의 여(餘)를 발시(發矢)할 즈음 또 반드시 심(審)을 더하여 그러한 뒤에 과녁에 맞을 것을 결(決)할 수 있다. 지금의 사자(射者)는 많이 화살을 대반(大半)으로 하였을 때 이것을 심(審)한다. 또한 무슨 유익함이 있을 것인가. 또한 대저 심(審)은 지금 사람이 다 써 과녁을 심한다고 할 뿐이다. 과녁을 심함은 다만 심중(審中)의 한 일이라는 것을 알지 못한다. 대개 궁만(弓滿)에 즈음하여 정신이 이미 다하고 수족(手足)이 이미 허(虛)하다. 만약 졸연(卒然)하게 발(發)하면 화살의 곧고 곧지 않음, 맞거나 맞지 않음은 다 나의 마음에 말미암아 하게 하는 것이 아니다. 반드시 심(審)을 여기에 더하여 정신으로 하여금 화이(和易)하고, 수족으로 하여금 안고(安固)하게 한다. 그런 뒤에 화살을 발하면 그 부직부중(不直不中)은 무엇을 할 것인가. 그러므로 심(審)자의 공부(工夫)를 알고자 하면 여(慮)자의 공부에 합해서 이것을 완미(玩味)하면 곧 얻는다."라고 하였다.》

南塘子[1] 曰 記[2] 稱持弓審固[3] 審者詳審[4] 固者把持堅固也 審字
與大學[5] 慮而後能得[6] 慮字同 君子於至善[7] 旣知所止 而定而靜而
安矣 又必能慮焉 而後能得所止[8] 君子於射箭 引滿之餘 發矢之際
又必加審 而後中的可決 今射者 多于大半[9] 矢之時審之 亦何益乎
且夫審者 今人皆以爲審的而已 不知審的 第審中一事耳 蓋弓滿
之際 精神已竭 手足已虛 若卒然[10]而發 則矢直不直 中不中 皆非
由我心使矣 必加審之 使精神和易[11] 手足安固[12] 然後發矢 其不直
不中 爲何 故欲知審字工夫[13] 合于慮字工夫 玩味[14]之 乃得

1) 南塘子(남당자) : 남당(南塘)은 척계광(戚繼光)장군의 호(號)이다. 자
   (子)는 존칭으로, 선생의 뜻. 이 제11장 자세히 살펴 굳히다(審固)편은

전적으로 척계광의 『기효신서』 사법편(射法篇)에 의거하는데 자구에는 드나듬이 많다.

2) 記(기) : 『예기(禮記)』 사의편(射義篇)을 말한다. 『예기』는 한(漢)나라 대성(戴聖)에 의해, 고대로부터 한나라 당시에 행해진 제유(諸儒)의 예설(禮說)과 예(禮)에 관한 이론을 모은 것. 사의편도 『의례(儀禮)』의 향사례(鄕射禮), 대사의(大射儀)에 대한 해설적인 요소가 많다.

3) 持弓審固(지궁심고) : 『예기』 사의편(射義篇)에 있는 글이다. 다만 "활을 잡기 심고(審固)"가 아니고, "활과 화살을 잡기 심고(審固)"로 되어 있다.

4) 詳審(상심) : 소상하게 살피는 일. 자상하게 미치는 일. 왕충(王充)의 『논형(論衡)』 문공(問孔)편에 "성현(聖賢)은 붓을 내려 글을 짓는 데 뜻을 쓰는 것이 상심(詳審)하다."라고 하였다.

5) 大學(대학) : 사서(四書)의 하나인 『대학(大學)』을 말한다. 본래는 『예기(禮記)』의 한 편이었으나 송대(宋代)에 이르러 심성(心性)을 논하는 것으로 숭상되어 『예기』에서 독립되었다.

6) 慮而後能得(여이후능득) : 주자(朱子)의 『대학장구(大學章句)』에 있는 어구. "여(慮)라는 것은 일에 대처하기 정상(精詳)함을 이른다."는 말로 사물을 행하는데 있어 모든 것을 상세하게 배려하여 정확한 판단을 하는 것을 이른다. 득(得)이라는 것은 그 멈출 곳을 얻음을 이르는 것으로 사물의 바른 도리를 움켜잡는 뜻으로 보고 있다. '후(後)' 자는 『대학』에 '후(后)'로 되어 있다.

7) 至善(지선) : 주자(朱子)는 "지선(至善)이란 사리당연(事理當然)의 극(極)이다. …… 대개 반드시 저 천리(天理)의 극(極)을 다하는데 있어 털끝 만큼의 사사로운 욕심도 없는 것이다."라고 하였다. 즉 악(惡)의 계기가 되는 욕심을 없애고, 완전하고 순수하게 하늘로부터 부여된 절대적인 선(善)의 경지에 달하는 것, 혹은 그와 같은 인격을 완성한 것을 이른다.

8) 旣知所止~能得所止(지기소지~능득소지) : 『대학』 경문(經文)에 "지(止)함을 안 후(后)에 정(定)함이 있으니, 정함이 있은 뒤에 능히 정(靜)

하고, 정한 후에 능히 안(安)하고, 안한 후에 능히 여(慮)하고, 여한 후에 능히 얻는다."고 하였다. 정(定)한다는 것은 지향할 대상이 분명해져서 목표가 정해지는 것. 정(靜)한다는 것은 마음이 고요해져 지향하는 이외의 것에 의해 마음이 움직이지 않는 것. 안(安)한다는 것은 목표를 향하여 나아가고 있는 현시점에 대하여 편안한 것을 뜻한다.

9) 大半(대반) : 3분의 2. 태반(太半)과 같다. 『한서(漢書)』경십삼왕전(景十三王傳) 교서우왕단(膠西于王端)의 전(傳)에 "그 나라를 깎아 태반(太半)을 거(去)하다."라 하였고, 장안(張晏)은 여기에 주석하여 "3분의 2를 태반(太半)이라 하고, 3분의 1을 소반(少半)이라 한다."라고 하였다.

10) 卒然(졸연) : 급하게. 돌연(突然)과 같다.

11) 和易(화이) : 부드럽게 어루만지는 것. 『예기(禮記)』학기(學記)편에 "군자(君子)의 교유(敎喩)함에, ……인도(引導)되어 끌리면 화(和)하고, 억지로 억눌리면 이(易)하고, 열어서 도달하면 생각한다. 화이(和易)하고 써 생각하는 것은 잘 깨우쳐 준다고 이를 수 있다."라고 하였고, 강제 없이 순순하게 이끌릴 때 정신이 태평스럽고 한가한 상태를 말한다.

12) 安固(안고) : 편안하고 또한 견고(堅固)한 것.

13) 工夫(공부) : 사물을 수행하기 위하여 노력하고 연구하는 일.

14) 玩味(완미) : 맛을 잘 씹어서 맛 보듯이, 사물의 의의나 취향을 깊이 이해하는 것.

제12장 활깍지의 바른 법〔指機〕

1. 결(決)의 마련

가.결(決)이라는 것이 사용된다

활쏘기에는 결(決 : 활깍지)이라는 것이 사용되는데 그것은 세상에서는 지기(指機)라고 이름 붙이고 있다.

그 눈은 약간 가늘고 긴 형상을 하는 것이 좋고, 동그랗게 하는 것은 좋지 않다. 그 이유는, 차(差)가 있을 때 엄지손가락을 꽉 눌러서 끼므로 격렬한 전투 상황에서도 무심히 손에서 빠져 나가는 일이 없기 때문이다.

이것은 결(決)을 마련하는데 변하지 않는 정법(定法)이다.

▨ 이른바 몽고식사법(蒙古式射法)과 분류되는 사법에서 활줄을 잡아거는 데에는 오른손 엄지손가락을 활줄에 걸고 당기기 때문에 그 엄지손가락이 다치지 않도록, 또는 보다 강한 활을 당겨 나눌 수 있도록 한 것이 결(決)로 곧 섭(韘)이다.

중국에서는 상아(象牙)나 짐승 뿔,

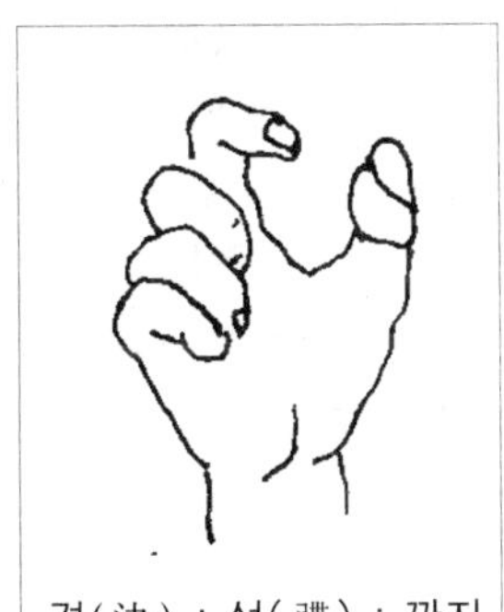

결(決) : 섭(韘) : 깍지

또는 나무, 금속, 비취(翡翠) 등으로 큰 지륜상(指輪狀)으로 만들어 썼는데 이것은 고대로부터 기본적으로 거의 변함 없이 사용되어 왔다.

일본에서는 섭(韘)의 글자를 붙이는 경우가 많다. 오늘날 평안시대(平安時代)에서 섭(韘)이라는 말을 사용한 예가 확인되지만 실체로는 정해진 것이 없고, 겸창(鎌倉)시대에 와서 장갑을 사용했던 것이 알려질 뿐이다.

이른바 일구섭(一具韘), 제섭(諸韘)이다. 현재와 같이 견모자(堅帽子)라고 하여, 엄지손가락에 뿔이나 굳은 가죽으로 보강한 사슴가죽 제품의 장갑 모양으로 된 것이 나온 것은 강호시대(江戶時代)라고 한다.

중국에서는 『시경(詩經)』 소아(小雅) 거공(車攻)편에 "활깍지와 팔찌를 비교하며 활이며 화살을 조절하니."라고 노래했 듯이 고대로부터 이 결(決 : 활깍지)이 활쏘기와 밀착된 필수품이었던 데에서 깨우침에 이용되는 일이 많았던 듯하다.

『순자(荀子)』 군도(君道)편에는 "임금이 활을 쏘면 신하가 결(決)하다."라고 하여, 주군(主君)이 좋아하는 것을 아랫사람들은 영합(迎合)하듯이 모방한다는 뜻으로 사용되었다.

그리고 『국어(國語)』에는 "대저 한 사람이 활을 잘 쏘면 백 사람이 결습(決拾)한다."라고 하였다. 습(拾)은 가죽으로 만든 수수(手袖)로서, 방어수(防禦袖)를 말한다. 한 사람의 뛰어난 인재가 있으면 많은 사람이 거기에 감화된다는 뜻이다.

『전국책(戰國策)』의 초일(楚一)편에는 "그 군주가 발(發)하기를 좋아하는 사람이라면 그 신하는 결습(決拾)한다."라고 하여 『순자(荀子)』의 경우와 같은 뜻으로 썼다.

《사(射)의 결(決)이 있음은 속(俗)에서 지기(指機)라 이름한다. 눈은 마땅히 조금 길게 하고, 마땅히 원(圓)이어서는 안 된다. 그러한 소이(所以)는 그

대지(大指)를 긴협(緊夾)하고, 그 진(陣)에 임(臨)하여 소우(疎虞) 없음에
거의 하기 때문이다. 이것이 불역(不易)의 법(法)이다.》

　　射之有決[1] 俗名指機[2] 眼[3]宜少長 不宜圓 所以然者 取其緊夾大
指 庶臨陣無疎虞[4] 此不易之法也

1) 決(결) : 섭(韘)을 말한다. 활깍지. 결(夬), 결(抉), 협(弽), 결(觖), 섭
　　(韘) 등의 글자가 쓰이기도 하였다. 『의례(儀禮)』 대사의(大射儀) 편에
　　"단(袒), 결(決), 수(遂)하여 활을 잡고, 승시(乘矢)를 궁외(弓外)에 끼
　　고, 촉(鏃)을 부(咐)로부터 드러내고, 우(右)의 거지(巨指)로써 당기
　　다."라고 하였다. 정현(鄭玄)은 이 결(決)에 주석하여 "결(決)은 섭(韘)
　　과 같다. 코끼리 뼈로 이것을 만들어 오른손 엄지손가락에 붙이고 활줄을
　　당겨 이것을 여는 소이(所以)이다."라 하고, 그 재질(材質)과 사용법을
　　설명하였다. 그리고 청(淸)나라 유정섭(兪正燮)은 『계사유고(癸巳類
　　稿)』의 결섭극수해(決韘極遂解)에 있어 결(決)에 대하여 논하기를 "결
　　(決)은 현구(弦彄)를 당김이다. …… 현구(弦彄)를 당긴다는 것은 활시
　　위를 열어 이것을 놓으면 곧 화살을 발하는 까닭이다. 지금 오른쪽 엄지손
　　가락에 붙는 반지(搬指)이다. 혹은 대추나무를 사용하고 혹은 뼈를 사용
　　한다. 그중 답(沓)이 있는 것은 가죽으로써 그것을 만든다. 시(詩)에서는
　　이것을 섭(韘)이라 이르고, 예(禮)에서는 이것을 극(極)이라 이르고, 지
　　금은 이것을 점(墊)이라 이른다. 대저 결(決)을 말하는 것이다."라고 하
　　였다. 즉 청(淸)나라시대의 반지(搬指)라 일컬어진 것은 지륜상(指輪狀)
　　의 섭(韘)을 말하고, 뒤에는 장식품이 되었다. 명대(明代)의 지기(指機)
　　와 같은 것이다. 그리고 지륜상(指輪狀)이 아니고, 손가락이 다 싸지는 혁
　　제(革製)의 것도 섭(韘)이라고 생각되었던 것이 알려졌다.
2) 指機(지기) : 결(決)의 속칭(俗稱). 『사학정종(射學正宗)』에 "지기(指
　　機)의 이름은 고래로 아직 일찍이 아니다. 옛날에는 호(號)하여 결(決)
　　이라 했다."라고 하였다. 다시 이어서 그 유래(由來)를 "결(決)은 그 기
　　(機)를 결(決)하기 빠르고, 걸리는 것이 없는 데에서 취(取)했다."라고

하였으나 자세하지 않은 것 같다. 요컨대 지기(指機)의 일컬음은 이른바 쇠뇌에서 현(弦)을 걸어 발사시키는 장치를 기(機)라고 하는 데에서, 활의 경우 그에 상당하는 오른쪽 엄지손가락에 대하여 쓰이므로 섭(鍱)을 "지(指)의 기(機)"라고 일컬은 것이 아닌가 상상된다.

3) 眼(안) : 섭(鍱)의 엄지손가락을 통해 넣어서 장착(裝着)하기 위한 용(冗). 지륜상(指輪狀)으로 되어있어 한가운데가 용(冗)이다.

4) 疎虞(소우) : 실패(失敗)하다.

2. 섭(鍱)의 정확한 사용법

가. 활쏘기를 배우는 자는 이것을 참고하라

나의 벗인 우일약(于一躍)은 특별히 섭(鍱 : 활깍지)의 사용법을 터득해 홀로 오묘한 기교를 체득(體得)했는데 그가 결(決)에 대해 말하였다.

"섭(鍱 : 決)을 쓰게 된 방책(方策)은 원래 손가락의 피부나 살이 활의 시위와 직접 접촉하는 것을 견디기 어려워서였다. 따라서 섭(鍱)를 사용하여 그 견고한 것을 견디기 위한 것이다.

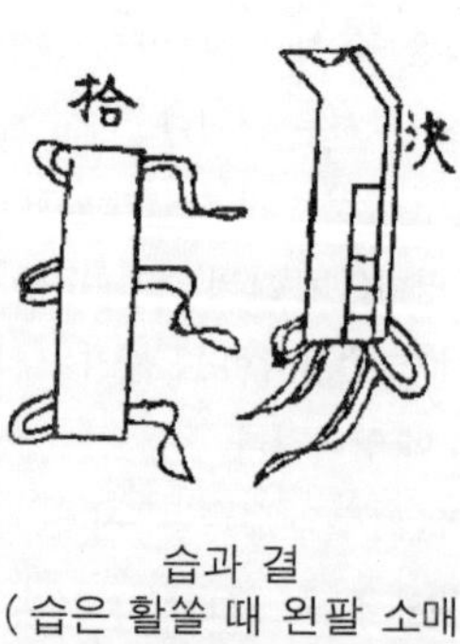

지금 사람들은 거의가 큰 힘을 써서 활을 당겨 벌리는데 이때 화살이 상하 좌우로 움직여 조화(調和)를 잃는 것에 대해 고심하고 있다.

이 섭(鍱)을 사용하는데는 그 안에 미묘한 요소가 있는 것이다.

만약 엄지손가락의 뿌리부분에 섭

습과 결
(습은 활쏠 때 왼팔 소매를 걷두어 매는 띠이고, 결은 활쏠 때 오른손 엄지손가락에 끼는 기구)

(㩾)을 장치한다면 화살날기는 민첩하지 않고, 거기다가 움직여 흔들리며 더디고 둔한 결점도 따른다.

또 엄지손가락의 지문 가까이에 섭(㩾)을 붙이면 시위를 당기는 데에 힘이 들어가지 않고 게다가 미끄러워 현이 달아나기 쉬우므로, 수법(手法)에 있어서의 교력(巧力)이나 마음에 있어서의 심고(審顧)의 배려(配慮), 활 쳐내는 기법들을 반드시 교묘하게 사용하려 해도 시작하기 전에 이미 화살이 떠나 버린다.

세상 사람들에게는 가끔 이 2가지 잘못된 습관이 보이는데 그 원인을 알지 못하고 있다.

지금 활쏘기에 뛰어난 사람들은 활깍지를 엄지손가락 뿌리부분 근처에 장착(裝着)하고 있다. 화살오늬를 대어 거는 데에 얹어서 시위를 당길 때 깍지가 시위의 힘으로 저절로 서서(徐徐)히 손가락 끝쪽으로 밟아가 딱 엄지손가락의 지문 근처에 이르고자 할 때 활은 잔뜩 열려 회(會)의 상태가 된다.

이때 심고(審顧)하여 힘을 들여서 곧바로 쏘아 보내면 화살날기는 완전히 안정되고 날카롭고 빠르다. 이것은 실로 이 깍지의 사용법에 유래하고 있다.”

섭(㩾)이 서서히 시위에 당겨져 움직이는 미묘한 요소는 말로는 표현하기 어렵다. 다만 마음으로써 깨우칠 수 있을 뿐이다. 활쏘기를 배우는 자는 이것을 참고할 일이다.

▨ 여기서 결(決 : 깍지)의 요소라고 하여 서술된 ‘서서(徐徐)의 묘(妙)’는 혹은 일본의 섭(㩾)의 사용에 있어서도 말해질 수 있을 듯하다. 일본의 것은 장갑 모양으로 손목쪽을 끈으로 눌러 묶는 것인데 견모자(堅帽子) 속의 엄지손가락에는 약간의 여유가 있다.

거기서 현침(弦枕)에 걸려 있는 시위의 복원력(復元力)에 의하여 약간 앞으로 당겨질 때 화살을 쏘아 보내는 기회가 되는 미

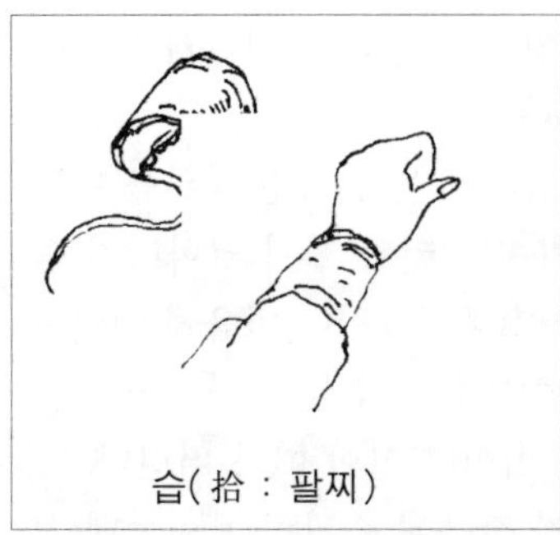
습(拾 : 팔찌)

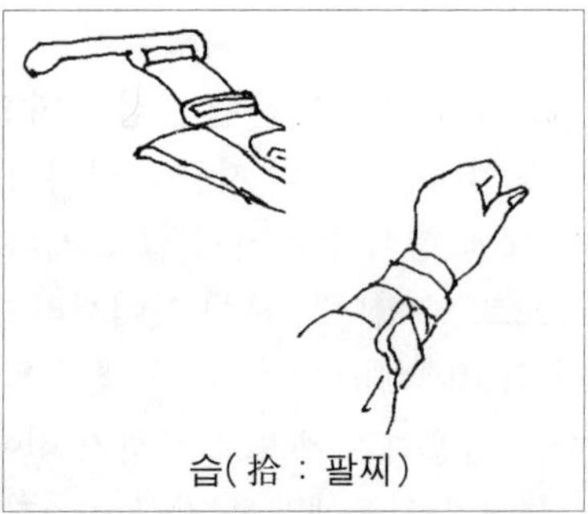
습(拾 : 팔찌)

묘한 순간을 보이는 것이다. 다만 궁도(弓道)에서는 중국의 활 쏘기와는 달리 오른손은 기(技)를 응고(凝固)시키는 일이 없이 완전히 지만(持滿)에서 자만(自滿)으로 승화(昇華)하는 자연의 떠남이 일어나는 것을 이상으로 하고 있기 때문에 너무 이 점에 구애될 것은 없을 것 같다.

《나의 벗 우일약(于一躍)에게 별(別)로 독득(獨得)한 묘(妙)가 있다. 그 말에 이르기를 "결(決)을 쓰는 책(策)은 본래 수지(手指)의 피육(皮肉)이 사현(絲弦)과 서로 당(當)할 수 없어서이다. 그러므로 이것을 사용하여 나무의 굳음을 빌리는 것이다. 지금 사람은 많이 대력(大力)을 써서 구만(勾挽)하고, 전(箭)이 종횡(縱橫)하여 고르지 않음에 이르는 것을 괴로워한다. 이 기(機)를 쓰는 데에는, 그 가운데에 미묘함이 있다. 만약 대지(大指)의 극근(極根)에 쓰이면 전은 떠나기 목(木)하여 불령(不靈)하며, 동요하고 지둔(遲鈍)하여 이것에 따른다. 대지(大指)의 문중(紋中)에 쓰이면 차랍(扯拉)함에 힘이 없고, 활범(滑泛)하여 가기 쉽다. 교력(巧力), 심고(審顧), 별방지법(撇放之法), 꼭 쓰려고 해도 미치지 않고 화살은 떠난다. 세상 사람은 2가지 병(病)이 있지만 그 단(端)을 알지 못한다. 지금 사(射)를 잘하는 자는 결(決)을 대지(大指)의 근(根)에 가까운 곳에 사용한다. 화살을 싣고 현(弦)을 당길 때 결(決)이 스스로 서서(徐徐)히 전행(前行)하여 바야흐로 대지(大指)의 문중(紋中)에 이르려 함에 당하여 활 열기 이미 차고, 심고(審顧)하여 힘을 써서 곧 화살을 놓으면 떠나는 것이 평쾌준타(平快俊妥)하다. 참으로 이것에 말미암을 뿐이라."고 했다. 지기(指機)의 서서(徐徐)의 묘(妙)는 말로써 나타내기 어렵다. 오직 의(意)로써 회(會)할 뿐이다. 사(射)를 배우는 자 이것을 참(參)하라.》

吾友于一躍[1] 別有獨得之妙 其言曰 用決之策 原爲手指皮肉 不能與絲弦相當 故用此借木堅也 今人多苦用大力勾挽[2] 致箭縱橫不調 用是機者 其中有微妙焉 如用于大指極根[3] 箭去木而不靈[4] 動搖遲鈍隨之 用于大指紋中[5] 扯拉[6] 無力 滑泛[7] 易去 巧力[8] 審顧撒放之法 會用不及 而箭去矣 世人有此二病 莫知其端 今善射者用決于大指近根處 搭箭拽弦時 決自徐徐前行 方到大指紋中 弓開已滿 審顧用力 即放矣 去平快俊妥[9] 良由此耳 指機徐徐之妙難以言形 惟以意會 學射者參之

1) 于一躍(우일약) : 사람 이름인 것 같다. 확실한 기록이나 또는 뜻이 확실하지 않다.

2) 勾挽(구만) : 활시위를 엄지손가락으로 잡아걸고서 활을 당겨 여는 일.

3) 大指極根(대지극근) : 엄지손가락의 뿌리 부분.

4) 木而不靈(목이불령) : 목(木)은 박(樸)과 통하여 박둔(樸鈍)하다는 뜻. 화살 날기가 둔한 것. 불령(不靈)은 민첩하지 못하다는 뜻.

5) 紋中(문중) : 지문(指紋)이 있는 엄지손가락의 배 부분.

6) 扯拉(차랍) : 납차(拉扯)라고도 한다. 차(扯)와 납(拉)이 다 당긴다는 뜻이 있다. 청(淸)나라 조익(趙翼)의『해여총고(陔餘叢考)』에 "속(俗)에 손으로써 물건을 당기는 것을 일러 차(扯)라고 한다."라고 하였다.

7) 滑泛(활범) : 활시위를 단단히 당겨서 멈추지 못하고 미끄러져 빠져 나가 버리는 것.

8) 巧力(교력) : 떠날 때의 수법(手法)으로, 궁수(弓手)는 힘을 , 마수(馬手)는 기교를 뜻한다.

9) 平快俊妥(평쾌준타) : 화살나는 상태가 안정되고 날카롭고 빠른 것.

제13장 기사법〔馬射〕

1. 왕거(王琚)의 가르침

가. 눈은 조금도 깜박이지 않는다

왕거(王琚)가 '마사법(馬射法)'에 대해 말하였다.

"말을 몰아가는 기세는 바람을 몰 정도로 거세고 빠르게 하며 눈은 번개불을 쫓을 정도로 재빠르고 가볍게 움직인다. 그리하여 팽팽하게 활을 당겨 열어서 급격하게 화살을 쏘아 보낸다. 이 때 눈은 조금도 깜박이지 않아야 하고, 몸도 허리를 내려서는 안 된다. 달리는 말의 리듬을 잃지 않고, 화살을 쏘아 보내면 정확하고 힘있게 적중하여 부숴진다."

▨말을 탄 상태에서 활쏘는 일은 무과과거(武科科擧)에 있어서 제1장(第一場)으로 여겨 시험을 볼 정도로 중요하게 여겨졌던 것이다. 당시에 있어서는 기동성(機動性)이 풍부하고 뛰어나서 실전적(實戰的)인 전력(戰力)으로 생각되었다.

따라서 정종유(程宗猷)가 쓴『사사(射史)』의 마사(馬射)편에는 "진실한 무공(武功)은 국경 근처에서 꾀하고, 나라의 간성(干城)이 되고자 하면 무사(武射)가 아니고는 안 된다. 무사는 기사(騎射)다."라고 하여 기사의 강력한 실전성을 논하였다.

그런데 중국에서는 고대 서주(西周) 때까지는 이른바 말을 직접 타는 기마(騎馬)의 제도는 존재하지 않았다. 이 점에 대해서는 청(淸)나라 왕명성(王鳴盛)이 지은 『아술편(蛾術篇)』에 보면 '옛날에는 기마(騎馬)의 일'이 없었다고 하는 것이 상세하게 나와 있다.

또 지금 보는 『시경(詩經)』의 거공(車攻)편에서도 엿볼 수 있듯이 주(周)나라 초기의 당시에는 말을 직접 타고 활을 쏘는 것은 아니고, 사두마차(四頭馬車)가 끄는 전차(戰車) 위에서 활을 쏘는 것이요, 혹은 걸으면서 쏘는 것이 오로지 행해졌던 것이다. 이와 같은 전차에 의한 전투방법은 귀족들에 의한 의(義)를 높이는 우아한 전투이고 의로운 싸움이었다고 말할 수 있다.

그러나 점차로 시대가 내려오면서 춘추시대(春秋時代) 이후가 되면서부터는 전력의 우열(優劣)만이 행세를 하게 되었다. 힘

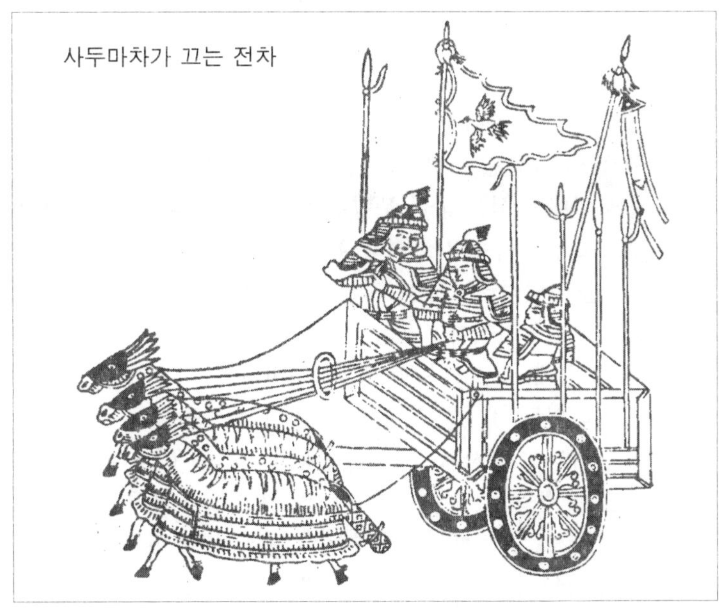

이 지배할 뿐인 싸움이 전개되어 『맹자(孟子)』의 진심하(盡心下)편에서는 "춘추(春秋)에 의로운 전쟁이 없다."고 갈파(喝破)하기에 이른 것이다.

이때부터 전국시대(戰國時代)에 이르러 조(趙)나라 무령왕(武靈王)에 의해 중국에 처음으로 호복기사(胡服騎射 : 오랑캐의 옷을 입은 기사)가 도입되었다고 하는 획기적인 일이 일어났다.

물론 호복(胡服)을 입는다는 것은 말의 등에 타고서 말 위에서 화살을 쏘는 기사(騎射)의 편의를 위해서였고, 그 주된 목적은 말 위에서 활쏘는 일의 실시에 있었던 것이다.

곧 종래의 중국 복장은 소매가 크고 아래와 위가 하나로 이어지는 의젓한 의복이어서 말 위에서 활쏘는 일에는 어울리지 않았던 것을 상의와 하의가 서로 따로따로인 호복(胡服)으로 만든 것이다.

여기에 중국에서 역사적이라고도 할 수 있는 전술의 변화가 초래되었으며 기동성이 약간 뒤지는 마차에 서서 행하는 전차전(戰車戰)을 능가하여 이민족에 대한 방위를 비롯하여, 중국 안에서도 전쟁의 승패에 중대한 영향을 주기에 이르렀던 것이다.

『전국책(戰國策)』조이(趙二)편에 보면 말 위에서 활쏘는 일의 도입에 일대 결심을 굳힌 무령왕은 "내 장차 호복기사 아래에서 그것으로써 백성을 가르치려 한다. 하지만 세상이 반드시 과인(寡人)을 비난하려고 한다."라고 말하였 듯이, 그 결단에는 대단한 용기가 필요하였다.

왜냐하면 황제(黃帝)나 요(堯) 임금이나 순(舜) 임금 같은 성왕(聖王)에 의한 예(禮)의 문화를 자랑하는 중화(中華)의 나라가, 오랑캐라고 멸시해 오던 이민족의 풍습을 따르려 한 것이므로 조왕실(趙王室) 안팎으로부터의 큰 비난을 예측한 것이다.

그러나 "법도(法度)나 제령(制令)은 각각 그 마땅함에 따르고, 의복(衣服)과 기계(器械)는 각각 그 쓰임을 편하게 한다."

는 취지에서 예제(禮制)를 두고 그 편리한 데로 향하여 결국 단행되었고, 힘의 논리만이 지배하던 당시에 있어 이 말 위에서 행해지는 활쏘기는 마땅히 무사(武射)로서 정착되어 보편화되어 갔다.

그런데 말 위에서 활쏘는 일이 행해지도록 하려면 당연히 거기에 따르는 활과 화살의 크기와 조작법 및 활쏘는 기법 등에 있어서도 역시 호이(胡夷)의 기사법(騎射法)에서, 말 위에서 활쏘기에 적합한 것을 습득하여야만 했다.

여기에 종래 중국의 사법(射法)인 문사(文射)나 관덕(觀德)의 예사(禮射)라고 하여 유가(儒家)에 의해 고도로 완성되어 있던 사법들이 기사법과 접목되면서 중국의 활이나 화살과는 상당히 다른 것으로 바뀌었을 것이라고 상상이 된다. 하지만 그의 영향을 받아 변한 모습이나 변화의 실태는 오늘날의 문헌으로는 밝힐 수가 없다.

《왕거(王琚)의 마사법(馬射法)에 이르기를 "세(勢)는 바람을 몰듯이, 눈은 번개를 쫓듯이. 만(滿)에 활을 열어 급히 화살을 보낸다. 눈은 순시(瞬視)하지 말고, 몸은 거좌(倨坐)하지 말라. 그 달리는 것을 잃지 않고, 화살을 보내서 깨뜨림과 같다."라고 하였다.》

王琚馬射法[1]曰 勢如追風[2] 目如逐電[3] 滿開弓 急[4]放箭 目勿瞬視 身勿倨坐[5] 不失其馳 舍矢如破[6]

1) 王琚馬射法(왕거마사법) : 왕거(王琚)는 송(宋)나라 때 인물이라는 것 외에는 자세한 기록이 없다. 마사법(馬射法)은 왕거가 지은 『사경(射經)』의 마사총법(馬射總法)을 가리키며, 이 절(節)은 그 전문을 수록한 것이다.

2) 追風(추풍) : 말이 달리는 속도가 지극히 빠르고 그 모습이 거센 것을 형용하는 말. 갈홍(葛洪)의 『포박자(抱朴子)』 내편(內篇) 서(序)에 "가령 날개를 펼치면, 능히 현소(玄霄)를 능려(凌厲)하고, 다리를 달리게 하면 즉

능히 바람을 몰아 경(景)을 섭(攝)하다."라고 하였고, 또 군도편(君道篇)
에는 "마골(馬骨)을 사서 추풍(追風)의 준(駿)을 부른다."라고 하였다.

3) 逐電(축전) : 대단히 빠른 속도를 형용하는 말. 양(梁)나라 유협(劉勰)
의 『신론(新論)』 지인(知人)편에 "공방인(孔方諲)의 말을 보니, 아직
바람을 몰아 번개를 쫓고, 먼지를 끊어 그림자를 없애지 않았다고 하더라
도, 그렇지만 빠르게 놀리는 발의 기세는 본래부터 나에게서 나타난다."라
고 하였다. 왕거의 『사경(射經)』에서는 축전(逐電)을 유전(流電)으로
하고 있으나 그 뜻은 같은 것이다. 당(唐)나라 태종(太宗)의 「제경부(帝
京賦)」에는 "준마(駿馬) 유전(流電)인가 의심스럽다."라고 하였다.

4) 急(급) : 왕거의 『사경(射經)』에서는 '급(急)'을 '긴(緊)'으로 썼다.

5) 倨坐(거좌) : 거는 거(踞)와 통한다. 발을 내던지 듯이 하고 앉는 자세.

6) 不失其馳舍矢如破(부실기치 사시여파) : 『시경(詩經)』 소아(小雅) 거
공(車攻)편에 있는 시구(詩句)이다. "사황(四黃 : 4마리의 누런 말)은
이미 멍에하고, 양참(兩驂 : 2마리의 참마)은 기울지 않다."에 이어지는
것이다. 정현(鄭玄)의 주석에는 "어자(御者)의 양(良)은 서질(舒疾)의
중(中)을 얻고, 활쏘는 자의 공(工)은 화살이 발(發)하면 즉 명중하여 망
치가 물건을 깨뜨리는 것과 같다."라고 하였는데 여기는 이른바 기사(騎
射)는 아니고 마차 위에서의 활쏘기의 교묘함이 묘사되어 있다. 『춘추곡
량전(春秋穀梁傳)』의 소공(昭公) 8년에는 "어자(御者) 그 달리는 것을
잃지 않고, 그러한 뒤에 활쏘는 자는 능히 명중한다."로 되어 있어 이 『사
경』의 뜻과 거의 같은 뜻의 글이 실려 있다.

2. 말을 길들이고 훈련시키다

가. 말을 잘 조련시켜야 한다

대저 말이라는 것은 사람이 목숨을 걸고 의지하는 것이므로 그

말을 잘 길들이는 일이 무엇보다도 먼저 해결되어야 할 문제인 것
이다.

　대체로 말은 반드시 평상시 사육(飼育)할 때 마땅히 빨리 달
리거나 쭈그리고 앉는 것을 빈틈없이 훈련시켜 익숙해지도록 관
리한다.

　또한 명령에 따라서 나아가거나 멈추도록 훈련시키고, 외부의
자극에 의해 놀라서 날뛰지 않게 훈련시키고, 길을 달리는 데에
도 길을 벗어나는 일이 없도록 훈련시키지 않으면 안 된다.

　말이 걸을 때는 앞의 두 다리는 귀 아랫부분에서부터 나란히 내
딛게 하고, 뒤의 두 다리는 앞을 향하여 갑절의 보폭(步幅)을 내
딛도록 길들이면 빠르고 또한 안정되게 달릴 수 있게 되고 사람
이 필요한 대로 익숙하게 길들일 수가 있다.

　북로(北虜)의 호마(胡馬)는 실전(實戰)에 쓰기 위해 길들일
때 중국의 말을 길들이는 데 비해 몇 갑절이나 더 쉽게 길들일 수
있는 것은 평상시 쌓은 조련의 결과일 것이다.

　말 위에서 과녁을 겨냥하여 쏘는 데 있어 화살을 옷깃에 꽂아
둔다든가 허리에다 꽂는다든지 하는 일이 있는데 이것은 어느 경
우에나 불편해서 좋지 않다. 반드시 화살 2개를 줌통과 함께 꽉
쥐고, 또 한 개의 화살은 시위에 물려두는 것이 편하니 좋은 방편
으로 삼을 것이다.

　▨ 고영(高穎)은 척계광(戚繼光)의 조교법인 평생 동안 말을
훈련시키고 충분히 친숙해져서 마치 자기의 손발과 같이 되도록
길들인다고 하는 것에 대하여『사학정종지미집』에 "이것을 평소
에 훈련시키지 않으면 급한 경우에 어찌 나에게 소용이 될 것인
가. 척공(戚公)은 말〔馬〕을 가지고 사람의 목숨으로 삼고, 일상
적인 것을 반드시 우선 고르게 처리한다. 이것은 바꿀 수 없는 법
이다."라고 평하였다.

정종유(程宗猷)는 『사사(射史)』의 연마(練馬)에서 "말은 평소에 이것을 훈련시키는데 오로지 익숙해지면 그 말을 사용한다. 자신의 삶과 죽음을 그 말에 의지할 수 있다."라고 하였다.

말은 싸움터에서 생명을 맡기는 것이므로 그 훈련에는 보통이 아닌 바가 있어야 하는 것이다.

그리고 이 일로부터 제4장 목표를 정함에서 말하는 "사람을 쏘려거든 먼저 말을 쏘라."고 하는 옛말을 실제로 몸으로 느낄 수 있는 것을 설명한 것이다.

《대저 말은 사람의 목숨이니, 곧 말을 조련하는 것 이것을 먼저 한다. 무릇 말은 모름지기 평일에 마땅히 사양(飼養)할 때 종준(蹤蹲)을 조도(調度)하고, 영(令)에 따라 진지(進止)하게 하고, 물건에 접촉하여 놀라지 않고, 길을 달림에 깎지 않게 한다. 앞의 두 다리는 귀 아래에서부터 가지런히 나가고 뒤의 두 다리는 앞으로 향하여 이것에 배(倍)로 하면, 곧 빠르고 또한 온순해져서 사람이 이용하여 기(器)가 될 만하다. 호마(胡馬)는 싸움에 길들기 중국의 몇 배가 됨은 거상(居常)의 조도(調度)의 공(功)이다. 마상(馬上)에서 파(把)를 쏠 때에는 화살을 의령(衣領)의 속에 꽂거나 혹은 요간(腰間)에 꽂는 것이 있음은 함께 편(便)하지 않다. 반드시 모름지기 화살 2개로써 궁파(弓弝)에 연(連)하여 파정(把定)하고, 또 한 개로써 현(弦)에 물려서 거는 것을 편하게 여길 것이다.》

夫馬者 人之命 則調馬先之矣 凡馬須平日適飼養時 調度[1] 蹤蹲[2] 聽令進止[3] 觸物不驚 馳道不削 前兩脚從耳下齊出 後兩脚向前倍之 則疾且穩 而人可用器 胡馬[4] 慣戰 數倍中國 居常[5] 調度之功也 馬上射把有以箭插衣領[6]內 或插腰間 俱不便 必須以箭二枝 連弓弝把定 又以一枝中弦掛爲便

1) 調度(조도) : 말타기를 훈련하다. 조교(調敎)하여 관리하다.
2) 蹤蹲(종준) : 종(蹤)은 종(縱)과 통하여 놓아보내다. 곧 달리게 한다는

뜻. 준(蹲)은 구부려 웅크린다는 뜻.

3) 進止(진지) : 원본에는 '진지(進止)'의
두 글자가 없으나 『기효신서』에 의해 보
충했다.

4) 胡馬(호마) : 북방 이민족(異民族)의 말.
이 호(胡)자는 청(淸)나라가 등장하면서
바뀌어 간행되었는데 『고금도서집성(古
今圖書集成)』에서는 '변(邊)'자로 바
뀌어져 있다. 이것은 만주족(滿州族)의
왕조(王朝)인 청나라의 금기(禁忌)에
저촉되기 때문이다.

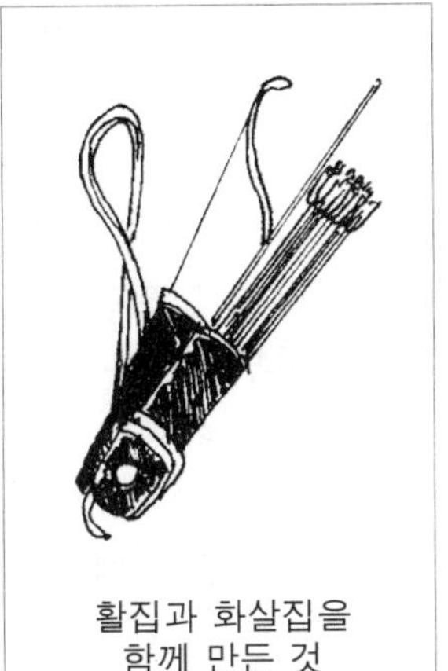

활집과 화살집을
함께 만든 것

5) 居常(거상) : 평생(平生). 평상시. 평소.

6) 衣領(의령) : 깃. 옷깃. 여기서는 무과과거(武科科擧)나 연습의 경우를
말한다. 무과과거의 기사(騎射)는 3개의 과녁을 3개의 화살로 쏘기 때문
에, 첫화살을 쏠 때 나머지 2개의 화살을 지니는 방법이 문제가 되어 있는
것이다. 다만 실전의 경우에는 전차(箭靫)라고 불리는 화살통을 허리에
차는데 여기서 논의된다고 하는 것은 생각할 필요가 없다.

※이 절(節)의 문장은 척계광의 『기효신서』에 의거하고 있는데 다만 문장에
맥락이 일관된 것이 다소 부족한 듯하다.

3. 말을 탄 상태에서 활쏘는 방법

가. 백발백중하는 자세는…

말을 처음으로 탔을 때에는 좌수(左手)인 궁수(弓手)로 활을
당기고, 우수(右手)인 마수(馬手)로 말고삐를 잡는다.

말이 한번 뛰어나갔을 때에는 몸은 틈을 주지 않고 곧 좌측으

로 기울듯이 하여 말을 타면 화살을 대어 활시위에 물리는 일이 편리해진다.

그리하여 좌수를 높이 치켜들어 마치 새가 한쪽 날개를 크게 벌리듯이 하면서 활을 완전히 당겨 벌리고, 과녁과 말이 딱 마주 볼 때쯤 되면 좌수를 곧바로 내려 왼쪽무릎 높이 정도 내려갔을 때 과녁의 밑부분을 목표로 하여 쏘아 보내면 백발백중(百發百中)할 것이다.

대체로 기사법(騎射法)에서 활을 당겨 여는 데에는 반드시 9할 정도 당겨졌을 때 쏘아 보내는 것이다. 만약 7할 내지 8할 정도 당겨졌다면 아직 적중(的中)은 어렵다.

말은 보통 다수가 오른쪽 발을 먼저 내딛는데, 사람은 왼쪽에 무게 중심을 두고서 말을 탄다.

무게 중심이 왼쪽에 있으면 말은 오른쪽 발부터 내딛을 수가 없다. 때로는 왼쪽 발부터 내딛는 것도 있는데 사람이 조금만 오른쪽으로 중심을 옮겨 주면 말은 그대로 전진해 나간다.

어쨌든 말이 행동하는데 곧바로 달려 나가는가 그렇지 않은가 하는 것은 모두가 두 다리의 누르는 정도가 어떠한가에 달려 있는 것이다.

▨ 이상은 말 위에서의 몸을 활용하는 방법과 활을 당기는 방법을 논했다. 몸은 다만 좌측으로 허리를 의지하여 걸친다고 하는 것만 있다.

그런데 일본의 기사(騎射)에서 말하는 거안(居鞍 : 엉덩이를 안장에 붙인 그대로의 상태)을 처음부터 끝까지 취하고 있다. 일본의 기사에서 쏘아 보낼 때 쓰이는 엉덩이를 안장에서 뜨게 하여 일어서려는 듯이 하는 입투법(立透法)은 보이지 않는다.

기사(騎射)에서는 충분한 만(滿)의 당김을 하지 않고 9할을 당겨 쏘아 보낸다고 하는데, 이것은 척계광의 설에 의거하는 것

이다. 이렇게 자세하게 해석하는 이유는 상세하게 말할 수 없으
나 말 위에서 하는 조작이기 때문에 줌통에까지 화살촉을 당기는
것이 위험하다는 것, 혹은 기사는 가까운 거리를 쏘는 것에 중점
을 두기 때문인 것 같다.

《말에 처음으로 탈 때는 좌수(左手)로 활을 당기고 우수(右手)로 고삐를 잡
는다. 말이 한번 놓여졌을 때는 몸은 곧 좌과(左跨)하면 화살을 태워 현(弦)에
당함에 편(便)하다. 좌수 높이 펴기 새의 일익(一翼)을 펴는 것과 같이 하고,
활은 펴기 원만(圓滿)히 하여, 파자(把子)와 말이 상대(相對)하기에 이르면
좌수 곧 내리고 좌슬(左膝)과 상대하고 파근(把根)을 바라보고 쏘아 백발백중
(百發百中)한다. 무릇 활을 벌리는 데에는 반드시 9분(九分)의 만(滿)에 이
르러서 이에 발(發)한다. 만약 7, 8분(七八分)이면 명중하기 어렵다. 말은 많
이 우개(右開)하고, 사람의 몸은 좌과(左跨)한다. 좌(左)가 무거우면 말은 우
개(右開)할 수 없다. 더러 좌개(左開)하는 것이 있지만, 몸이 한번 우전(右轉)
하면 말은 곧 지난다. 말이 가는 것 바른가 아닌가는 다 두 다리에 있다.》

　　馬始騎時 左手挽弓 右手攬轡[1] 馬一縱時 身卽左跨[2] 便塔箭當
弦 左手高張如鳥舒一翼[3] 弓拽圓滿 至把子與馬相對 左手卽落 與
左膝相對 望把根射 百發百中 凡開弓 必至九分滿乃發 卽七八分
亦難中也 馬多右開 人身左跨 左重 馬不能右開 間有左開 身一右
轉 馬卽過矣 馬行直否 盡在兩腿

1) 攬轡(남비): 말고삐를 잡다. 남(攬)은 잡는다는 뜻, 비(轡)는 말고삐.

2) 左跨(좌과): 말을 탈 때 활과 화살을 조작하기 위해, 또는 좌측에서 화살
　　을 쏘아 보내기 위해 허리 중심을 좌측에다 두고 말을 탄다는 뜻.

3) 舒一翼(서일익): 부드럽게 펴서 벌린다는 뜻.『사기(史記)』악서(樂書)
　　에 "사광(師曠)은 거문고를 당겨 그것을 두드린다. 한번 그것을 연주하면
　　현학이팔(玄鶴二八)이 있고, …… 날개를 펴고 춤추다."라고 하였다.

분종(分鬃)

4. 말 위에서의 3가지 신법(身法)

가. 일상적인 기술은 3가지 종류가 있다

만약 오래도록 말을 타고 달려서 완전히 말타는 기술을 익숙하게 익혔으면 말을 타고 말 위에서 몸을 가지는 방법은 분종(分鬃)과 대등(對鐙)과 말추(抹鞦)라는 3가지 방법을 다만 사용하는 것이 된다.

정약증(鄭若曾)이 말하였다.

"무사(武士)가 말을 타고 말 위에 있을 때 일상적인 기술은 3가지 종류가 있다. 분종(分鬃)이라고 하는 것은 앞을 향해 쏘는 것이다. 대등(對鐙)이라고 하는 것은 옆을 향해 쏘는 것이다. 말추(抹鞦)라고 하는 것은 뒤를 향해 쏘는 것이다."

▨여기에서 말하고 있는 활쏘는 자세는 실전(實戰)에서의 몸동작으로서 확정하고 있다. 그러나 정종유(程宗猷)의 『사사(射

史)』에서는 무과과거(武科科擧)에서 기사(騎射)의 사세(射勢)라고 하고 있다. 기사는 3개의 과녁을 쏘는 것으로 시험을 치르는데 분종(分鬃)을 '마사제일파자식(馬射第一把子式)', 대등(對鐙)을 '마사제이파자식', 말추(抹鞦)를 '마사제삼파자식'이라고 일컫고 있다.

 곧 말을 아주 빠르게 달리면서 두번째 과녁까지의 여유를 남기기 위해 첫번째 과녁은 멀리에서 쏘는 것이고, 두번째 과녁은 곧바로 옆에서 겨냥을 하고, 세번째 과녁은 지나쳐 버리게 되므로 뒤돌아보는 자세로 쏘는 것이다. 단 과녁의 간격이 넓고, 말의 속력이 느리면 세번째 과녁도 대등(對鐙)의 방법을 쓰는 것이다.

《만약 오래 달려 오로지 익숙하면 즉 마상(馬上)의 신법(身法)은 분종(分鬃), 대등(對鐙), 말추(抹鞦)라고 하는 것 같이 오직 이것을 쓰는 바일 뿐이다. 정약증(鄭若曾)이 이르기를 "무사(武士)의 상기(常技)는 셋이다. 분종이라고 이르는 것은 앞을 향하여 쏜다. 대등이라고 이르는 것은 곁을 향해 쏜다. 말추라고 이르는 것은 뒤를 향해 쏜다."라고 하였다.》

말추(末鞦)

　若久馳純熟 則馬上身法 如分鬃[1]對鐙[2]抹鞦[3]云者 惟所用之 鄭若曾[4]曰 武士[5]之常技三 曰分鬃 向前射也 曰對鐙 向傍射[6]也 曰抹鞦 向後射也

1) 分鬃(분종) : 종(鬃)은 말의 갈기. 말의 갈기를 가르듯이 전방으로 쏘는 활쏠 때의 자세를 말한다.

2) 對鐙(대등) : 등(鐙)은 안장에서 양측으로 처져 있어 발을 딛는 부분. 말의 옆배에 있는 등(鐙)이 과녁과 대응하듯이 옆으로 쏘는 활쏘기 자세를 말한다.

3) 抹鞦(말추) : 말(抹)은 어루만진다는 뜻. 추(鞦)는 말의 꼬리에 걸어 돌려서 단단히 고정시키는 줄이라는 뜻. 추(鞦)를 어루만질 정도로까지 뒤를 돌아보고 쏘는 활쏘기 자세.

4) 鄭若曾(정약증) : 자세한 기록이 없다. 누구인지 알 수 없다.

5) 武士(무사) : 문인(文人)과 대응(對應)되는 것으로서, 군무(軍武)를 오로지 하는 자.『위서(魏書)』남안왕전(南安王傳)에 "실제로 궁중에서 작은 잔치를 열 때 아울러 시(詩)를 읊어서 뜻을 펼 것이다. 활쏘기는 그것으로써 덕(德)을 볼 수 있는 것이나 시를 읊지 못하는 자는 활쏘기를 용납할 것이다. 마땅히 무사로 하여금 활을 당기고, 문인(文人)으로 하여금 붓

을 놓지 않게 할 것이다."라고 하였고, 『북사(北史)』에도 거의 같은 글이
보인다. 무사는 활쏘는 기술로써 그 덕(德)의 진가를 발휘하는 것으로 되
어 있다.

6) 向傍射(향방사) : 사(射)자는 원본과 『고금도서집성(古今圖書集成)』
    에서는 '대(對)'로 되어 있으나 문장의 문맥에 따라 '사(射)'로 고쳤다.

5. 분종(分鬃)의 활쏘기 자세

가. 급한 경우에도 실수가 없는 자세이다

　분종(分騌 : 分鬃)이라는 것은 말의 목덜미에 난 갈기를 경계
로 하여 한 쪽에서는 활을 당기고 다른 쪽에서는 화살을 발(發)하
는 것이다. 곧 농화교(弄花巧)라고 하는 솜씨의 사법(射法)이다.
　그러나 변경을 수비하는 군대에서는 이러한 형태의 사법은 쓰
지 않는다. 몸을 완전히 숨겨서 말의 몸을 타고 나가 말에서 몸뚱
이를 떼면서 활을 당겨 나누고, 이번에는 몸뚱이를 말에 끌어붙
이면서 화살을 보내기 때문에 적과 맞부딪친 급박한 경우에도 거
의 잘못 발사하는 경우가 없는 것이다.

　《분종(分騌)이란 말의 목 갈기로써 경계를 삼아 한 쪽에서는 활을 당기고 한
쪽에서는 화살을 발(發)하니, 곧 농화교(弄花巧)의 법(法)이다. 변군(邊軍)
은 그렇지 않다. 몸을 숨겨 말에서 나와 여기에서 벗어나 활을 당기고 이것에 나
아가 화살을 발(發)하니 적에 임하는 창황(倉皇)한 때에도 유오(謬誤) 없기
에 가깝다.》

　分騌[1]者 以馬之頸騌爲界 一邊挽弓 一邊發矢 乃弄花巧[2]之法
邊軍[3]不然 以身俯出馬 外于此挽弓 就于此發矢 臨敵倉皇之際 庶

無謬誤

1) 鬃(종) : 말의 갈기. 종(鬃)과 같다.

2) 弄花巧(농화교) : 뜻이 분명하지 않으나, 솜씨있게 활을 쏜다는 뜻인 것
   같다. 농화(弄花)에는 꽃을 다룬다는 뜻이 있는데 그것은 능숙하다는 뜻
   인 것 같다.

3) 邊軍(변군) : 외부의 침입에 대비하여 국경을 수비하는 군대.

6. 대등(對鐙)의 활쏘기 자세

가. 말의 방향을 바꾸어 응수하는 것이다

대등(對鐙)이라고 하는 것은 말의 좌측 한 쪽 면만을 주로 하
여 말하는 것이다.

지금 북방(北方)을 중심으로 활동하고 있는 향마(響馬 : 마적
의 일종)의 도둑 무리가 항상 말을 조종하여 길의 우측에서 습격
하고 상대방에게 좌측을 양보하도록 해서 화살을 쏘기 편한 좋은
태세를 갖추는 것은, 왼쪽에 중점을 두는 뜻에서이다.

그러나 이 사법(射法)은 다만 길에서 한두 사람의 적과 만났
을 경우에 사용할 수 있는 것에 지나지 않는다.

가령 많은 적의 무리가 일제히 집중적으로 쏜다거나 또는 적의
우측에 섰을 경우에는 말의 방향을 바꾸어서 응해야 하는 상황이
된다.

▨활쏘기는 보통 왼손을 궁수(弓手)로 하여 좌측으로 쏘아 보
내는 것이므로 표적이나 적이 좌측에 있는 것이 필요하다. 보사
(步射)라면 몸의 방향을 쉽게 바꿀 수 있으나 기사(騎射)의 경
우에는 퍽 곤란해진다.

더욱 고대(古代)의 전차(戰車)를 이용한 싸움일 경우에는 한 층 더 이 점이 절대적인 조건이 된다.

『시경(詩經)』 진풍(秦風)의 사철(駟鐵)편에 "공(公)이 왼편으로 몰라고 분부하니 활을 쏘아 곧바로 잡았네."라고 하였고, 주자(朱子)는 『시집전(詩集傳)』에서 "어자(御者)에게 명하여 그 수레를 좌(左)로 하게 하여, 써 짐승의 좌를 쏜다. 대개 활쏘기는 반드시 그 좌를 명중시키는 것을 중살(中殺)이라 한다. 오어(五御)의 이른바 축금좌(逐禽左)는 이것을 위한 까닭이다."라고 하였다.

곧 구역(驅逆 : 쫓겨서 나옴)된 노획물을 맞이하여 쏘기 위해서 짐승의 왼쪽에 수레를 댄다고 하는 것은 그대로 사두마차(四頭馬車)를 우측으로 붙여서 짐승을 좌측으로 하는 것이다.

오어(五御)의 축금좌(逐禽左)라고 하는 것은 『주례(周禮)』의 보씨(保氏)에서 가르쳐지는 육예(六藝) 중의 하나로 오사(五射)의 다음에 오어(五御)라고 하는 그 가운데의 한 과목이다.

이 축금좌에 대하여 당(唐)나라 가공언(賈公彦)은 "구역(驅逆)의 수레를 몰고서 역(逆)으로 금수(禽獸)를 몰아 왼쪽의 인군(人君)이 써 이것을 쏘게 하면 인군이 스스로 좌사(左射)한다."라고 설명하고 있다.

《대등(對鐙)이란, 좌(左)의 일변(一邊)을 주로 하여 말한다. 지금 북방(北方)의 향마(響馬)는 항상 말을 늑(勒)하여 길의 우(右)에 말미암아 행(行)하고 객에게 좌를 양(讓)하게 하여 써 화살을 발(發)함에 편하려 하는 것은 또한 이 의(義)다. 그러나 이 법은 다만 길에서 한두 사람 만났을 때 베풀 수 있을 뿐. 설사(設使) 중적(衆敵)이 총사(叢射)하거나 혹은 적이 우에 있으면, 장차 말을 돌려 써 이에 응수(應酬)해야 한다.》

對鐙者 主左一邊而言 今北方響馬¹⁾ 常勒²⁾馬 由道右而行 讓客³⁾

于左 以便發箭 亦此義也 然是法 但可施于途遇一二人耳 設使[4]衆
敵叢射[5] 或敵在右 將旋馬以應酬之也

1) 響馬(향마) : 명(明)나라에서 청(淸)나라에 걸쳐 북방(北方)에 많이 나
   타난 일종의 마적(馬賊)이다. 그 이름의 유래에는 2가지 설이 있다. 하나
   는 강탈하기에 앞서 먼저 향전(響箭)을 쏘아 떠벌려 습격해 온 사실을 알
   려서 강력함을 과시했다고 하는 것. 또 한 가지는 말에 방울을 달아 멀리서
   부터 그 습격해 온다는 사실을 알려서 위협했다고 하는 것. 『육부성어(六
   部成語)』의 형부(刑部)에서 향마주해(響馬注解)에 "북방(北方)의 대
   도(大盜)는 말을 타고 방울을 울리면서 멀리서부터 소리가 들리도록 하여
   그 온다는 사실을 알린다. 그래서 그런 이름이 있는 것이다."라고 하였다.
2) 勒(늑) : 다스리다, 제어(制禦)한다는 뜻. 본래는 말 머리의 재갈에 걸친
   끈. 이 끈을 당겨서 말의 진퇴(進退)를 조종한다.
3) 客(객) : 상대방(相對方)이라는 뜻.
4) 設使(설사) : 가정(假定)을 보이는 말. 만약, 가령(假令).
5) 叢射(총사) : 일제히 화살을 쏘아대는 것.

7. 말 위에서 주의할 일

가. 몸뚱이가 안장에서 지나치게 벗어나서는 안 된다.

기마사(騎馬射)를 배워서 알려고 하는 자는 반드시 어느 쪽으
로든 자유자재로 사용할 수 있도록 활쏘는 기술을 익혀야 한다.
어느 경우에나 충분히 다룰 수 있도록 되어야 비로소 잘한다는 말
을 듣는다.

그러나 그것은 다만 활쏘는 기술에 관해서만 말한 것일 뿐이다.
만약 갑옷이나 투구를 착용하고 칼이나 창을 손에 잡아 중무장을
갖추고 칼날이 맞부딪치는 곳에서 공격을 가하는 경우에는 반드

시 말의 양쪽에서 힘을 쓰고 몸을 움직여 허리를 올리듯이 똑바로 앉아 무사(武士)의 재주를 크게 떨치는 것이다.

이때 몸뚱이를 만약 앞으로 지나치게 엎드리면 아마도 말은 앞으로 고꾸라지게 될 것이고, 한편 몸뚱이가 뒤로 지나치게 기울면 아마도 말은 주저앉게 될 것이다.

따라서 말 위에서 무사의 재주를 피우는데 있어서는 좌우로 조금씩밖에 중심을 옮기지 않는데 이것은 활쏘기의 경우와 다르다.

요컨대 기마사(騎馬射)에서는 힘을 충분히 떨쳐 쓰는 일이 없으므로 몸은 가벼운 것이다. 그러나 손에 무기를 쥐고 중무장하여 온 힘을 사용해서 적들에게 저항할 때 몸뚱이가 안장에서 지나치게 벗어나면 말은 발이 걸려 쓰러지고, 본인은 말에서 떨어지게 된다. 가히 신중하지 않을 수 있을 것인가.

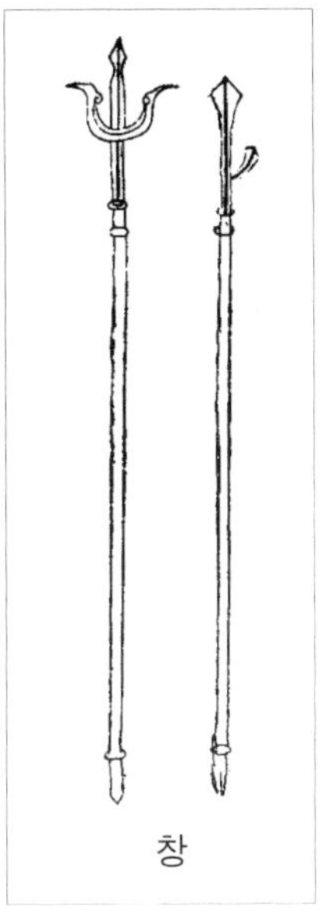

《기사(騎射)를 배우는 자는 모름지기 좌우(左右)의 손을 익힐 것이다. 모두 편(便)하면 바야흐로 가(可)하다. 비록 그러나 이 사(射)를 말한다. 만약 견(堅)을 열고 예(銳)를 잡아 백인(白刃)의 밖에서 공전(攻戰)함에는 또 반드시 양변(兩邊)에 힘을 쓰고 몸이 움직여 직좌(直坐)하여 써 무예(武藝)를 장롱(張弄)한다. 몸을 만약 너무 엎드리면 아마도 말이 전실(前失)하고, 몸이 만약 뒤로 기대면 아마도 말이 앙좌(仰坐)할 것이다. 좌우로 조금 넘는 것은 활쏘기와 같지 않다. 대개 활쏘기는 힘을 쓰지 않고 몸은 오히려 가볍다. 손에 기계(器械)를 가지고 힘을 다해 사용하여 몸이 매우 안장에서 벗어나면 말은 넘어지고 사람은 쓰러진다. 이 가히 써 신중하지 않을 것인가.》

學騎射者 須習左右手[1] 皆便方可 雖然 此以射言也 若披堅執

銳[2] 攻戰于白刃之外 又必兩邊用力 身活
直坐 以張弄[3]武藝 身若太伏 恐馬前失 身
若後倚 恐馬仰坐 左右少跨 與射不同 蓋射
不用力 身猶輕也 手持器械[4] 盡力使用 身
太離鞍 馬蹶人仆 是可以不愼乎哉

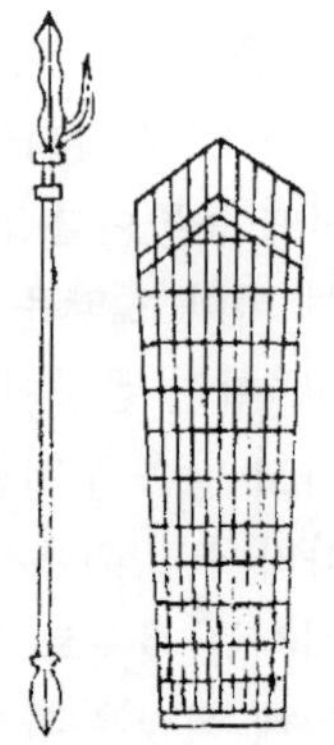

창과 방패

1) 習左右手(습좌우수) : 활을 왼손으로도 오른
   손으로도, 양쪽으로 자유자재로 쏘아 보내는
   것. 이 책에서는 다음의 제14장 신묘한 기교
   (神奇)에서도 악비(岳飛)의 예에서 취하여,
   이 양쪽 어느쪽으로든 활쏘기하는 것을 논하고
   있을 정도로 중요하게 보고 있다.

2) 披堅執銳(피견집예) : 피(披)는 짠다는 뜻,
   견(堅)은 갑옷과 투구, 예(銳)는 날카로운 무기라는 뜻.『삼국지(三國
   志)』위서(魏書)에 "태조(太祖 : 曹操)가 이르기를 '장수 어떠해야 하
   는가'를 물이니, 아들이 대답하여 이르기를 '견(堅)을 입고 예(銳)를 잡
   아 어려움에 임하는 것도 돌보지 않고 사졸(士卒)의 앞이 되겠다…….' 라
   고 하였다."는 말이 있다. 다만 피(披)를 피(被)로 쓴 것도 있다.『묵자
   (墨子)』노문(魯問)편에는 "적(翟 : 묵자의 이름)이 견(堅)을 피(被)
   하고 예(銳)를 잡아 제후(諸侯)의 근심을 구(救)할 것을 생각하다."라고
   하였다.

3) 張弄(장롱) : 크게 떨쳐 활약한다는 것.

4) 器械(기계) :『사기(史記)』진시황본기(秦始皇本紀)에 "기계(器械)
   는 양(量)을 하나로 한다."라고 하였고, 그 '정의(正義)'에 "내성(內成)
   함을 기(器)라 일러 갑주두무(甲冑兜鍪 : 갑옷과 투구)의 속(屬)이다.
   외성(外成)함을 계(械)라 일러 과모궁극(戈矛弓戟 : 창과 방패, 활과
   창)의 속(屬)이다."라 설명하고 있다.

제14장 신묘하고 기이한 기교〔神奇〕

1. 신묘한 기교와 기이한 기교

가. 정신에 의해 적중하게 한다

　대저 활쏘는 기술은 신묘(神妙)한 기교와 기이한 기교를 귀하게 여기는 것이다.

　무릇 보통의 활쏘기는 눈의 힘으로 적중(的中)하기에 이르도록 하는 것인데, 신묘한 활쏘기는 정신으로 인해 적중하기에 이르는 것이다.

　보통의 활쏘기는 다만 좌측으로 쏘아서 맞출 수 있을 뿐인데, 기이한 기교는 좌측 뿐 아니라 우측에도 쏘아서 맞추는 것이다.

　이와 같은 활쏘기는 오늘날의 세상에서도 때때로 나타나는 것으로 활쏘기를 배우는 자가 익혀 행할 수 있는 기교인 것이다.

《대저 활쏘기는 신(神)을 귀하게 여기고 기(奇)를 귀하게 여긴다. 무릇 활쏘기는 눈으로써 이르지만 신사(神射)는 뜻으로써 이른다. 무릇 활쏘기는 오직 좌(左)에 맞출뿐이지만 기사(奇射)는 아울러 우(右)도 맞춘다. 이것은 금세(今世)에도 간혹 있는 바로 배우는 자 능히 이르는 바이다.》

　　夫射貴神貴奇　凡射以目至　神射[1]以意至　凡射惟中左　奇射[2]兼

中右 此今世之所間有 而學者所能致也

1) 神射(신사) : 정신에 의해 적중(的中)시키는 신묘(神妙)한 활쏘는 기술
   이라는 것. 신사(神射)라고 하는 호칭은 뛰어난 활쏘기 기술이라고 하는
   것으로도 쓰여졌다. 『진서(晋書)』의 유요재기(劉曜載記)에 "웅무(雄
   武)는 사람에게 지나 철(鐵)의 두께 한 치를 쏘아서 이것을 꿰뚫는다. 때
   에 있어 이름하여 신사(神射)라고 하다."라고 하는 것이 보인다.

2) 奇射(기사) : 일상적인 것과는 다른 기이한 활쏘기 기술이라는 것. 여기
   서는 좌우 양쪽으로 자유자재로 쏠 수 있는 것을 말한다.

2. 신묘한 기교에 대하여

가. 표적이 있는 곳에만 정신을 집중하면 적중한다

지금 저 탄궁(彈弓)으로 참새같은 작은 새를 쏘는 자는 궁체
(弓體)나 탄환(彈丸)을 보지 않고, 뜻으로써 날아오는 새의 속
도를 헤아려서 맞이하여 명중시키고 있다.

그러면 화살을 손에 끼는 사가(射家)들만이 어찌 유독 그렇지
않을 것인가. 활쏘기를 처음 배울 때에는 손과 발과 몸과 눈 등 모
든 방면에 관한 여러 기본적인 방법들을 작은 티끌 만큼도 소홀
히 할 수가 없다.

도에 통달한 경지에 도달한 뒤에는 그러한 모든 법들을 의식 밖
에 놓아두고 표적의 소재에만 정신을 집중시키기만 하면 화살은
모두 적중(的中)하고 쓸데없는 화살이 없게 되기에 이른다.

번진덕(樊進德)과 같은 사람이 바로 그러한 사가(射家)이다.

▨ 눈에만 의지하지 않고 뜻으로써 쏘는 신사(神射)에 대하여
말한 것이다. 그런 사람으로 춘추시대(春秋時代)의 활을 잘 쏘

는 사람으로 유명한 양유기(養由基)라는 사람이 있다.

『회남자(淮南子)』설산훈(說山訓)편에 "초왕(楚王)에게 백원(白蝯 : 흰 원숭이)이 있었다. 임금 자신이 이것을 쏘면 바로 화살을 손으로 잡아 장난질을 했다. 양유기로 하여금 이것을 쏘게 하였다. 처음으로 활을 골라 화살을 대어 아직 쏘기 전인데 원숭이가 기둥을 끌어안고 울었다. 맞기 전에 맞는 것이 있어서였다." 라고 하였다.

또 『여씨춘추(呂氏春秋)』의 불구론박지(不苟論博志)에도 거의 이와 같은 글이 있다. 정신이 집중되지 않은 활쏘기로는 원숭이조차 업신여기고 놀리지만 뜻으로써 활을 쏘면 아직 화살을 쏘기도 전에 이미 적중(的中)이 정해진다는 말이다.

그런데 헤리겔 박사가 지은『일본의 궁술(弓術)』의 내용 속에서 우리들은 다음의 이야기를 알 수 있다. 즉 아파범사(阿波範士)가 헤리겔에게 과녁을 겨냥하지 않고 쏘아서 맞추는 것을 실증하기 위해 밤중에 깜깜한 타(垜)에 선향(線香)만을 세우고 활을 쏘았는데 갑시(甲矢 : 첫째 화살)는 과녁의 중심에 적중(的中)하였을 뿐 아니라, 을시(乙矢 : 둘째 화살)는『열자(列子)』의 중니(仲尼)편에 "활쏘기를 잘하는 자는 뒤에 쏜 화살촉으로 하여금 앞에 쏜 화살의 오늬에 맞게 한다."라고 한 것과 완전히 똑같게 갑시의 화살오늬에 맞춘 것이다.

이것은 눈으로 겨냥하여 실현한 것이 아니고 바로 "신사(神射 : 귀신이 쏜 화살)는 뜻으로써 이른다."고 하는 것에 해당하는 활쏘기였다고 할 것이다.

《지금 저 조작(鳥雀)을 튕기는 자는 활을 보지 않고 탄(彈)을 보지 않고 의(意)로써 나는 것을 맞이하여 이것에 맞춘다. 화살을 끼는 자 어찌 홀로 그렇지 않겠는가. 처음으로 배울 때는 손, 발, 몸, 눈의 법(法)을 터럭 만큼도 버려서는 안 된다. 그 뒤에 이르러서는 모든 법을 모두 잊고 과녁의 있는 곳을 생각

하면 곧 화살의 허발(虛發)이 없다. 번진덕(樊進德)의 무리와 같음은 이것일 뿐이다.》

今 夫彈[1]鳥雀者 不視弓 不視彈 以意逆[2]飛者而中之 挾矢者 何獨不然 初學時 手足身眼之法 毫不可廢 及其後也 諸法渾忘 意的之所在[3] 而矢無虛發[4] 若樊進德[5]輩是已

1) 彈(탄) : 튕기는 활이라는 것. 화살 대신 탄환(彈丸)을 튕기는 활 모양의 도구(道具). 한(漢)나라 유향(劉向)이 엮은 『설원(說苑)』의 선설(善說)편에는 "탄궁(彈弓)의 모양은 활과 같은데 대나무로써 시위를 만든다."고 하였고, 『전국책(戰國策)』 초사(楚四)편에는 "좌(左)에 탄(彈)를 끼고, 우(右)에 환(丸)을 잡다."라고 그 모양이 기록되어 있다. 그리고 한(漢)나라 조엽(趙曄)이 편찬한 『오월춘추(吳越春秋)』 구천음모외전(勾踐陰謀外傳)에는 이 탄(彈)의 기원과 그것이 활과 쇠뇌로 발전하였다고 하는 것을 논한 글이 보인다. 물론 이것은 사실이 아닌 하나의 해석이다. 곧 "진음(陳音)이 말하기를 '신(臣)이 들으니 쇠뇌는 활에서 생겼고, 활은 탄(彈)에서 생겼고, 탄은 옛날의 효자(孝子)에게서 생겼다 합니다. …… 옛날의 백성들은 질박하여 굶주리면 새나 짐승을 잡아 먹고, 목마르면 안개나 이슬을 마셨으며, 죽으면 백모(白茅)에 싸서 들판에 던졌습니다. 효자는 부모의 시체가 새나 짐승의 먹이가 되는 것을 보고는 참지 못하여 탄(彈)을 만들어서 써 그것으로 지켜 새나 짐승의 해(害)를 끊었습니다. 그러므로 노래에 대나무를 끊어 대나무를 잇고, 흙을 날려 해(害)를 쫓다 라고 이르는 것입니다.' 라고 하였다."는 것이 보인다.

2) 逆(역) : 맞이한다는 뜻. 『설문해자(說文解字)』에 의하면 "함곡관(函谷關) 동쪽에서는 역(逆)을, 서쪽에서는 영(迎)을 써서 맞이한다는 뜻으로 썼다."고 되어 있다.

3) 意的之所在(의적지소재) : 눈에 의하여 과녁을 보아두는 것이 아니고, 의지인 정신의 작용으로 과녁의 소재를 파악한다는 것이다. 『유양잡조(酉陽雜俎)』 속집(續集)에는 『조야첨재(朝野僉載)』를 인용하여 "수(隋)나

라 말기에 구군모(瞿君謨)라는 사람은 활쏘기를 잘하였다. 눈을 감고 쏘면 입에 응(應)하여 맞았다. 이르기를 그 눈에 뜻을 두면 눈에 맞고, 그 입에 뜻을 두면 입에 맞는다고 한다."라고 기록하여 뜻이 향하는 데로 눈을 감고 쏘아 맞추는 절묘한 기교를 전하고 있다.

4) 矢無虛發(시무허발) : 화살을 쏘면 반드시 명중하여 벗어나는 일이 없는 활쏘기를 말한다. 혹은 전무공발(箭無空發), 시불허발(矢不虛發) 등으로도 말한다.『위서(魏書)』두대전전(豆代田傳)에는 "태종(太宗) 때 기사(騎射)를 잘하여 내세사(內細射)가 되었다. ……누(樓)에 올라서 적(賊)을 쏘아 화살이 빗나가는 것이 없었다."라고 하였다.

5) 樊進德(번진덕) : 자세한 기록이 없어 누구인지 알 수 없다.

3. 기이한 기교에 대하여

가. 훌륭한 기사는 연습을 계속한다

무릇 왼쪽으로만 활을 열어서 쏘는 자는 적이 오른쪽에 나타난 경우에는 대처하기가 어렵다. 또 오른쪽으로만 활을 열어서 쏘는 자는 적이 왼쪽에 나타나는 경우에는 대처하기가 어렵다.

나의 벗인 장일백(張一白)이란 사람은 좌우 어느쪽으로도 활을 열어서 쏘는데 맞추는 것은 좌우가 다 동일하여, 옛날의 명장인 악무목공(岳武穆公)의 팔과 비교되고 있다.

혹은 별회(撇懷)의 활쏘기 방법을 써서, 바르게 말을 달리게 하면서 활을 힘껏 당겨 왼쪽으로 활을 향하게 하였던 것을 허리를 옮겨 오른쪽으로 쏘아 보내 전후상하 어느 쪽에라도 그의 뜻하는 바에 따라 자유자재로 하기도 한다.

진실로 활쏘기에 있어 기세를 험하게 하고 절도를 재빠르게 하는 기교를 쌓아 절묘한 기교를 부리는 일은 이 좌우 양쪽을 사용하는 기이한 활쏘기에 앞서는 것이 없다.

『맹자(孟子)』에서도 "대저 인(仁)도 또한 이것을 여물게 하는 데에 가치가 있는 것이다."라고 말하고 있다.

활쏘기에 있어서도 같은 것이다. 그러므로 군자는 게을리하지 않고 연습(練習)을 거듭하는 것이다.

▨ 여기서 칭송되는 좌우 어디로든지 자유자재로 쏘아 보내는 기이한 활쏘기를 체득했던 사가(射家)에 대하여 두세 사람의 유명한 자를 들어 보기로 한다.

그 한 사람인 후한말(後漢末)의 간신(奸臣) 동탁(董卓)에 대해 『후한서(後漢書)』에 기록하기를 "탁(卓)은 여력(膂力 : 背筋力)이 다른 사람보다 뛰어나 양건(兩鞬 : 弓袋)을 쌍대(雙帶)하고 좌우로 달리며 쏘아 강호(羌胡 : 북방 이민족)가 두려워하는 바가 되었다."라고 하였다.

또 위(魏)나라 문제(文帝)인 조비(曹丕)는 문무(文武)에 뛰어났는데 『삼국지(三國志)』의 주석에 인용된 그의 저서 『전론(典論)』의 자서(自敍)에 의하면 젊어서부터 활과 말을 좋아하였고 기사(騎射)는 언제나 백보(百步)를 쏠 정도였다고 하였고 또 사람들로부터 "군주는 좌우 어느쪽으로든 쏘는 활쏘기를 잘한다고 들린다. 이것은 실로 잘하기 어려운 일이다."라고 일컬어지고 있다.

『진서(晉書)』 재기삼(載記三)을 보면 신사(神射 : 신묘한 기술)로 여러 사람의 입에 오르내리는 유요(劉曜)는 "가까운 곳이면 칼과 창을 휘둘러 5, 6명을 해치고 거리가 멀면 곧 건복(鞬服 : 箭筒)을 쌍대(雙帶)하고 좌우로 달리며 쏜다."라고 하여 기묘한 솜씨로 활쏘는 모양이 기록되어 있다.

그리고 『송사(宋史)』를 참고해 보면 장영덕(張永德)을 기사(騎射)의 우두머리로 하여 좌우로 쏘아거는 묘기를 보여주고 있다. "영덕(永德)이 기사(騎射)를 잘한다. 좌우로 10개의 과녁을 나누어 걸고, 10개의 화살을 쥐고 빠르게 달리면서 서로 쏘았는데 쏘면 반드시 명중한다."라고 하였다.

《대저 좌(左)로 활쏘는 자는 적이 우(右)로 나오면 어렵다. 우로 활쏘는 자는 적이 좌로 나오면 어렵다. 나의 벗 장일백(張一白)은 좌우로 활을 열어 명중(命中)하기 하나와 같아, 옛날의 악무목(岳武穆)의 팔에 비긴다. 혹은 별회(撇懷)의 사법(射法)을 쓰고, 바르게 말을 몰아서 활을 펴고, 써 좌로 향해도 곧 앉은자리를 옮겨 우로 쏘고, 앞뒤와 위아래로 그 하고자 하는 바에 따름이 있다. 활쏘기의 세험절단(勢險節短)은 이에 지남이 없다. 맹자(孟子)에 말이 있으니 "무릇 인(仁)도 또한 이것을 익힘에 있을 따름"이라고 했다. 오직 활쏘기도 또한 그러하다. 이 까닭에 군자(君子)가 이것을 익힌다.》

夫射左者 敵出乎右則難矣 射右者 敵出乎左則難矣 吾友張一白[1] 左右開弓 命中如一 擬古岳武穆[2]之臂 或有用撇懷射法[3] 正馳馬張弓 以向左 忽轉跨而射右 前後上下 隨其所欲 射之勢險節短 莫過乎此 孟子有言 夫仁亦在乎熟之而已[4] 惟射亦然 是以君子習焉

1) 張一白(장일백) : 기록이 없어 누구인지 자세하지 않다.
2) 岳武穆(악무목) : 남송(南宋)의 무신(武臣)인 악비(岳飛)를 말한다. 숭녕(崇寧) 2년(1103)~소흥(紹興) 11년(1141). 무목(武穆)은 시호(諡號). 뒤에 충무(忠武)로 바뀌었다. 금(金)나라에 대한 주전론(主戰論)을 펼친 충신이며 무사로 알려졌다. 『송사(宋史)』 악비전(岳飛傳)에 "태어나면서부터 신력(神力)이 있다. 20세 전에 활을 당기기 300근(三百斤), 쇠뇌는 8석(八石). 활쏘기를 두루 함께 배워 그 술(術)을 다하여 좌우(左右)의 활쏘기를 능히 한다."라고 하여, 그의 기이한 활쏘기 솜씨를 기록하였다.
3) 撇懷射法(별회사법) : '별회(撇懷)'라고 일컬어지는 사법(射法)은 분

명하지는 않으나 별(撇)은 이른바 질(搩)법을 말하는 것으로, 화살이 떠나는 때 과녁을 겨냥하여 활넘기기 하는 궁수(弓手)의 기술이다. 따라서 이것은 말 위에서 활쏘기가 쉽도록 연구된 '질절(搩勢)'의 법이 아닌가 추측된다.

4) 夫仁亦在乎熟之而已(부인역재호숙지이이) :『맹자(孟子)』고자상(告子上)편에 있는 문장이다. 다만『맹자』에는 문장 끝에 '의(矣)'자가 있다. "맹자 이르기를 '오곡(五穀)은 종자 가운데 좋은 것들이다. 만약 진실로 여물지 않으면, 제(薺)나 피만도 못하다. 대저 인(仁)도 또한 이것을 여물게 하는데 있을 따름이다.' 라고 했다."고 기록하고 있다. 곧 맛이 아름다운 오곡(五穀)이라도 여물지 않으면 잡곡에 미치지 못하는 것과 마찬가지로, 최고의 도덕 규범인 인(仁)도 방심하여 완성하지 않으면 무의미한 것으로 끝나고 만다는 것을 논한 것이다.

4. 활쏘기를 연습하는 마음가짐

가. 어느 정도 연습을 하느냐에 달려 있다

활쏘기를 연습할 때에는 백토(白土)로 일정한 범위를 그어놓고 두 사람이 각각 그 그어놓은 범위 안에 선다. 그리하여 먼 지점에서부터 점차로 가까이 다가서면서 마주보고 활쏘기를 겨루어 상대의 화살을 피하려고 먼저 그어놓은 범위 밖으로 나간 자를 진 것으로 한다.

바라보는 것이 날카롭고 밝으며 손동작이 재빠르고, 몸의 자세와 걸음걸이의 자세가 함께 잘 숙달되어 있으면, 화살은 그 몸에 미치는 일이 없게 된다.

혼자 집에서 연습하는 사람은 둘러가며 사면을 벽으로 에워싼 좁은 방에서 들보 밑에 말린 짚단을 걸어놓고 그 가운데에 손가락 끝 크기의 붉은 종이를 붙이고 과녁으로 삼아 매일 이것을 쏘아 연습하는 것이다.

이 과녁이 비록 몇 발자국밖에 안 되는 거리에 있는 것이지만 활을 당길 때에는 힘을 다하여 모두 100보(百步) 앞을 쏠 때의 방법과 같게 한다.

그리하여 모든 화살이 다 붉은 종이의 중심으로 모이기에 이르게 되면, 밖으로 나와서 100보의 과녁에 쏘아 보아도 같은 결과가 될 것이다.

그러므로 "명공(名工)은 문을 닫고 수레를 만들어도 문 밖으로 나와 수레를 맞추면 정확한 규격의 수레바퀴에 합치한다."라고 하는 말이 전해오고 있다.

옛 사람들은 투호(投壺)의 놀이나 입구가 좁은 병에 기름을 붓는 기술을 습득하는 그 과정을 활쏘는 기술에 의지하고 있다.

이것은 그것들을 연습하여 완전히 익히는 방법까지의 도리나 과정의 구조가 같기 때문이다. 다만 어느 정도까지 연습하였느냐가 문제인 것이다.

▨입구가 좁은 병에 기름을 붓는 기술과 활쏘기를 비교하는 것에 관하여 송(宋)나라 구양수(歐陽脩)의 『귀전록(歸田錄)』에는 진요자(陳堯咨)와 매유옹(賣油翁 : 기름파는 늙은이)과의 이야기가 쓰여 있다.

"진강숙공요자(陳康肅公堯咨)는 활을 잘 쏘았는데 당시에는 대적할 자가 없었다. 그도 또한 이것으로써 스스로 자랑을 삼았다. 일

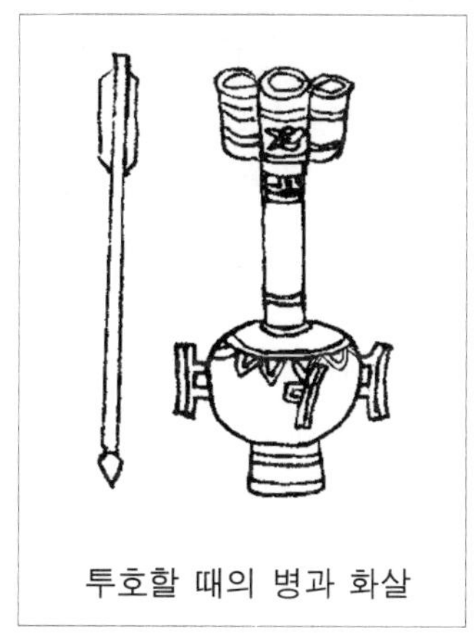

투호할 때의 병과 화살

찍이 가포(家圃)에서 활을 쏘았다. 이때 그곳에는 매유옹(賣油翁)이 있었는데 짐을 지고 서서 이것을 오래도록 바라보고 떠나지 않았다. 그 화살을 발(發)하여 10개 중 8, 9개를 명중하는 것을 보고서야 다만 조금 이것에 고개를 끄덕일 뿐이었다.

강숙(康肅)이 매유옹에게 묻기를 '그대도 또한 활쏘기를 아는가. 나의 활쏘기는 아직 정밀하지 못한 것인가.' 라고 하니, 매유옹이 말하기를 '다름이 아니라, 다만 손에 익숙할 뿐이오.' 라고 하는 것이었다.

강숙이 분연(忿然)히 말하기를 '그대는 어찌하여 감히 나의 활쏘기를 가벼이 여기는가.' 라고 하니, 매유옹이 말하기를 '내가 기름을 푸는 것으로써 그것을 아는 것이오.' 라고 하였다.

이어서 하나의 표주박을 들어 땅에 놓고 동전으로 그 입구를 막아 놓고 기름을 퍼서 서서히 동전구멍으로 기름을 넣는데 기름을 한 방울도 흘리지 않았다. 또 동전구멍 속으로 기름이 들어가도 동전은 젖지도 않았다. 그리고는 말하기를 '나도 또한 다름이 아니라 다만 손에 익숙할 뿐이오.' 라고 하였다."

《활쏘기를 익힘에는 악(堊)으로써 권(圈)으로 삼고 두 사람이 각기 권 안에 선다. 먼 데에서 말미암아 가까운 데에 미치고 대사(對射)하여 상교(相較)한다. 써 화살을 피하여 권으로부터 나오는 자를 부(負)로 삼는다. 눈 밝고 손이 빠르고 신법(身法)과 보법(步法)이 함께 이르면 화살이 그 몸에 미치지 않는다. 만약 홀로 집에서 익히는 자와 같은 것은 환도(環堵)의 집에 초천(草荐)을 양하(梁下)에 걸고 가운데에 붉은 종이의 크기 지정(指頂)과 같은 것을 붙이고 써 과녁으로 삼아 날마다 이것을 쏜다. 과녁이 수보(數步)라 하더라도 그 인만(引滿)에는 힘을 다하여 모두 백보의 법과 같이 한다. 화살마다 홍심(紅心)에 이르면 즉 나와서 백보를 쏘아도 오히려 이와 같다. 고로 이르기를 "문을 닫고 수레를 만들어도 문에서 나오면 수레바퀴에 맞는다." 라고 했다. 고인(古人)은 투호(投壺)로써 활쏘기에 붙이고, 적유(滴油)로써 활쏘기에 붙였

다. 오직 그 이치가 하나이고 기(機)가 같아서이다. 익히는 바 어떠한가를 돌아볼 뿐이다.》

　　習射 以堊[1]爲圈 兩人各立圈內 由遠及近 對射相較 以避矢出圈者爲負 眼明手疾[2] 身法步法 俱到 而矢不及于其身 若獨習于家者 環堵之室[3] 懸草荐[4]于梁下 中粘紅紙大如指頂 以爲的 日日射之 的雖數步 其引滿盡力 悉如百步法 至于箭箭紅心 則出而射百步 猶是矣 故曰 閉門造車 出門合轍[5] 古人以投壺[6]寓射 以滴油[7]寓射 惟其理一機同[8] 顧所習謂何[9]耳

1) 堊(악) : 백토(白土).

2) 眼明手疾(안명수질) : 바라보는 것이 날카롭고 행동이 빠른 것. 혹은 '안명수쾌(眼明手快)'라고도 쓴다.

3) 環堵之室(환도지실) : 도(堵)는 울타리. 도(堵)에는 여러 가지 설명이 있는데, 높이와 길이가 다 1장(一丈)으로 되어 사면이 이것으로 둘러싸인 좁고 가난한 집을 본래 환도(環堵)의 집이라고 말했다. 『예기(禮記)』유행(儒行)편에는 "선비에게는 1묘(一畝)의 궁(宮), 환도(環堵)의 실(室)이 …… 있다."라고 하였다. 여기는 사면을 병풍으로 둘러싸서 화살이 날아서 나가지 못하게 한 연습 장소를 말한다.

4) 草荐(초천) : 권고(卷藁), 동결(胴結), 동체(胴締). 짚을 모아서 만든 연습용 과녁. 『주례(周禮)』하관(夏官) 어사(圉師)에 "활쏘기에는 즉 침질(椹質 : 도끼받침)을 채우다."라 하였는데 침질이란 활쏘기를 연습할 때 말아서 만든 짚이라는 것으로 이 초천(草荐) 같은 것이라고 하였다.

5) 閉門造車出門合轍(폐문조거 출문합철) : 주자(朱子)의 『중용혹문(中庸或問)』제3권에 "고어(古語)에 이른바 문을 닫고서 수레를 만들어도 문 밖으로 나오면 수레바퀴와 합치한다는 말이 있다."라고 하였다. 대개 그 법(法)이 같은 것을 말한 것으로, 정확한 이론이나 규격에 따르면 자연히 어디에서나 통용된다는 뜻이다. 다만 '폐문조거(閉門造車)'만 따로 떼어 사용해서 실제를 떠나서 이론에만 의해 일을 진행한다는 뜻으로 쓰이는 일

도 있다.

6) 投壺(투호) : 병을 세워놓고 그 병을 겨냥하여 작은 화살을 손으로 던져
서 그 화살이 들어가는 정도에 따라 승패를 다투는 일종의 놀이다. 나중에
는 병의 모가지 근처에 세공(細工)을 하였다. 『예기(禮記)』투호(投壺)
편에 대한 정현(鄭玄)의 목록(目錄)에는 "이 투호(投壺)는 활쏘기와 비
슷하다."라고 되어 있다.
7) 滴油(적유) : 기름을 파는 사람이 기름을 실과 같이 가느다랗게 흘리면서
입구가 작은 용기(容器)에 기름을 넣는 기술을 말한다.
8) 理一機同(이일기동) : 기예(技藝)의 본질에 있어서 도리나 구조가 온전
히 같다는 것.
9) 謂何(위하) : 나하(奈何), 여하(如何)와 같은 뜻의 말.

5. 신사(神射)를 받쳐주는 것은 장군

가. 만약 마음 속으로 복종할 장수가 없다면

옛날의 속담에 "무예(武藝)는 무기(武器)가 1치 길면 1치 만
큼 강해진다."라는 말이 있다.

활쏘기를 여러 무예(武藝) 가운데 으뜸으로 치는 것은 그 살
상력(殺傷力)이 길기 때문이다. 그러면 살상력에 있어서 다시 활
쏘는 기술보다 길고 큰 것이 있으면 그것은 반드시 강력한 무기
일 것이다.

그러나 대군(大軍)의 운명은 그런 무기에 달려 있는 것이 아
니고, 통틀어 장군(將軍)이 어떠한가에 달려 있다. 오늘날에는
다만 참다운 장군이 없는 것을 생각하고는 걱정할 따름이다. 『역
경(易經)』사괘(師卦)에는 "군사(軍士)는 올바르고 장인(丈
人 : 덕 있는 장군)이라야 길하다."라고 하였다.

여기서 장인(丈人)이란 장군으로서 남들이 의지하는 사람이다. 인의(仁義)의 덕(德)을 체득한 장군이 있어 그 은혜와 위의가 부하의 마음을 감복시켜 마음으로부터 복종해 오고, 그 지혜와 용기가 적의 담력(膽力)을 무너뜨리기에 충분하다면, 장차 병사들은 의지하고 믿을 곳이 있어 온 힘을 다하여 지니고 있는 무예를 발휘할 수 있고, 저절로 모두 담력이 세지고 힘이 안정되어 마땅히 "한 번 쏘아 5마리의 암퇘지를 잡는다."라고 하는 상황을 보일 것이다.

만약 마음으로 복종할 장군이 없다고 하면 그 어떤 신묘한 활 쏘는 기교를 가졌다 하더라도 대체 전쟁에서 무슨 유익(有益)함이 있을 것인가.

▨여기서는 활과 화살을 이용하는 활쏘기가 여러 무예(武藝) 중에서도 으뜸으로 꼽히는 것은 그것의 살상력(殺傷力)이 멀리까지 미친다고 하는 전술상(戰術上)의 이유로 해석되고 있다.

이 책의 저자인 이정분(李呈芬)도 궁시해(弓矢解)에서 "대저 활과 화살은 그 유래가 오래이다. 예로부터 사례(射禮)가 있고, '조두(俎豆)의 사(士 : 공자를 가리킴)'도 또한 이것을 배웠다. 예로부터 지금에 이르기까지 사방의 이민족이 활과 화살로써 일을 삼지 않음이 없었다. 그러므로 여기에 관련됨이 무겁다."라고 논했다.

또 활과 화살이 중요하게 여겨지는 요인으로서는 그 유래가 오랜 옛날부터이며 또 유가(儒家)에 의한 예(禮)에서 깊은 교화가 밑바탕이 되어 이루어졌다 하겠다.

《언(諺)에 일컫기를 "무예(武藝)는 한 치가 길면 한 치가 강하다."라고 했다. 활쏘기를 제예(諸藝)의 수(首)로 삼음은 그 길기 때문이다. 다시 활쏘기보다 긴 것이 있으면 반드시 대기(大器)가 아닐까. 비록 그렇다 해도 삼군(三軍)

의 명(命)은 일장(一將)에 걸려 있다. 지금은 특별히 장(將) 없음을 근심할 뿐이다. 역(易)에 이르기를 "사(師)는 곧다. 장인(丈人)이면 길(吉)하다."라고 했다. 장인(丈人)이란 것은 사람의 의장(倚仗)하는 바가 되는 자이다. 인의(仁義)의 장(將)이 있어 은위(恩威)로써 오인(吾人)의 마음을 굴복시키기에 족(足)하고, 지용(智勇)으로써 적인(敵人)의 담(膽)을 깨뜨리기에 족하면 장차 중(衆)은 믿을 곳이 있어서 기예(技藝)를 베풀 수 있고, 스스로 다 담대(膽大)하여 힘이 정해져서 일발(一發)에 오파(五靶)됨을 보고자 한다. 그렇지 않으면 비록 신사(神射)가 있다 하더라도 또한 무슨 유익함이겠는가.》

諺稱 武藝長一寸 强一寸 射爲諸藝之首[1] 以其長也[2] 更有長于射者 必也大器[3]乎 雖然 三軍之命 懸于一將[4] 今特患無將耳 易曰 師貞 丈人 吉[5] 丈人者 爲人所倚仗者也 使有仁義之將 恩威[6]足以服吾人之心 智勇[7]足以破敵人之膽 將見衆有所恃 而技藝[8]可施 自皆膽大力定 一發五靶[9]矣 不然 雖有神射 亦何益哉

1) 射爲諸藝之首(사위제예지수) : 모원의(茅元儀)의 『무비지(武備志)』 궁(弓)에 "활은 기(器)의 으뜸이다. 그러므로 무사(武事)를 말하는 자 처음에 활과 화살을 말한다."라고 하였다. 무기(武技)는 무술(武術)의 모든 종류를 열거하는 말투로 이른바 무예십팔사(武藝十八事), 무예십팔반(武藝十八般)이라는 말이 있다. 여기에 있어서는 활을 최초로 들고 다음으로 쇠뇌, 창(槍), 칼이라고 가르치는 것이 보통이다.

2) 以其長也(이기장야) : 『사기(史記)』에 "그 장병(長兵)은 곧 활과 화살이다."라고 하여, 활과 화살은 살상력(殺傷力)이 미치는 거리가 긴 것을 의미한다.

3) 大器(대기) : 위력(威力)이 강대한 무기(武器)라는 뜻.

4) 三軍之命懸于一將(삼군지명 현우일장) : 삼군(三軍)은 전군(全軍)으로 대군(大軍)이라는 정도의 뜻. 주대(周代)의 군제(軍制)로는 12,500인을 일군(一軍)으로 하고, 대국(大國)은 삼군을 보유한다고 한다. 『손자(孫子)』 군쟁(軍爭)편에는 "삼군(三軍)의 기(氣)를 빼앗을 수 있고,

장군(將軍)의 마음을 빼앗을 수 있다."라고 하였다. 두목(杜牧)은 주석에서 "마음은 장군의 마음이다. 군중(軍中)에 의뢰(依賴)하여 써 군(軍)을 다스리는 바의 것이다."라고 하였다.

5) 易曰師貞丈人吉(역왈사정장인길) : 역(易)은『주역(周易)』또는,『역경(易經)』이라고도 일컫는 유학(儒學)의 경서(經書)이고, 사(師)는 사괘(師卦)를 말하며, 정장인길(貞丈人吉)은 괘사(卦辭)다. 군대는 정당한 이유가 있어야만 움직여야 하고, 그것을 훌륭한 장수(將帥) 곧 인의(仁義)를 갖춘 장군이 지휘하면 길(吉)함을 얻는다고 하는 뜻이다.

6) 恩威(은위) : 은혜와 위의가 갖추어져 있는 것.

7) 智勇(지용) : 지략을 짜는 지혜와 용기가 아울러 갖추어져 있는 것.

8) 技藝(기예) : 무술(武術)이라는 뜻.

9) 一發五豝(일발오파) :『시경(詩經)』소남(召南) 추우(騶虞)편의 시구(詩句)이다. '일(一)'은 '일(壹)'로 되어 있다. 파(豝)는『모전(毛傳)』에 "돼지의 암컷을 파(豝)라 말한다."라고 하였다. 하나의 화살로 5마리의 돼지를 잡았다는 것은 아니고 1조(一組)의 승시(乘矢 : 4개의 화살)로 잡았다는 뜻이다. 사냥한 것도 많고 활쏘는 기술도 훌륭한 모양을 노래한 것이다.

제15장 활의 제조와 제도〔考工〕

1. 옛날의 활에 관한 제도

가. 직체(直體)에 가까운 것이 좋은 활이다

옛날의 활의 제도를 고찰해 보면 천자(天子)의 활은 안으로 휜 것 9자루를 합하면 원형을 이루고, 제후(諸侯)의 것은 7자루를 합하면 원형을 이루고, 대부(大夫)의 것은 5자루를 합하면 원형을 이루고, 사(士)의 것은 3자루를 합하면 원형을 이룬다.

대개 활은 직체(直體)에 가까운 것이 좋은 활이다. 그러므로 많이 굽은 활은 악궁(惡弓)이라고 말하는 것이다.

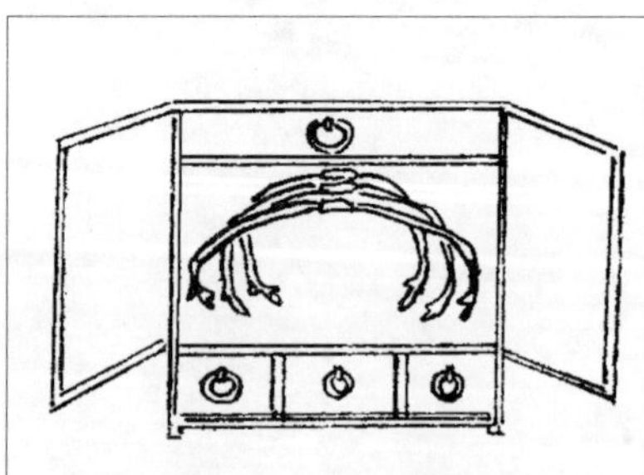
현(弦)을 벗기고 활을 넣은 그림
(안으로 휘어든 모양을 알 수 있다.)

▨고대(古代)의 각 신분에 따른 궁제(弓制)의 예(禮)가 서술되었다. 위에 설명한 것은 『주례(周禮)』에 나오는 말이다. 내용은 시위를 벗겼을 때 활이 안으로 휘어든 정도, 곧 활의 강하고 약한 것을 규준(規準)으로 하고 있다.

『순자(荀子)』 대략(大略)편에서는 "천자(天子)는 조궁(彫弓)이요, 제후(諸侯)는 동궁(彤弓)이요, 대부(大夫)는 흑궁(黑弓)인 것이 예(禮)이다."라고 명시되어 있다.

조궁(彫弓)은 조각을 새긴 것이라고 하는 말도 있으나 그렇지는 않고, 5가지 채색으로 그림을 그린 도궁(塗弓)이다. 동궁(彤弓)은 주동궁(朱彤弓)이다. 곧 칠(漆)을 바르는 방법에 의해 활의 제도가 정해져 있는 것이 된다.

한(漢)나라 하휴(何休)는 『공양전(公羊傳)』 정공(定公) 4년의 "활을 끼고 초(楚)나라로 가다."에 주석하였는데 "예(禮)에 천자(天子)는 조궁(雕弓 : 彫弓)이요, 제후(諸侯)는 동궁(彤弓)이요, 대부(大夫)는 영궁(嬰弓)이요, 사(士)는 노궁(盧弓)이다."라고 하였다.

이 말은 오늘날 전하는 예서(禮書)에는 보이지 않는 일례(逸禮)로 『순자(荀子)』의 말에 가깝다. 영궁(嬰弓)은 붉은 색과 검은 색이 섞여 있는 활이고, 노궁(盧弓)은 노궁(玈弓)·노궁(旅弓)이라고도 써서 검은 색의 활을 말하는 것이다.

《안(按)컨대, 옛날 천자(天子)의 활은 아홉을 합하여 규(規)를 이루고, 제후(諸侯)는 일곱을 합하여 규를 이루고, 대부(大夫)는 다섯을 합하여 규를 이루고, 사(士)는 셋을 합하여 규를 이룬다. 대개 활은 곧은 것으로써 좋다고 한다. 그러므로 구궁(句弓)은 이것을 폐궁(弊弓)이라 이른다.》

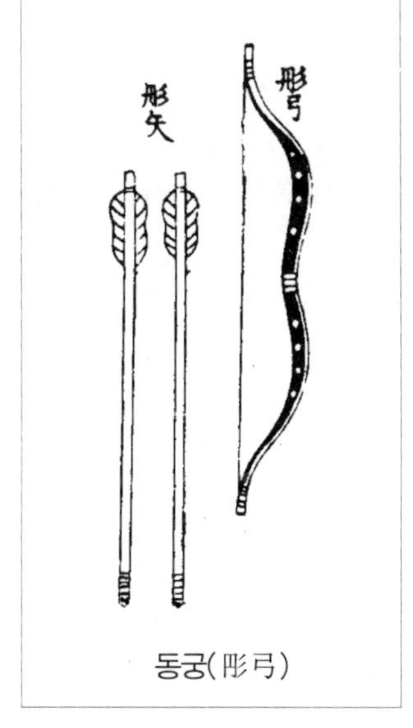

동궁(彤弓)

按古天子之弓 合九而成規[1] 諸侯

合七而成規 大夫合五而成規 士合三而成規 蓋弓以直爲良 故句
弓者 謂之弊弓[2]

1) 合九而成規(합구이성규) : 규(規)는 둥글다는 뜻으로, 그것으로 그린 원
   을 뜻한다. 9(이하의 7, 5, 3도)는 활의 수로서, 활시위를 벗기고 안으로
   휜 궁형(弓形)의 상태로 이 수(數) 만큼 이어서 합하면 각각 원형(圓形)
   이 되는 것을 뜻한다. 정현(鄭玄)의 주석에는 "왕체(往體)가 적고 내체
   (來體)가 많으면 곧 많은 것을 합한다. 왕체(往體)가 많고 내체(來體)가
   적으면 곧 적은 것을 합하여 원(圓)이 된다."고 했다. 왕체(往體)란 시위
   를 벗겼을 때의 안으로 휘어드는 정도를 말하고, 역으로 내체(來體)라는
   것은 시위를 죄어 당겼을 때의 죄어진 정도를 말한다. 그리고 가공언(賈公
   彦)은 해석에서 "이것이 모두 각궁(角弓)의 되조이는 것에 의하고, 활시
   위를 벗기고 이것을 합한다."라고 설명하고 있다.
2) 句弓者謂之弊弓(구궁자 위지폐궁) : 정현(鄭玄)은 주석하기를 "폐(弊)
   는 오히려 나쁘다는 것과 같다. 굽은 것이 싫으면 곧은 것은 좋다."라고 하
   였다. 즉 안으로 휘어든 정도가 큰 것은 좋은 활이 아니므로, 아래로 갈수
   록 그 활은 왕체(往體)가 많은 활이 된다.
※ 이 절(節)은 '천자(天子)' 이하 '폐궁(弊弓)' 까지.『주례(周禮)』하관
   (夏官) 사궁시(司弓矢)의 문장을 인용하고 있다. 다만 '개궁이직위량(蓋
   弓以直爲良)' 이나 '고(故)'나 '궁(弓)'은 다『주례(周禮)』에는 없다.

2. 6가지 좋은 것과 활의 구조

가. 활에는 6가지 좋아야 하는 것이 있다

  대체로 활에는 6가지 좋아야 하는 것이 있다.

  그 하나는 안으로 휘어짐이 적고 굳센 것이요, 그 둘은 아주 균
형이 잘 잡혀서 반발력이 있는 것이요, 그 셋은 오래 쏘아도 힘이

빠지지 않는 것이요, 그 넷은 추위나 더위 같은 날씨에 영향을 받지 않고 힘이 균일(均一)한 것이요, 그 다섯은 활시위의 소리가 맑고 날카로운 것이요, 그 여섯은 한 번 시위를 당기면 바로 궁체(弓體)가 바르게 안정되는 것이다.

▨여기서는 활에서 6가지 좋게 여기는 것을 총괄적으로 제시하고 있다. 다음의 문장에서는 그 각각의 항목에 따른 활의 구성이나 구조가 어떤 상관관계에 있는가를 논한다.

여섯번째에 활의 시위를 당기는 것이 언급되어 있는데『노자도덕경(老子道德經)』의 77장에는 "하늘의 도(道)는 그것이 활에 화살을 당기는 것과 같다. 높은 것은 이것을 억누르고, 낮은 것은 이것을 들다."라는 말이 있다.

'활을 당기다'에 대하여 여러 가지 설이 있으나, 상초(上弰 : 높은 것)를 기둥 따위에 잡아매고, 하초(下弰 : 낮은 것)를 끌어올린다고 하는 일본궁(日本弓)의 당기는 방법으로 해석하는 것이 일반에게 통하여 일단 내용과 부합된다고 생각된다.

중국궁(中國弓)은 만궁계(彎弓系)로서 단궁(短弓)이다. 그러므로 정히 명(明)나라 초횡(焦竑)의『노자익(老子翼)』에서 말해지는 당기는 방법일 것이다.

곧 안으로 휘어들어 원형의 정수리에 있는 줌통에 대하여 "줌통의 높은 것을 무릎 등으로 억눌러서 이것으로 하여금 아래로 향하게 하고, 활고자의 낮은 것을 두 손으로 들어서 이것으로 하여금 높은 데에 있게 한다."라고 하였다.

《무릇 활에는 육선(六善)이 있다. 그 하나는 왕체(往體)가 적고서 굳세다고 한다. 그 둘은 태화(太和)하고 힘이 있다고 한다. 그 셋은 오래 쏘아도 힘이 굽히지 않는다고 한다. 그 넷은 한서(寒暑)에도 힘이 한결같다고 한다. 그 다섯은 현성(弦聲)이 청실(淸實)하다고 한다. 그 여섯은 한 번 당기면 곧 바

르다고 한다.》

夫弓有六善焉 一曰 往體[1]少而勁 二曰 太和[2]而有力 三曰 久射力不屈 四曰 寒暑力一 五曰 弦聲[3]淸實 六曰 一張便正

1) 往體(왕체) : 원본과 『고금도서집성(古今圖書集成)』에는 '성체(性體)'로 되어 있다. 그리고 호도정(胡道靜)의 『몽계필교증(夢溪筆校證)』에서는 『황조사실유원(皇朝事實類苑)』을 인용하여 '왕체(往體)'로 되어 있는 것은 잘못이라고 하고 있다. 그러나 '성체(性體)'로는 뜻이 분명하지 않기 때문에 『주례(周禮)』에서 말하는 '왕체(往體)'의 뜻으로 풀이하였다. 앞장에서 알 수 있듯이 왕체(往體)가 적은 것이 양궁(良弓)이므로, 이것을 6가지 좋은 것의 하나로 보아도 큰 잘못은 없을 것이다. 그런데 손이양(孫詒讓)은 『주례정의(周禮正義)』의 궁인(弓人)에서 "왕체(往體)는 궁체(弓體)의 외뇨(外撓 : 안으로 휘어지는 성질)함을 이른다. 내체(來體)는 궁체(弓體)의 내향(內向)함을 이른다. 무릇 활은 반드시 왕래(往來) 양체(兩體)를 아우르고, 그러한 뒤에 팽창하고 풀어지는 쓰임이 있다. 다만 왕래(往來)의 많고 적은 것으로써 강하고 약한 차이로 삼는다."라 하고, 다시 "활이 곧으면 곧 힘이 세다."라고도 말하고 있다. 즉 왕체(往體)가 적은 것은 곧으므로 힘이 강인한 것이다.

2) 太和(태화) : 활의 각 부분이 조화(調和)를 이룬다는 뜻.

3) 弦聲(현성) : 현음(弦音). 활시위를 놓았을 때 나는 소리. 궁성(弓聲)이라고도 한다. 백거이(白居易)의 「시서(詩序)」에는 "화살을 발(發)하여 과녁에 맞고, 아울러 현성(弦聲)을 듣다."라고 하였다.

※ 이 문장 아래에 나오는 2절(節)은 송(宋)나라 때 심괄(沈括)이 지은 『몽계필담(夢溪筆談)』의 기예(技藝)편과 송(宋)나라 때 왕거가 지은 『사경(射經)』과 명(明)나라 때 모원의(茅元儀)가 지은 『무비지(武備志)』를 비롯하여 여러 책에 수록되어 있다. 다만 자구(字句)에는 각각 다소의 변화가 있다.

나. 소의 힘줄을 유효하게 처리하는 방법

무릇 안으로 휘어지는 성질인 왕체(往體)가 적으면 활시위를 당기기 쉽고 또한 그 상태를 오래 견딘다. 그러나 그 활의 반발력이 강하지 않은 것을 걱정한다.

그 강함을 원하는 자에게 있어 그 미묘한 것은 힘줄의 다루는 방법에 달려 있는 것이다. 대체로 소의 힘줄은 가공하기 전 원료의 길이가 한 자였다고 하면 건조한 뒤에는 반 정도의 길이로 줄어든다. 그래서 아교를 녹인 물에 적시면서 두들겨 지방 따위를 제거하고 섬유 모양으로 부드럽게 풀면서 늘려 펴서 한 자의 길이로 회복시킨다.

이런 다음 처음으로 제작에 사용하면 힘줄의 힘이 최대한으로 당겨지기 때문에 그 이상으로 늘어날 것이 없게 된다.

다시 활의 간재(幹材 : 몸통의 재료)를 비벼 부드럽게 만들어 위를 보게 누인 다음 뿔과 힘줄을 이 간재(幹材)에 붙인다. 이 2가지 방법은 힘줄을 유효하게 활동시키는 처리 방법이다.

▨이 문장에서는 힘줄을 다루는 방법이 주로 설명되었다. 그러나 활은 각 6가지 소재의 조화에 의해 그 유용함을 보이게 되는 것이다.

『주례(周禮)』 고공기(考工記)의 궁인(弓人)편을 참고하여 활 제작의 대강을 알아본다.

궁인(弓人)이 활을 만드는데 있어 6가지 재료를 취하는 것은 반드시 그 계절에 맞춰서 한다.

활의 간재(幹材)인 나무는 그 성장이 가장 단단하게 영그는 겨울에 채취하고, 뿔은 가을에 잡은 소의 뿔이 가장 튼튼하고 두껍고 좋으므로 가을에 마련하고, 활을 보강해 주는 견사(絹絲)와 활을 습기로부터 지켜주는 칠(漆)은 여름에 취하는 것이 좋다고 하였다.

다만 힘줄과 아교에 대해서는 특별한 기록이 있지 않다.

이렇게 6가지 재료가 이미 모이면 활을 만드는 장인은 이것을 부드럽게 한다. 무릇 활을 만드는 데에 있어 겨울에는 나무를 자르고, 봄에는 뿔의 진을 없애고, 여름에는 힘줄을 다스려, 가을에는 3가지 재료를 합한다.

곧 쪼개기 쉽기 때문에 겨울에는 나무를 잘라 정돈하고, 가을에 얻은 뿔은 봄까지 물로 부드럽게 하고, 여름에는 힘줄을 섬유 모양으로 부드럽게 만들기가 쉽기 때문에 힘줄을 다스리고, 가을에는 건조하는 시기이므로 드디어 이것들을 견고하게 아교로 붙이는 것이다.

이렇게 해서 완성된 활이 모든 면에서 조화가 이루어지면 이것을 구화(九和)의 활이라고 말하는 것이다.

재료의 양질, 장인의 교묘함, 이것을 다스리는 계절, 이것을 삼균(參均)이라 이른다.

뿔은 나무를 이기지 못하고, 나무는 힘줄을 이기지 못한다. 이것을 삼균(參均)이라 이른다.

그 힘을 헤아림에는 또 삼균(參均)이 있다. 균(均)이라는 것 3가지가 있는데 이것을 합하여 구화(九和)라 이른다.

활의 제작 과정은 이와 같은 조화를 거쳐서 좋은 활이 생겨나는 것이다. 그리고 그 가치는 천자(天子)의 보배도 될 수 있을 정도가 된다.

『한시외전(韓詩外傳)』 제4권에는 "대저 교궁(巧弓)이 손에 있다. 뿔을 도와 힘줄을 입혀서 아교와 칠(漆)의 조화가 있으면, 곧 그것으로써 만승(萬乘 : 천자)의 보배가 될 수 있다.

《무릇 왕체(往體)가 적으면 곧 당기기 쉽고 오래 견딘다. 다만 그 굳세지 않

음을 근심한다. 그 굳세지고자 하는 자는 묘(妙) 힘줄을 다스림에 있다. 무릇 힘
줄은 생것의 길이가 한 자라면 말리면 반을 감한다. 아교 탕(湯)으로써 적시어
그것을 소(梳)하여 길이 한 자로 다시 한다. 그러한 뒤에 사용하면 즉 힘줄의 힘
이 이미 다하여 다시 신이(伸弛)함이 없다. 또 그 재료를 주물러 뉘어놓은 연
후에 뿔과 힘줄을 붙인다. 이 2가지 법은 힘줄을 다스리는 소이(所以)이다.》

　　凡往體[1]少　則易張[2]而壽　但患其不勁　欲其勁者　妙在治筋　凡
筋[3]生長一尺　乾則減半　以膠湯濡而梳[4]之　復長一尺　然後用　則
筋力已盡　無復伸弛[5]　又揉其材[6]令仰　然後傅角[7]與筋　此兩法所
以爲筋也

1) 往體(왕체) : 원본에는 성체(性體)였으나 고쳤다.

2) 易張(이장) : 안으로 휘어지는 정도가 적은 것인데 이 때문에 힘이 조금
　　약하므로 당기기가 쉽다고 하는 듯하다. 그러나 이것은『주례정의(周禮正
　　義)에 "활이 곧으면 곧 힘이 굳세다."라고 한 설명과『묵자(墨子)』친사
　　(親士)편의 "양궁(良弓)은 당기기 어렵다."라고 한 것과, 서로 용납되지
　　않는 듯이 생각된다.

3) 筋(근) : 힘줄. 활을 제작하는 육재(六材 : 나무, 뿔, 힘줄, 아교, 실, 칠)
　　의 하나다.『한시외전(韓詩外傳)』의 제8권과『열녀전(列女傳)』진궁공
　　처(晉弓工妻)편에는 '형미(荊麋)의 힘줄'을 쓴다고 되어 있다. 그리고
　　『주례(周禮)』궁인(弓人)에 대한 손이양(孫詒讓)의 정의(正義)에는
　　"힘줄은 소나 말이나 미록(麋鹿)의 힘줄을 이른다."라고 하여, 동물의 등
　　뼈 언저리에 있는 힘줄을 소재로 하였다. 명(明)나라 송응성(宋應星)이
　　지은『천공개물(天工開物)』호시(弧矢)에는 그 만드는 법을 "무릇 소의
　　척량(脊梁)은 언제나 다만 힘줄 한 가닥을 생산하는데 무게 약 30냥이다.
　　죽여서 꺼내 햇볕을 쬐어 말리고, 또 물 속에 담그고, 두드리기가 저마사
　　(苧麻絲)와 같다."라고 기록하였다. 그 힘줄이 흩어진 섬유 모양이 될 때
　　까지 햇빛에 쬐고 물에 담그기도 하면서 지방질이나 육질(肉質)을 제거하
　　여 빗으로 가지런하게 하는 것이다. 이렇게 하여 정제(精製)되고 강화된

힘줄을 활의 바깥쪽에 아교로 접착하는 것이다. 그런데『주례(周禮)』궁
인(弓人)에는 "힘줄이라는 것은 그것으로써 깊이를 이루는 것이다."라고
하고, 또 "이것을 덮음에 힘줄이 좋으면 이것을 심궁(深弓)이라 이른다."
라고 하였듯이, 화살이 표적에 깊이 찔리도록 활에다 강한 힘을 실어 주는
요소로 되어 있다. 따라서 힘줄을 잘 다스리는 것이 활을 강하게 하고 위력
을 부여하는 중요한 요소가 되고 있다.

4) 梳(소) : 원본에는 '극(極)'으로 되어 있으나 호도정(胡道靜)의『몽계
   필담교증(夢溪筆談校證)』의 설(說)에 따라 고친다.

5) 伸弛(신이) : 펴서 잡아당기다. 더이상 늘어날 여유가 없는 상태에서 활
   에 힘줄이 접착되는 것이므로 활이 당겨져서 만곡(灣曲)하였을 때, 본래
   대로 돌아가려는 강인한 반동력이 생겨나는 것이다.

6) 材(재) : 활의 몸통 부분을 만드는 재료인 간재(幹材)를 말한다.『한시외
   전(韓詩外傳)』제8권에는 "태산(太山)의 남쪽 오호(烏號)의 자(柘 : 뽕
   나무)를 활의 본체(本體)로 한다."고 하였다.『열녀전(列女傳)』의 진궁
   공처(晉弓工妻)편에는 "그 간(幹)은 태산(太山)의 언덕에서 자라는 나
   무로 하루에 3번 그늘을 보이고, 3번 햇빛을 보인다."라고 하였다.『주례
   (周禮)』궁인(弓人)편에는 그 재질(材質)을 분류하여 "무릇 간(幹)을
   취하는 길은 일곱이다. 자(柘 : 뽕나무)를 상(上)으로 친다. 억(檍 : 참죽
   나무)을 그 다음으로 하고, 염상(檿桑 : 산뽕나무)을 그 다음으로 하고, 귤
   (橘 : 귤나무)을 그 다음으로 하고, 목과(木瓜 : 모과나무)를 그 다음으로
   하고, 형(荊 : 가시나무)을 그 다음으로 하고, 죽(竹 : 대나무)을 하(下)
   로 친다."라고 하였다. 다시 "간(幹)이라는 것은 그것으로써 멀게 하는 것
   이다."라고 하여, 화살날기의 거리에 영향을 주는 것이라고 되어 있다.

7) 角(각) : 뿔.『한시외전』제8권에는 "성우(騂牛 : 붉은 소)의 뿔을 쓴다."
   라고 하였고,『열녀전(列女傳)』진궁공처(晉弓工妻)편에는 "덧붙이는
   데는 연(燕)나라 소의 뿔로써 하다."라고 하였으며,『열자(列子)』탕문
   (湯問)편에는 "연각(燕角)의 활."이라고 하였듯이 소의 뿔을 얇게 깎아
   길이 2척 5촌으로 하여 활의 안쪽에 줌통을 끼우고 2장을, 이른바 내죽(內

竹)과 같게 붙이는 것이다. 『주례(周禮)』궁인(弓人)편에는 "뿔이라는 것은, 그것으로써 빠르게 하는 것이다."라고 하여 화살날기의 속도에 영향을 주는 것이라고 한 것이 보인다. 다만 뿔이 너무 좋은 활은 화살날기는 빠르지만 멀리까지 나는 힘이 모자란다고 했다.

다. 활시위 소리는 맑고 날카롭다

무릇 활은 줌통 부분의 절(節)이 짧은 경우에는 조화롭기는 하지만 허약(虛弱)하다. 잡아당겨 입 언저리를 지나면 힘이 빠져 버리는 것이다.

반대로 절(節)이 긴 경우에는 튼튼하기는 하지만 지나치게 버틴다. 잡아당겨입 언저리를 지나면 굳세고 강력해져서 이제 그 이상 당겨지지 않는다.〔절(節)이란 것은 활의 줌통 부분에 대는 부목(副木)을 말한다.〕

이 절이 알맞게 되면 활은 조화를 이루어 힘을 발휘하게 된다. 인하여 다시 활시위 소리는 맑고도 날카롭다.

《무릇 활은 절(節)이 짧으면 곧 화(和)하지만 허(虛)하다. 당겨서 입을 지나면 곧 힘이 없다. 절(節)이 길면 곧 건(健)하지만 주(柱)하다. 당겨서 입을 지나면 목강(木强)하여 오지 않는다.〔절(節)이란 파초(把梢)의 비목(裨木)을 이른다.〕절(節)이 중(中)을 얻으면 곧 화(和)하고 힘이 있다. 잉(仍)하여 현성(弦聲)이 청실(淸實)하다.》

凡弓節[1]短 則和而虛 挽過吻 則無力 節長 則健而柱[2] 挽過吻[3] 則木强[4]而不來〔節 謂把梢裨木〕節得中 則和而有力 仍弦聲淸實

1) 節(절) : 본문의 본래 주석에도 "파초(把梢)의 비목(裨木)"이라고 말하듯이 활의 줌통 부분을 보강하기 위해 덧대는 나무다. 『주례(周禮)』궁인(弓人)편에는 "그 여(紒)를 두껍게 하면 나무가 굳어지고, 그 여(紒)를

엷게 하면 약하다. 그러므로 그 액(液)을 두껍게 하여 그 여(帤)를 절(節)한다."라고 하였다. 정중(鄭衆)은 여(帤)를 "활 가운데의 비(裨)를 이른다."라고 해석하여, 이 책에서 말하는 절(節)과 같은 것으로 여겨진다. 손이양은 『주례정의(周禮正義)』에서 다시 설명하여 "활 가운데란 곧 정비(挺臂)에 해당하며 양외(兩隈)의 사이에 있어서 궁간(弓幹)의 정중(正中)을 이룬다. 이것을 양외(兩隈)에 비교하면 모름지기 약간 강할 수 있다. 그러므로 간(幹) 사이에 따로 박목(薄木)으로써 이것을 덧붙여 돕는다."라고 하였다. 꼭 맞게 쥐는 부분의 줌통 근처에 절(節 : 帤)을 덧대 활의 강도를 적정하게 조정하는 역할을 하게 한다. 그러나 여(帤)의 활동은 이것만이 아니고 궁체(弓體)의 내면에 2자 5치씩 위아래로 붙인 뿔의 접합하는 부분이 꼭 활의 중앙에 오기 때문에 이 부분의 보강이 주목적이 아닌가도 생각된다. 『주례(周禮)』 궁인(弓人)편에서 "정비(挺臂)의 중(中)에 있어서 부(柎 : 줌통)가 있어 그러므로 빠르다."라고 하였는데, 이 부(柎)는 활의 줌통 측면에 보강되는 골편(骨片)이다.

2) 柱(주) : 굳세고 강력해지다. 버티어 지탱하는 상태.

3) 吻(문) : 원본에는 '해(咳)'로 되어 있으나 뜻이 통하지 않으므로, 『몽계필담교증(夢溪筆談校證)』에 따라서 고쳤다.

4) 木强(목강) : 굳세고 강력하다는 뜻. 『노자(老子)』에 "나무가 강하면 곧 부러진다."고 한 말에서 나온 것이다.

라. 아교를 만드는 결함에서 오는 것

대체로 활은 처음 쏘기 시작할 때와 기온이 낮을 때에는 굳세고 강해서 잡아 벌리기가 어려운 것이다.

반대로 오랫동안 쏜다거나 기온이 더울 때에는 연하고 약해서 화살을 견디지 못하게 된다. 이것은 아교를 만드는 일에 결함이 있는 것이다.

무릇 아교는 기온에 영향받지 않으면서 엷게 했으면 하는 것이

고, 어디까지나 힘줄의 힘이 다해지도록 하여, 활의 강하고 약한
것은 힘줄에 맡기고 아교에 맡길 것은 아니다.
　이 아교를 엷게 하는 것은 오랜 시간 활을 쏘아도 활의 힘이 빠
지지 않고, 또 추위나 더위에 있어서도 힘이 영향을 받지 않고 한
결같게 하는데 중요한 요소이다.

　《무릇 활은 처음으로 쏠 때와 하늘이 추울 때는 즉 경강(勁强)하여 당기기
어렵다. 쏘아서 오래되었을 때와 하늘이 더울 때는 즉 약하고 화살을 이기지 못
한다. 이것은 아교의 병인 것이다. 무릇 아교는 엷고자 하고 힘줄은 힘이 다하니,
강약(强弱)은 힘줄에게 맡기고, 아교에 맡기지 않는다. 이것은 쏘아서 오래 되
어도 힘이 굽지 않고 한서(寒暑)에 힘이 한결같은 소이(所以)이다.》

　凡弓初射與天寒 則勁强而難挽 射久天暑 則弱而不勝矢 此膠[1]
之爲病也 凡膠欲薄 而筋力盡 强弱任筋 而不任膠 此所以射久力
不屈 寒暑力一也

1) 膠(교) : 아교(阿膠). 갖풀. 뿔이나 힘줄을 활의 몸체에 꽉 접착시켜 주는
　　것. 『주례(周禮)』궁인(弓人)에 "교(膠)라는 것은 그것으로써 화(和)를
　　이룬다."라고 하였듯이 활의 조화(調和)를 이루게 하는 중요한 요소이다.
　　그리고 아교를 선택하는 방법과 종류를 들어서 "녹교(鹿膠)는 청백(靑
　　白), 마교(馬膠)는 적백(赤白), 우교(牛膠)는 화적(火赤), 서교(鼠膠)
　　는 흑(黑), 어교(魚膠)는 이(餌 : 엷은 황색), 서교(犀膠)는 황(黃)이
　　다."라고 하였다. 가죽 따위를 삶아서 아교를 만드는데, 주색(朱色)을 가
　　장 좋은 것으로 보고 우교(牛膠)를 으뜸으로 삼는다. 그러나 『열녀전(列
　　女傳)』진궁공처(晉弓工妻)편에는 "붙이는 데에는 물고기 부레로 만든
　　아교로 한다."라고 하였고, 또 『천공개물(天工開物)』호시(弧矢)에는
　　"무릇 아교는 곧 어부잡장(魚胕雜腸)으로 만드는 바로서 …… 견고함은
　　금철(金鐵)을 넘는다."라고 한 것에서 어교(魚膠)가 중요하게 쓰인 것도
　　엿보인다. 일본에서는 녹교(鹿膠)가 주로 사용되고 있다. 아교는 강력한

접착력이 있을 뿐 아니라 오랜 동안 연속해서 사용하여 끈기가 없어지더라
도 얼마동안 놓아두면 본래의 강함을 회복하는 성질이 존중되는 것이다.

마. 궁사(弓士)가 알아야 할 것

활이 바르다고 하는 기준은 그 간재(幹材)에 있다. 그 간재를
감정하는 법은 그 나무눈을 조사하는 것이다.

그 나무눈이 바로잡는 수정에 의하지 않고 자연 그대로 먹줄과
일치하는 정도로 똑바르다면, 현(弦 : 시위)을 당겨도 궁체(弓
體 : 활의 몸통)는 기울지 않는다.

이상 고찰한 사항은 궁사(弓師)가 마땅히 익히 알아야 할 것
이다.

《활이 바르다고 하는 소이(所以)의 것은 재(材)이다. 재(材)를 보는 법은
그 이(理)를 보는 것이다. 그 이(理) 교유(矯揉)에 인(因)하지 않고 곧기 먹
줄에 맞으면 곧 당겨도 기울지 않는다. 이것은 궁인(弓人)이 마땅히 알아야 할
바이다.》

弓所以爲正者材[1]也 相材之法 視其理[2] 其理不因矯揉 而直中
繩[3] 則張而不跋[4] 此弓人之所當知也

1) 材(재) : 궁체(弓體)의 간재(幹材).
2) 相材之法視其理(상재지법 시기리) : 이(理)는 나무의 눈. 본래는 묘목석
   (描木石)과 같은 보석(寶石)이나 옥(玉)에 들어 있는 이목(理目). 『주
   례(周禮)』궁인(弓人)에는 "무릇 간(幹)을 봄에 있어 적흑(赤黑)이면
   서 양성(陽聲)이기를 바란다. 적흑(赤黑)이면 곧 심(心)에 향하고, 양성
   (陽聲)이면 곧 뿌리에서 멀다."라고 하였다. 즉 간재(幹材)에 쓰는 것은
   목심(木心) 가까이의 견고한 부분으로, 다시 뿌리에서 떨어진 것을 사용
   한다. 이것은 정현(鄭玄)의 주석에서 "나무의 종류는 뿌리에 가까운 것은

노(奴) 이다"라고 하였고, 노(奴)라는 것은 나무눈이 서로 얽혀서 똑바르
지 않은 모양을 말하며 이 부분을 피하는 것이다. 여기서 말하는 바의 나무
눈을 조사하는 뜻과 같은 것이다.

3) 中繩(중승) : 승(繩)은 직선을 긋기 위한 먹줄. 여기서는 정확한 직선에
꼭 맞게 일치한다는 뜻. 『순자(荀子)』 권학(勸學)편에는 "나무의 곧기가
먹줄과 같다."라고 하였다.

4) 跛(파) : 치우치다. 기울다. 바르게 시위가 당겨지지 않는다는 뜻.

3. 기예(技藝)를 가진 사람들의 역할

가. 무기는 사람을 다치게 하는 흉기이다

아아, 옛날에는 임금에게 바른 도리가 갖춰져 있었으므로 각종
장인(匠人 : 기술자)들은 안심하고 규구준승(規矩準繩)을 믿고
따랐으며 또한 그 관장하는 기예(技藝)를 가지고 임금의 잘못을
간(諫)할 수도 있었던 것이다.

당(唐)나라 태종(太宗)은 궁인(弓人)이 나무의 심이 똑바르
지 않으면 그 나무결은 모두가 비뚤어져 있다고 논하는 것을 듣
고 깊이 그 말을 받아들였다.

이 이야기에는 오히려 옛 사람들이 기능인을 대하는 바른 의취
(意趣)가 남아 있다.

만약 쏘아서 갑옷이나 투구를 꿰뚫었다면 그같은 연약(軟弱)
한 것을 만들었다고 갑옷이나 투구를 만든 기술자를 죽이고, 이
번에는 갑옷이나 투구를 꿰뚫지 못하면 이런 화살을 만들었다고
화살 기술자를 죽이는 일이 있다면, 『서경』에서 말한 "위엄이 사
사로운 정을 이기면 진실로 일을 이루게 될 것이나 정이 위엄을
누르면 진실로 공을 이루지 못할 것이다."라고 한 것과 같은 것

이니, 임금이 마음을 바르게 하여 모든 기능인의 기예(技藝)를
규정하는 도(道)에 있어서는 더욱 요원한 것이다.

　대저 무기(武器)는 사람을 다치게 하는 흉한 도구이다.

　따라서 우선 마음을 바르게 닦는 것에서 시작하여 각종 기능인
을 위로하는 것에서 끝낸다면 그 활과 화살을 사용하지 않더라도,
먼 나라의 사람들도 사모하여 마음으로부터 복종해 올 것이다. 그
가히 소홀히 할 것인가. 그 가히 소홀히 할 것인가.

　▨활쏘기를 중국의 유가(儒家)에서는 덕을 관찰하고 덕을 보
는 기(器)라고 하였다. 또 활쏘는 것은 개인의 마음을 바르게 한
다고 하는 수양의 길로 삼고 있을 뿐 아니라 나아가서는 천하(天
下)도 차지할 수 있는 큰 힘을 지닌 도구로 생각하였다.

　『역경(易經)』계사전하(繫辭傳下)에서는 "나무를 구부려 활
집을 만들고 나무를 깎아 화살을 만들어 활집과 화살의 이로움으
로 천하(天下)를 위협한다."라고 하였고, "정도(正道)에 배반
하는 것에 위압을 가하여 뒤에 열복(悅服)으로 인도하여 천하를
통일한다."고 하였다.

　마땅히 무사(武射)로서의 위치를 잡은 것이라고 하겠다.

　『예기(禮記)』사의(射義)편에는 "활쏘는 일은 남자의 할 일
이다. 인하여 예악(禮樂)으로써 그것을 꾸몄다. 그러므로 일의
예악(禮樂)을 다하고 그것을 자주함으로써 덕행(德行)을 세울
수 있는 것으로 사례보다 나은 것이 없다. ……그러므로 남자가
태어나면 뽕나무로 만든 활과 쑥대로 만든 화살 여섯으로써 하늘
과 땅의 사방으로 쏘았는데 하늘과 땅의 사방에는 남자의 할 일
이 있는 곳이다. 그러므로 반드시 먼저 그 일이 있는 곳에 뜻을 두
고."라고 하였듯이, 활쏘는 사람은 예악(禮樂)에 의하여 덕(德)
을 닦는 것으로 천하에 뜻을 두면 마땅히 문사(文射)가 되는 것
으로 이념화(理念化)가 이루어졌다.

결국 유가(儒家)에서는 몸을 닦는 것이 바로 집안을 바르게 하고, 나라를 다스리고, 천하를 평정한다는, 이것들이 단계적으로 연속된다는 생각이 존재하고 있는 것이다.

활쏘기에 있어서는 문사(文射)나 무사(武射) 어느 것이나 다 그 궁극적인 목적이 천하에 있다고 통일적으로 의의가 붙여졌을 때, 다시 또 "대저 소홀히 할 수 있을 것인가."라고 개탄하지 않을 수 있는 자가 있을 것인가.

《아아, 옛날에는 상(上)에 도(道)가 있으면 곧 백공(百工)이 도(度)를 믿고, 또 예사(藝事)를 잡아 써 간(諫)함을 얻었다. 당(唐)의 태종(太宗)은 궁인(弓人)의 목심(木心)이 곧지 않으면 곧 맥리(脈理)가 다 기운다고 하는 말을 듣고 깊이 취하여 이르렀다. 오히려 고인(古人)의 유의(遺意)가 있다. 만약 쏘아서 뚫으면 곧 함인(函人)을 참(斬)하고, 쏘아서 뚫지 못하면 곧 시인(矢人)을 참한다면, 비록 위(威)가 그 애(愛)에 이기면 진실로 없다고 말한다. 그러나 마음을 바르게 하여 써 백공(百工)을 바르게 하는 도(道)에 있어서는 멀다. 대저 병(兵)은 흉기(凶器)이다. 이것을 시작함에 마음을 바르게 함으로써 하고, 이것을 마침에 백공(百工)을 위로함으로써 한다면 곧 먼 곳의 사람들도 장차 이것에 복종하려고 한다. 그 소홀히 할 것인가, 그 소홀히 할 것인가.》

噫 古者 上有道 則百工信度[1] 且得執藝事以諫[2] 唐太宗[3] 聞弓人論木心不直 則脈理皆邪 深致取焉[4] 猶有古人遺意 若射而穿 則斬函人 射而不穿 則斬矢人[5] 雖曰威克厥愛 允濟[6] 然于正心以正百工之道遠矣 夫兵凶器也[7] 始之以正心 終之以來百工 則遠人將服之[8] 其可忽哉 其可忽哉

1) 上有道則百工信度(상유도즉백공신도) : '도(道) 있음'이라고 하는 것은, 바른 정치가 행해지는 일. 백공(百工)이라고 하는 것은 기술을 직업으로 삼는 모든 공장(工匠)들을 말한다. 『주례(周禮)』고공기(考工記)에 "굽고 바른 정도인 곡(曲), 표면의 모습인 면(面), 형세의 상태인 세(勢)

를 자세히 살펴서, 그것으로써 5가지 재료를 갖추고 써 백성의 그릇을 분별하는, 이것을 백공(百工)이라 이른다. ……백공(百工)의 일은 모두 성인(聖人)이 작(作)하는 것이다."라고 하였다. 고대(古代)는 도량형(度量衡)이 이념화되어서 도덕(道德)에 의탁하였기 때문에 위정자(爲政者)에 의하여 덕치(德治)가 베풀어져 비로소 규구준승(規矩準繩)도 신뢰되게 되었다.『한서(漢書)』의 율력지(律曆志)에는 "준승(準繩)은 체(體)의 연(連)이니, 형권(衡權)은 덕(德)에 합(合)하여, 백공(百工) 여기에 말미암아 그것으로써 법식(法式)을 정한다."라고 하였다.

2) 執藝事以諫(집예사이간) :『서경(書經)』윤정(胤征)의 글. 본래는 "관사(官師 : 百官)는 서로 바로잡고, 공(工 : 百工)은 예사(藝事)를 잡아서 그것으로써 간(諫)한다."라고 하였다. 백공(百工)은 각자가 관장하는 기술의 이치에 맞는 규구(規矩)에 따르고, 또 정확한 기예(技藝)에 의거하여, 임금의 떳떳한 것을 잃고 법이 잘못된 것을 간(諫)하는 것이 임금에게 대하는 공경이었다.

3) 唐太宗(당태종) : 당(唐)나라 2대 황제(皇帝)인 이세민(李世民)(598~649). 천성(天性)이 총명하고, 결단력(決斷力)이 풍부하여, 명신(名臣)과 양장(良將)을 많이 거느렸다. 그의 치세(治世)는 '정관(貞觀)의 치(治)'라 칭송되고 있다.

4) 弓人~致取焉(궁인~치취언) : 이 이야기는『정관정요(貞觀政要)』제2장 정체(政體)편에 보이는 것이다. 이런 일이 있은 후에 태종(太宗)이 하급의 관리에게서도 적극적으로 정치의 득실(得失)을 듣도록 힘쓴 실마리가 된 것으로서 유명하다. "짐(朕)은 어려서부터 궁시(弓矢)를 좋아했고 스스로 능히 그 묘(妙)를 다했다고 여겼다. 근자에 양궁(良弓) 십수(十數) 개를 얻어 궁공(弓工)에게 보였는데 궁공이 말하기를 다 양재(良材)가 아니라고 한다. 짐(朕)이 그 까닭을 물으니 궁공이 말하기를 '나무의 심(心)이 바르지 않으면, 곧 나무결이 비뚤어져 바르지 못합니다. 활이 비록 굳세다 하더라도 화살이 곧게 날지 못합니다. 그러므로 양궁(良弓)이 아닙니다.'라고 한다. 짐(朕)은 비로소 깨달았다. 짐은 활로써 천하를

평정했고 활을 사용한 일이 많았다. 그런데 오히려 그 이치를 얻지 못하였
다. 하물며 짐이 천하를 차지한 지 얼마 되지 않았고, 천하를 다스리는 방
법에 있어서는 본래부터 아직 활에 미치지 못한다. 활조차 오히려 그것을
잃었으니, 어찌 하물며 정치에 있어서겠는가."라고 하였다.

5) 若射〜矢人(약사〜시인) : 함인(函人)이란 갑옷과 투구를 만드는 기술
   자이고, 시인(矢人)이란 화살을 만드는 사람으로 서로 모순(矛盾)되는
   일을 말하는 것이 된다. 『맹자(孟子)』 공손추상(公孫丑上)에는 "시인
   (矢人)은 어찌 함인(函人)보다 인(仁)하지 않을 것인가. 시인(矢人)은
   다만 사람을 상하지 않게 할 것을 두려워하고, 함인(函人)은 다만 사람을
   상하게 할 것을 두려워한다."라고 하였다.

6) 威克厥愛允濟(위극궐애윤제) : 『서경(書經)』 윤정(胤征)의 글이다. 위
   엄이 사사로운 정을 이기면 진실로 일을 이루게 될 것이다.

7) 兵凶器也(병흉기야) : 병(兵)이란 무기(武器)라는 뜻. 흉기(凶器)란
   사람을 해롭게 하는 흉한 도구라는 뜻. 이 말은 중국에 있어서 보편적이었
   던 무력(武力)을 강하게 기피하는 기본적인 이념을 표현하는 것이다. 『국
   어(國語)』 월어하(越語下)에는 "병(兵)은 흉기이다. 싸움은 일의 끝이
   다."라 하였고, 또 『사기(史記)』 주보언전(主父偃傳)이나 『회남자(淮南
   子)』 도응훈(道應訓)에는 "노(怒)하는 것은 덕을 거스르는 것이다. 악
   (岳)은 흉기이다."라 하였으며, 병서(兵書)인 『위료자(尉繚子)』의 무의
   (武儀)편과 병령(兵令)편에는 함께 "병(兵)은 흉기이고, 쟁(爭)은 덕을
   거스르는 것이다."라고 하는 말들이 여러 책에서 보인다. 『노자(老子)』에
   도 거의 같은 취지의 말이 있어 "병(兵)은 불상(不祥)의 기(器)요, 군자
   (君子)의 기(器)가 아니다."라고 하였다. 중국에서는 대대로 문(文)을
   높이고 무(武)를 낮추는 사상이 주를 이룬 까닭에 인간의 예지(叡智)에
   의한 학문이나 도덕의 총체(總體)인 문덕(文德)에 의하는 정치의 지배를
   왕도(王道)라 하여 존중하고, 달리 힘에 의존하는 정치를 패도(覇道)라
   고 하여 멀리 했던 것이다. 이 이념(理念) 아래 중국에서는 항상 무사(武
   事)에 있어서도 문관(文官)의 우위(優位)가 관철되어 '출장입상(出將

入相 : 전시에는 장군으로서 나가고, 평시에는 재상으로서 조정에 들어가
다.)'에 보이는 바와 같이, 왕족(王族)이나 재상(宰相) 등의 문관(文官)
이 무관(武官)을 억제하여 총수(總帥)가 되었던 것이다.

8) 始之~服之(시지~복지) : 『대학(大學)』에 "그 몸을 닦고자 하는 자는
먼저 그 마음을 바르게 한다."고 하고, 또 "마음을 바르게 하고, 그러한 뒤
에 몸을 닦는다."라고 하였듯이, 수신(修身) 제가(齊家) 치국(治國) 평
천하(平天下)의 점차로 나아가는 위치가 있다. 『한서(漢書)』동중서전
(董仲舒傳)의 대책(對策)에는 "인군(人君)인 자는 마음을 바르게 하여
써 조정(朝廷)을 바르게 하고, 조정을 바르게 하여 써 백관(百官)을 바르
게 하고, ……."라고 하였다. '내(來)'는 '내(勑)'로 통하여 위로한다는
뜻이다. 먼 곳의 사람은, 중국의 덕화(德化)를 따르지 않는 지역의 사람
들. 이곳의 문(文)은 『중용(中庸)』의 "무릇 천하와 국가를 다스림에는 구
경(九經)이 있다. 말하기를 몸을 닦는다. …… 백공(百工)의 수고를 따
뜻하게 위로한다. 원인(遠人)을 따르게 한다. …… 몸을 닦으면, 곧 도
(道)가 선다. …… 백공의 수고를 따뜻하게 위로하면, 곧 재물의 씀이 넉
넉하다. 먼 곳의 사람을 따르게 하면, 곧 사방(四方 : 天下)이 이에 귀의
(歸依)한다."라고 한 말을 근거로 한 것이다.

제4부 부록

제16장 활과 화살 및 그밖의 것들

활[弓 : 궁]이란 화살[矢 : 시]을 메겨서 쏘아 사람이나 짐승을 살상하는 무기이다. 활은 댓가지나 단단한 나무 또는 쇠를 휘어서 반달 모양의 몸체를 만들고 두 끝에 시위를 건 다음 화살을 줄에 메겨 함께 힘껏 당겼다 놓으면 줄의 탄력에 의해 화살이 튀어 나가게 된 무기(武器)이며, 또한 사군자(士君子)가 덕을 함양하는 기구로도 사용하였다.

옛날에는 가장 멀리 위력이 미친, 최상의 무기로 여겼다.

1. 활의 각 부분

활을 이해하는 데는 먼저 각 부분의 명칭을 알아야 한다.

활은 사람의 팔힘으로 잡아당겨서 화살을 걸어 그 화살을 팅겨 쏘아서 적을 맞춰 격퇴하는 기구이다.

활은 크기에 따라 명칭을 달리하는데 큰 것은 장궁(長弓)이라 하고 작은 것은 단궁(短弓)이라고 한다.

우리나라에서는 기마전(騎馬

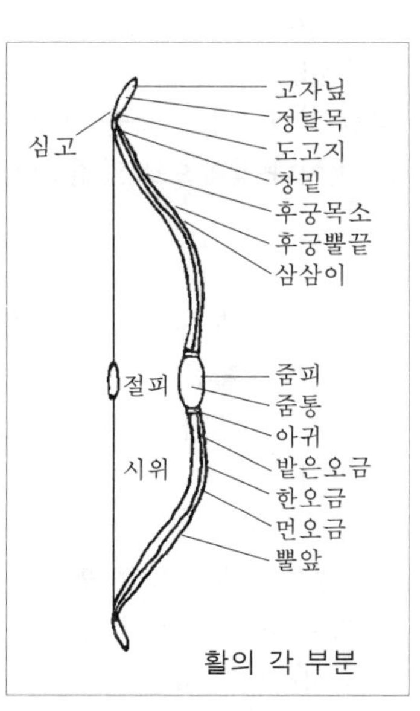

활의 각 부분

戰)에 편리하였기 때문에 단궁을 많이 썼다.

가. 얹은 활과 부린 활

활을 금방이라도 쏠 수 있도록 활시위〔弦 : 현〕를 걸어놓아 완전히 갖추고 있는 것을 얹은 활이라고 한다.

활은 시위를 걸어놓고 오랫동안 쓰게 되면 탄력이 없어져 힘이 약해지므로 힘차게 화살을 쏘아 보내기 위해서는 그 탄력을 아껴둘 필요가 있다. 그래서 쓰지 않을 때는 활시위를 풀어서 놓아두는데 이것을 '부린다' 라고 하여 부린 활이라 한다.

부렸던 활은 힘을 주어 구부려서 시위를 양끝 고리에 걸어야 비로소 제 구실을 하게 되는 데 이것이 바로 얹은 활이다.

나. 줌통

줌통〔弝 : 파〕은 활을 당길 때 팔을 뻗쳐 전수(前手)로 쥐는 자리를 일컫는다. 그곳을 가죽으로 싼 것을 줌피라 하고 아귀 밖으로 벗어나 양쪽으로 입힌 가죽을 출전피라고 한다.

다. 좌궁(左弓)과 우궁(右弓)

왼손으로 활을 버텨 쥐고 오른손으로 시위〔弦 : 현〕를 당기는 자세를 우궁이라 하고 오른손으로 활을 버텨 쥐고 왼손으로 시위를 당기는 것을 좌궁이라고 한다. 같은 활이라도 쏘는 이의 사용법에 따라 다르게 구분된다.

이것은 궁수의 양쪽 팔힘에 따르는 것이 아니라 두 눈을 번갈아 감아보면 알 수 있다.

곧 하나의 목표를 정해놓고 양쪽 눈을 뜨고 봤을 때와 왼쪽눈을 감았을 때 목표가 같이 보이고, 오른쪽눈을 감아서 목표가 옮겨간다면 그는 우궁으로 쏘아야 한다.

활은 총(銃)을 겨냥할 때와는 달라서 양쪽 눈을 곧바로 뜨고 쏘게 마련이다.

라. 오금

활의 몸체에서 정작 힘을 받아 구부려졌다 펴졌다 하는 부분을 오금이라 한다. 위치에 따라 밭은오금, 먼오금, 한오금으로 부른다. 또 이 부분은 탄력을 주기 위해 물소뿔을 켜서 댔기 때문에 다음 나무부분과 연결되는 곳을 뿔앞 뿔끝 목소 등으로 부른다.

주체가 되는 뽕나무와 뿔은 소의 힘줄을 늘여서 대고 물고기 부레로 만든 아교를 녹여 붙여서 만드는데 장마철이나 날씨가 더운 여름 같은 때는 습기를 머금거나 열을 받아 느슨해져서 제 구실을 못한다. 이는 이성계가 위화도에서 회군할 때 사용했던 핑계 거리로 궁사의 핑계거리가 자주된다.

마. 고자

고자(弰 : 소)는 활의 시위를 힘껏 당겨도 시위가 활에서 벗겨지지 않도록 활 양끝을 밖으로 휘어 뻗친 부분을 말한다. 이곳은 흔히 칠을 해서 장식한다.

바. 시위

시위(弦 : 현)는 활의 양끝에 이어 매어서 화살을 걸어 잡아당기게 되어 있는 끈을 말한다. 강한 힘에 견딜 수 있도록 여러 가닥의 실을 꼬지 않은 채로 쓰며 한가운데 살 거는 부분만 가죽으

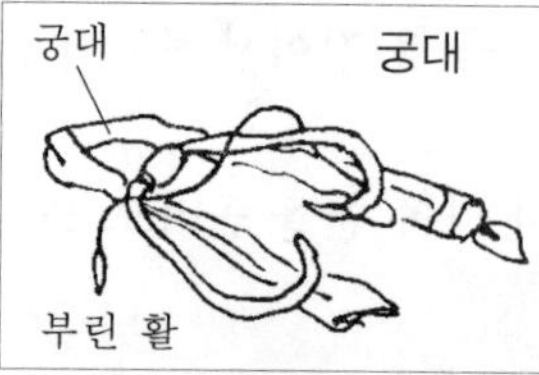

궁대를 두른 모습

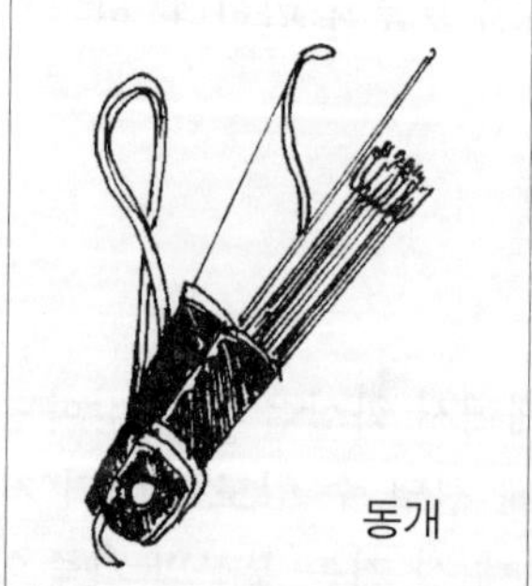

로 동이는데 여기를 절피라고 한다.

양끝은 심고(審固 : 힘받이 고라는 뜻)를 만들어 고자〔弰 : 소〕에 거는데 고자의 이것 걸리는 부분이 정탈목이다. 시위가 심고로 이어지는 부분에는 장식을 겸해 천조각을 붙이는데 이것을 도고지라고 한다.

사. 궁대(弓袋)

부린 활을 보호하기 위해 넣어두는 주머니이다.

활터에 세운 정자〔射亭〕 안에서는 이 궁대에다 화살을 걸어매어 곁에 두르고 한 대씩 뽑아서 쏜다.

아. 활집과 동개

시위를 걸어놓은 얹은 활을 넣어서 허리에 찰 수 있도록 만든 가죽주머니를 활집〔韔 : 창〕이라고 한다.

이 활집에 화살을 넣는 화살집〔韜 : 도〕도 함께 꾸며서 활과 화살을 같이 넣어 몸에 지닐 수 있도록 만든 것을 동개라고 한다.

또 동개에 넣어 차기 위해서 특별히 작게 만든 활도 있는데 이것을 동개활이라고 부르기도 한다.

2. 화살과 그 각 부분

화살은 활시위〔弓弦 : 궁현〕에 메겨서 당겨 쏘는 기구로, 가는 대로 줄기를 삼고, 아래 끝에는 쇠붙이로 만든 촉을 꽂으며 위쪽에는 새의 깃을 세 줄로 붙여 만들었다. 이 하나의 화살에도 각각 그 명칭이 있다. 그 각 부분의 명칭을 알아두는 것이 필요하다.

가. 살대

살대는 화살의 몸통을 이루는 대를 말한다. 살대는 특별히 가늘고 곧게 자라는 대나무를 쓰는데, 대가 나지 않는 북부지방에서는 광대싸리를 썼다고 전한다.

나. 마디

보통 화살의 몸체인 살대에는 마디가 셋이 있기 마련인데 위에서부터 차례로 깃간마디, 허릿간마디, 아랫마디라고 부른다.

다. 촉(鏃)

촉은 화살끝에 박는 뾰족한 쇠붙이로 이것이 적에게 맞으면 크게 상처를 입히는 역할을 한다. 살촉의 슴베가 꽂힌 부분을 보호하기 위해 씌우는 쇠대롱을 상사

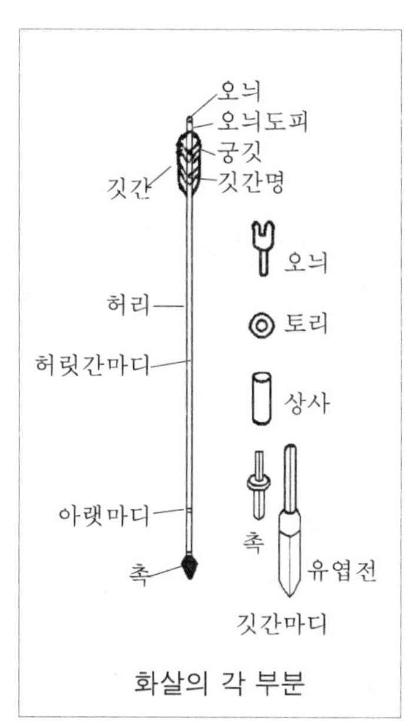

화살의 각 부분

라고 하며, 상사목이라는 이름도 여기에서 나온 말이다.

　연습용으로 쓰는 화살〔矢 : 시〕에서는 촉이 깊이 들어가는 것을 막기 위해서 상사와의 사이에 쇠로 된 고리를 끼우는데 이것을 토리라고 했다.

라. 깃과 궁깃

　깃〔羽 : 우〕이나 궁깃은 화살 머리부분에 세 줄로 돌려가며 꽂은 새의 깃을 말한다. 바람을 가르고 날아가는 화살이 옆으로 새지 않고 곧바르게 날아갈 수 있도록 하기 위한 장치이다.

마. 깃간과 깃간명(銘)

　깃간은 깃과 깃 사이를 말한다. 궁수들은 거기다가 자기의 표시를 새겼는데 이것을 깃간명이라고 했다. 활을 쏘는 정자에서 여럿이 쏘고도 제각기 자기 것을 찾아서 챙기기 편리하다.

바. 오늬〔筈〕

　오늬〔筈 : 괄〕는 화살 끝을 시위〔弦 : 현〕에 매길 수 있게 두 갈래가 되게 만든 부분이며 이곳은 흔히 짐승의 뼈같은 것으로 따로 만들어 붙인다.

사. 효시(嚆矢 : 우는 살)

　우는 살은 살촉에 특별한 장치를 해서 쏘면 소리를 내며 날아가는 화살이다.

　적과 대전하기에 앞서 오늘날의 신호탄처럼 맨 먼저 쏘아 사격

의 시작을 알렸기 때문에 어떤 일의 가장 시초
되는 것을 이렇게 말하는데, 그 뜻이 여기에서
유래한 것이다.

아. 편전(片箭 : 아기살)

편전은 길이가 보통 화살의 3분의 1 정도밖
에 안 되는 짧은 화살을 말하는데 아기살이라
고도 한다.

활을 아주 잘 쏘는 사람은 양팔이 특별히 길
어서 원비(猿臂 : 원숭이 팔뚝)라고 일컬었는

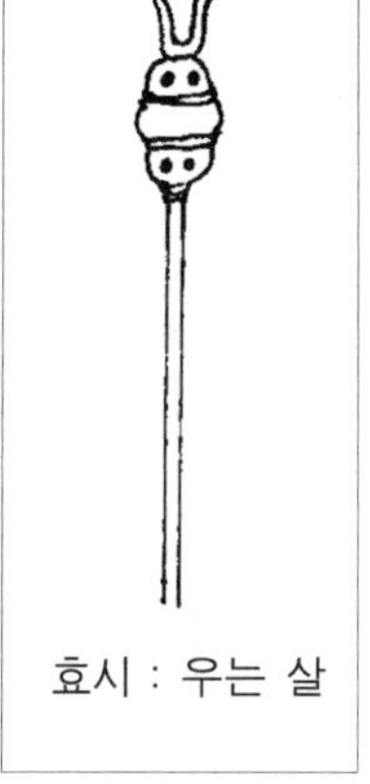
효시 : 우는 살

데 이런 사람이 쏘는 화살은 그 팔 길이에 알맞게 길었다.

거기에 비해 이 아기살은 두 뼘도 안 되는 화살이지만 쏘면 멀
리 날아가기도 하고, 화살을 보급하기도 좋고, 가지고 다니기에
도 간편하였다.

이것을 쏠 때는 시위에 단면이 U자형으로 된 덧살을 달아매서
쏘는데 화살을 쏘았을 때 정작 화살은 홈을 타고 빠져나가 멀리
날아가고, 덧살은 손 앞으로 툭 늘어진다. 그래서 왜병들이 이것
을 보고 헛 활질을 하는 것으로 여기고 멍청하게 쳐다보다가 맞
아죽었다는 이야기도 있다. 화살이 그렇게 먼 거리까지 도달하리
라고는 생각도 못했고 덧살이 늘어지는 것을 화살이 밑으로 떨어
지는 것으로 보았기 때문이다.

고려시대에 거란군에게 포위
되었던 고려군이 화살마저 떨어
지게 되자 맨손으로 적군의 약을
올려서 그들이 쏘아대는 화살을
모아 서너 동강으로 자르고, 성
안에 있던 엽전(葉錢)을 녹여

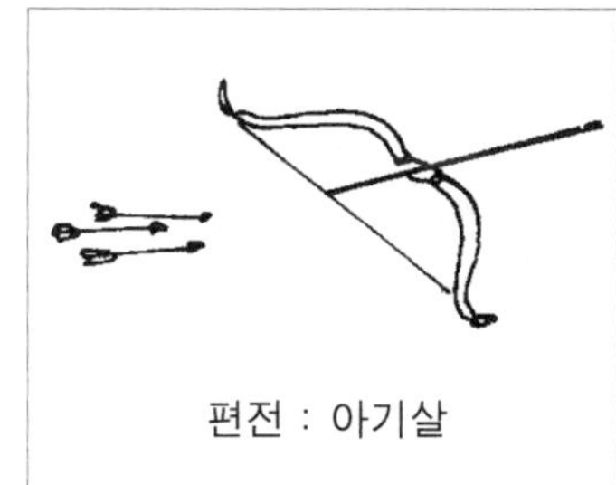
편전 : 아기살

촉을 만들어 박아 되쏘아서 싸운 것에서 유래되었다고 한다.

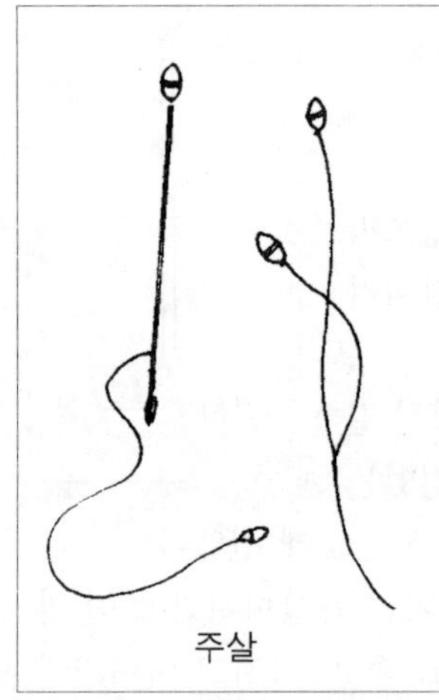
주살

자. 주살

주살[矰繳 : 증작]은 화살 끝에다 끈을 달아놓은 것이다. 이것을 쏘아 날아가는 새를 맞추면 끈이 새의 몸에 칭칭 감겨 새가 그대로 떨어진다. 화살이 아니고 두 가닥 끈 끝에 추를 달은 것도 있는데 이것은 던져서 맞추는 것으로 역시 던져서 맞추면 몸을 칭칭 감는다.

전통

차. 전통(箭筒)

전통은 화살을 넣어 메고 다닐 수 있도록 만는 통이다. 활 한 순(巡)은 20대를 쏘는 것으로 대개 화살 20개를 넣어 가지고 다니는 것이 표준이었다. 옛날 활을 쏘는 정자에서 벌을 받을 자가 생겼을 때는 여기다가 화살을 가득 담아가지고 그것으로 볼기를 쳤다고도 한다.

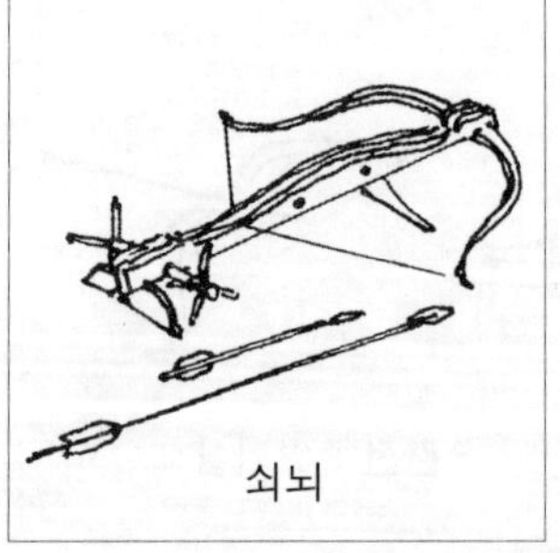
쇠뇌

카. 쇠뇌[弩]

쇠뇌는 철궁(鐵弓)을 말한다. 보통의 활은 그냥 손으로 잡아당겨서 쏘는데 비해 줄을 당겨서 발사장치의 꼭지에 걸어가지고 겨냥하여 쏘는 활이다. 팔힘으로 잡아당겨 쏘는 것보다 멀리 나가고 살상력도 대단히 컸다.

큰 것은 땅에 버텨놓고 여럿이 녹로를 돌려서 잡아당겨 걸었다가 크고 긴 화살을 멀리 날렸다 한다.

타. 정량(定量)

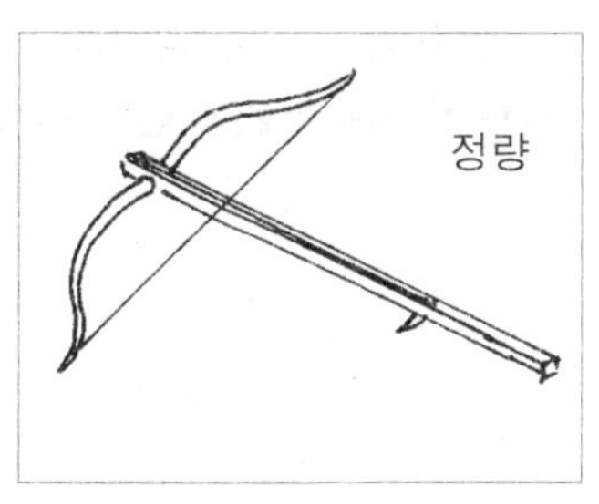

정량은 옛날에 무과 과거에서 쏘게 했던 무게 6냥 나가는 화살을 말한다. 보통 활터에서 쏘는 것이 2냥 반으로 한 냥은 37.5g이니 93.75g인데 비해 이것은 225g이나 되는 큰 화살이다.

이것을 쏘는 활은 쇠뇌의 일종이어서 총신에 해당되는 나무통을 땅에 대고 내리누르며 시위를 당겨 메겨가지고 일어서며 과녁을 향해 쏘는 것이다.

정량을 만드는 재료는 각궁(角弓)으로는 견디지 못해 시우쇠〔銅鐵〕로 활몸을 만들기 때문에 철궁 또는 큰 활이라고 했다.

파. 화전(火箭)

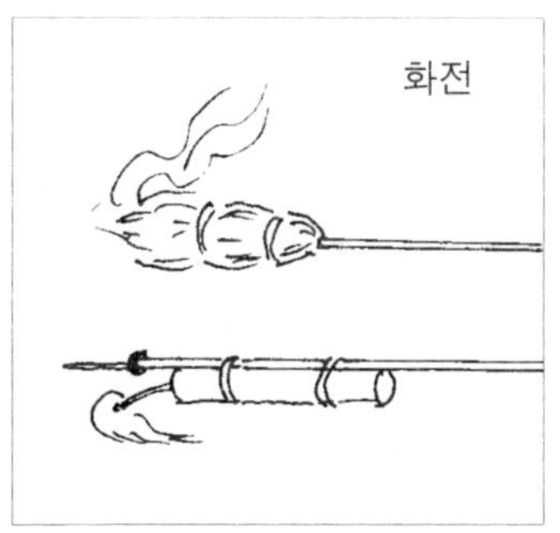

화전은 살촉에 해당되는 부분에 쇠붙이로 만든 촉을 박지 않고 불에 잘 타는 재료를 장치해 불을 붙여 쏘아서 적의 장비에 맞게 하여 불을 일으키게 하는 화살이다.

임진왜란 때 이순신(李舜臣) 장군이 즐겨 사용한 무기이다.

3. 활에 따르는 부품

가. 깍지〔韘〕

깍지〔韘 : 구〕는 활시위를 당길 때 엄지손가락을 보호하고 걸어당기기에 편리하도록 쇠뿔로 만들어 끼우는 반지이다.

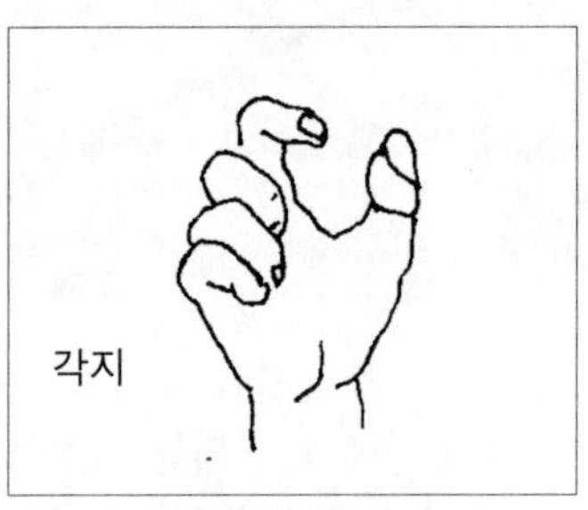

중국에서는 그냥 반지(搬指)라고 쓴다. 결(決 : 깍지)이라고도 한다.

나. 팔찌

팔찌〔拾 : 습〕는 활을 쏠 때 뻗은 팔의 옷소매를 감아매어 고정시키는 띠이다.

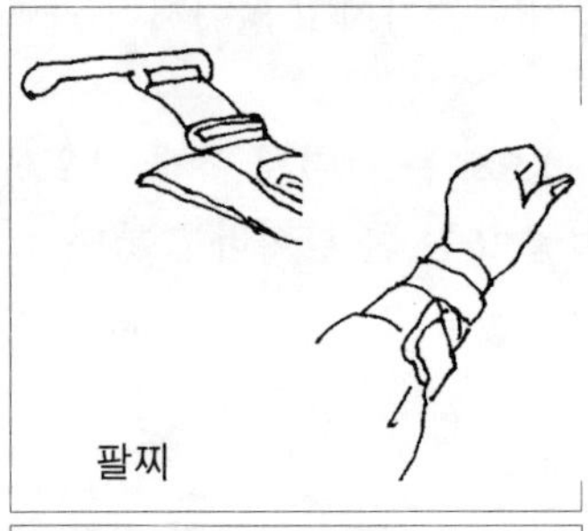

손가락 셋을 합한 폭 만한 길이의 넓이로 짠 덧붙인 띠 끝에 상아나 뼈로 된 메뚜기(팔찌가 벗어지지 않도록 하는 기구)를 해달아서, 소매를 접어 붙인 위로 감아 그 틈에다 꽂도록 되어 있는 것을 가장 흔하게 썼다.

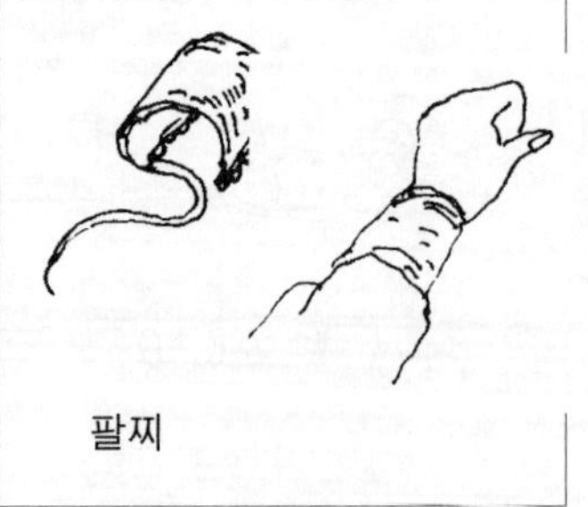

무인들이 정식으로 무관복(武官服)을 차려 입을 때는 곱게 수놓은 천을 두르고 끈으로 구두끈 꿰듯하여 동여맸다.

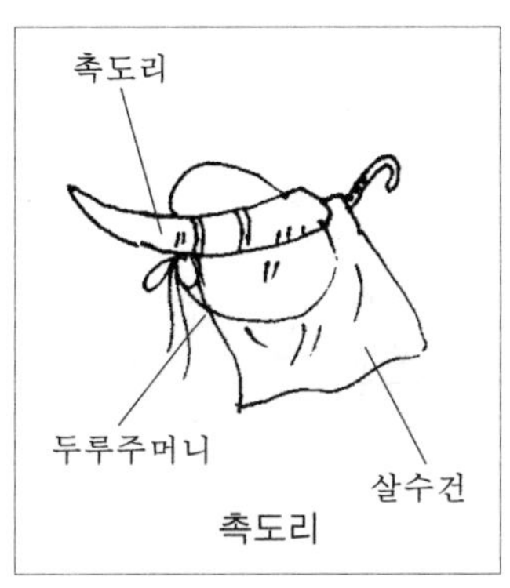

다. 촉도리

촉도리는 살촉이 늦춰지는 것을 죄기 위해 고추크기만 하게 뿔로 만든 기구이다. 이것을 액세서리 삼아 두루주머니와 살수건을 달아 고리로 허리에 찼다. 살수건으로는 때때로 살대를 닦고 주머니에는 각지 같은 일용소품(日用小品)을 넣는다.

4. 활터에 있는 것들

가. 사정(射亭)과 편사(便射)

활터는 궁사들이 모이는 장소를 뜻하며, 그곳을 활을 쏘는 정자[射亭 : 사정]라고도 한다. 그곳에 모이는 사람들을 활량이라고 하는데 옛날 양반들 중에 문과(文科) 공부를 하여 과거를 못한 자를 유학(幼學)이라 하고, 무과(武科) 공부를 하여 급제 못한 이를 한량(閑良)이라 하였다.

활을 쏘는 정자는 그들의 집합장소이며 기량을 겨루던 곳으로 사정(射亭) 단위로 선수를 내어 기술을 겨루기도 하는데 이것을 편사(便射)라고 하였다.

편사날이면 기생들이 정자 위에 늘어섰다가 과녁을 맞출 때마다 일제히 '지화자'를 불러 기분을 돋구었고 목청 좋은 노인이 소리를 길게 뽑아 결과를 불러주면 사정(射亭) 안에서는 그것을 듣고 누가 몇번 맞춘 것을 알아 채점표에 올렸다.

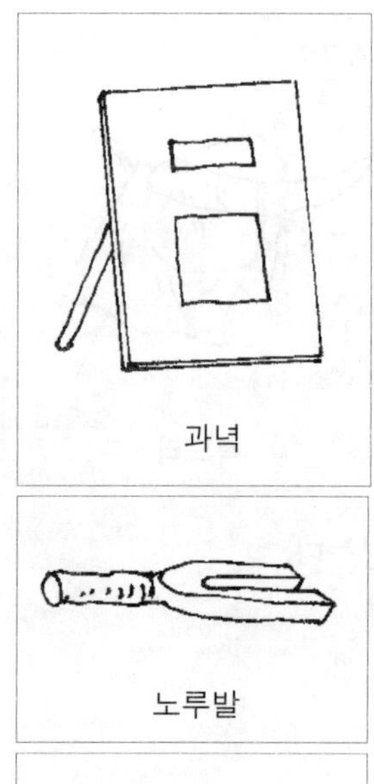

과녁

노루발

망치

나. 과녁

과녁〔鵠 : 곡〕은 관혁(貫革)에서 온 말이다. 평상시 활쏘기에서 목표로 삼아 쏘는 나무 표적을 말한다. 맞을 때 딱 하는 소리가 짧고 간결하게 들린다.

다. 노루발과 망치

노루발은 과녁에 꽂힌 화살을 뽑아 내는 데 쓰는 두 가닥으로 된 끝같이 생긴 연장을 말한다. 노루발을 꽂힌 화살의 양 옆에 대고 망치로 때려 박았다가 잡아젖혀서 뽑는다. 한가한 곳에서 사용하는 것이기 때문에 뽑는 동안에는 천천히 쉰다. 맞았을 때마다 사람이 뛰어나와 맞춘 자리를 망치로 땅땅 두드려 표시하였다는 옛 기록도 있다.

라. 소포와 개자리

소포는 천으로 만든 과녁을 말한다. 소포에 맞은 화살은 그대로 과녁을 뚫고 나가 뒷전에 떨어지기 때문에 눈이 어두운 이는 잘 분간하지 못한다. 그래서 그 앞턱에다 구덩이를 파고 사람이 들어앉아 가까이서 지켜보아 맞았으면 그 속에서 깃발을 휘둘러 신호한다. 이것은 편을 갈라 활쏘기 재주를 겨룰 때의 일로, 그 구덩이를 개자리라고 한다.

마. 살구름판

살구름판은 과녁에서 뽑아온 화살을 늘어놓는 판이다. 활량들은 깃간명을 보아서 자기 것을 찾아 챙긴다.

돌로 된 것이 서울 가회동 막바지 취운정 활터자리에 있었는데 정면에 일가정(一可亭)이라 새기고 바닥이 테이블면 같아 화살을 찾아서는 몰아쥐고 딱딱 굴려서 촉을 죄었던 모습을 상상해 볼 수 있다.

소포

바. 벌터질

벌터질은 활쏘는 정자에 들어갈 형편이 되지 못하는 활량이 연습하는 방식이다.

험하지 않게 골이 진 이쪽 등성이에서 맞은편 언덕을 향해 여러 대 쏘고 난 다음, 맞은편 언덕으로 건너가서 떨어진 화살을 주워모아 다시 맞은편 언덕을 향해 쏘기를 되풀이하는 것이다.

개자리

사. 아귀손

아귀손은 밖에 나갈 형편이 못되면 빈 활을 힘껏 당겼다 놓았다 하기를 되

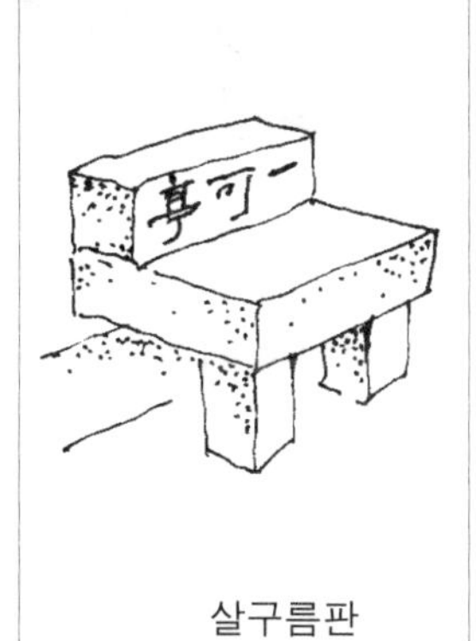

살구름판

풀이 하는 일을 말한다.

한시라도 활을 손에서 놓지 않고 손에 익히기 위해, 활을 쏘지 못할 때 이러한 일이라도 행하는 것이다.

5. 활 제작에 필요한 연장

가. 뒤집·도지기·활창애

뒤집과 도지기는 활 재료를 억지로 구부려서 동여매는 바탕 나무들이다.

불에 구워 녹녹하게 하여서 갖다대고 동여맨 상태로 그대로 식히면 식은 뒤에도 굽은 채로 있게 된다.

활창애는 이어 붙여서 겉모양이 이루어진 몸체를 걸어놓고 전체 모양을 바로잡는 틀이다.

뒤집과 도지기와 활창애

조막손이

다. 조막손이

조막손이는 굽은 화살을 바라는 방향으로 펴는 데쓰는 연장이다. 역시 불에 데운 살대를 끼워서 힘을 주면서 식힌다.

※이상의 제16장은 『민족 생활어 사전』의 '무기(武器)와 군장(軍裝)'에 나오는 내용에서 발췌하여 인용하였다.

제17장 사의(射義)

이 편은 연사(燕射)와 대사(大射)의 예절을 논하고 사례에서 덕행을 관찰하고 사(士)를 선발하는 뜻을 기술하였다.

『주역』계사(繫辭)에 '나무를 구부려 활집을 만들고 나무를 깎아 화살을 만들다.' 라고 하였다.

1. 활을 쏘는 것은 예에 맞아야 한다

옛날에 제후(諸侯)의 사례(射禮)에는 반드시 먼저 연례(燕禮)를 행하였고, 경(卿)이나 대부(大夫)나 사(士)의 사례에는 반드시 먼저 향음주(鄕飮酒)의 예(禮)를 행했다.

그러므로 연례라는 것은 임금과 신하의 의(義)를 밝히는 것이고, 향음주례라는 것은 어른과 어린 사람의 차례를 밝히는 것이다.

그러므로 활을 쏘는 것은 나아가고 물러남과 몸을 놀리는 일이 반드시 예(禮)에 맞아야 하는 것이다.

안으로 뜻이 바르며, 밖으로 몸의 자세가 곧은 연후라야 활과 화살을 잡는 것이 격식에 맞고 단단하며, 활과 화살을 잡는 것이 격식에 맞고 단단한 연후에라야 표적을 맞추는 것을 말할 수 있는 것이다. 이것으로 덕행(德行)을 볼 수 있는 것이다.

古者 諸侯之射[1]也 必先行燕禮 卿大夫士之射[2]也 必先行鄕飮酒之禮 故 燕禮者 所以明君臣之義也 鄕飮酒之禮者 所以明長幼之

序也

　故 射者 進退周還 必中禮 內志正 外體直³⁾然後 持弓矢審固⁴⁾ 持
弓矢審固然後 可以言中 此可以觀德行矣

1) 諸侯之射(제후지사) : 제후의 사례(射禮). 대사례(大射禮)를 말한다.

2) 卿大夫士之射(경대부사지사) : 향사례(鄕射禮)를 말한다.

3) 外體直(외체직) : 밖으로 몸의 자세가 곧다.

4) 持弓矢審固(지궁시심고) : 활과 화살을 잡는 것이 격식에 맞고 단단하다. 심
　 (審)은 격식(格式)에 맞는다는 뜻.

2. 사례는 성덕을 보기 위한 것이다

　그 절도(節度)는, 천자(天子)는 추우(騶虞)로써 절도를 삼
고, 제후(諸侯)는 이수(貍首)로써 절도를 삼고, 경대부(卿大
夫)는 채빈(采蘋)으로써 절도를 삼고, 사(士)는 채번(采蘩)으
로써 절도를 삼는다.

　추우는 관원(官員)이 갖추어진 것을 즐거워하는 것이요, 이수
는 때로 천자와 만나는 것을 즐거워하는 것이요, 채빈은 법에 따
르는 것을 즐거워하는 것이요, 채번은 직(職)을 잃지 않은 것을
즐거워하는 것이다.

　그런 까닭에 천자는 관원을 갖추는 것으로써 절도를 삼고, 제
후는 때로 천자와 만나는 것으로써 절도를 삼고, 경대부는 법에
따르는 것으로써 절도를 삼고, 사(士)는 직(職)을 잃지 않는 것
으로써 절도를 삼는다.

　그러므로 그 절도의 뜻을 밝혀서 그것으로써 그 일을 잃지 않
으면 공(功)이 이루어지고 덕행(德行)이 서는 것이다. 덕행이
서면 폭란(暴亂)의 화(禍)가 없어지고 공이 이루어지면 나라가
편안하다.

　그러므로 말하기를 "사례는 성대한 덕[盛德]을 보기 위한 것

이다."라고 한다.

其節¹⁾ 天子 以騶虞²⁾ 爲節 諸侯 以貍首³⁾ 爲節 卿大夫 以采蘋⁴⁾ 爲節 士 以采蘩⁵⁾ 爲節 騶虞者 樂官備⁶⁾也 貍首者 樂會時⁷⁾也 采蘋者 樂循法也 采蘩者 樂不失職也 是故 天子 以備官 爲節 諸侯 以時會天子爲節 卿大夫 以循法 爲節 士 以不失職 爲節 故 明乎 其節之志⁸⁾ 以不失其事 則功成而德行 立 德行 立 則無暴亂之過 矣 功成 則國安 故 曰 射者 所以觀盛德也

1) 節(절) : 절도(節度). 시(詩)를 노래하여 화살을 쏘아 보내는 일. 가락으로 볼 수 있다.

2) 騶虞(추우) : 시편(詩篇)의 이름.

3) 貍首(이수) : 시편의 이름. 일시(逸詩).

4) 采蘋(채빈) : 시편의 이름.

5) 采蘩(채번) : 시편의 이름.

6) 樂官備(낙관비) : 관원(官員)이 갖추어진 것을 즐거워하다.

7) 樂會時(낙회시) : 때로 천자와 만나는 것을 즐거워하다.

8) 節之志(절지지) : 절도의 뜻. 곧 절도로 삼는 시의 뜻.

3. 활쏘는 일은 남자의 일이다

이런 까닭으로 옛날에 천자는 사례(射禮)로써 제후(諸侯)와 경대부(卿大夫)와 사(士)를 선택하였는데, 활쏘는 일은 남자의 일이다. 인하여 예악(禮樂)으로써 그것을 장식하였다.

그러므로 예악을 다하고 그것을 자주 함으로써 덕행(德行)을 세울 수 있는 것으로 사례보다 나은 것이 없다. 그러므로 성왕(聖王)이 그것을 힘쓴 것이다.

그런 까닭에 옛날 천자의 제도에 제후가 해마다 사(士)를 천자에게 공헌(貢獻)하면 천자가 그를 사궁(射宮)에서 시험한다. 그 몸가짐이 예(禮)에 비교되고 그 절도(節度)가 악(樂)에 비교되어 적중한 것이 많은 사람은 제사에 참여함을 얻었고, 그 몸가짐이 예에 비교할 수 없고 그 절도가 악에 비교할 수 없어서 적중한 것이 적은 사람은 제사에 참여함을 얻지 못하였다.

공헌한 사(士)가 자주 제사에 참여하면 그 제후에게는 경사가 있고 공헌한 사가 자주 제사에 참여하지 못하면 그 제후에게는 문책(問責)이 있었다. 자주 경사가 있는 제후에게는 땅이 더해졌고 자주 문책을 당하는 제후는 땅이 깎였다.

그러므로 말하기를 "활쏘기는 제후를 위해 쏘는 것이다."라고 한다. 그런 까닭에 제후의 군신(君臣)이 활쏘기에서 뜻을 다하여 그것으로써 예와 악을 익힌다. 대저 군신이 예와 악을 익혔는데 그것으로 유망(流亡 : 멸망)하는 사람은 아직 있지 않았다.

是故 古者 天子 以射 選諸侯卿大夫士 射者 男子之事也 因而飾之以禮樂也 故 事之盡禮樂而可數爲[1] 以立德行者 莫若射 故 聖王 務焉 是故 古者天子之制 諸侯 歲獻貢士於天子 天子 試之[2]於射宮 其容體比於禮 其節 比於樂 而中多者[3] 得與於祭 其容體不比於禮 其節 不比於樂 而中少者 不得與於祭 數與於祭 而君 有慶 數不與於祭 而君 有讓[4] 數有慶 而益地 數有讓 則削地[5] 故 曰 射者 射爲諸侯也 是以諸侯君臣 盡志於射 以習禮樂 夫君臣 習禮樂而以流亡者 未之有也

1) 數爲(삭위) : 자주 하다.

2) 試之(시지) : 활쏘기를 시험하다.

3) 中多者(중다자) : 용체(容體)를 예(禮)에 비(比)하고 절도(節度)를 악(樂)에 비하여, 비교되는 일에 맞는 것이 많은 사람.

4) 君有讓(군유양)) : 제후가 천자에게 공헌한 사(士)로서 자주 제사에 참여하지 못하는 자가 있으면, 그를 공헌한 제후에게 문책이 있다는 뜻. 양은 문책(問責)의 뜻.

5) 削地(삭지) : 제후의 영지(領地)가 깎인다는 뜻.

4. 덕을 바르게 하는 기구이다

그러므로 시(詩)에 말하였다.

"증손후씨(曾孫侯氏)여, 사정(四正)을 모두 들도다. 대부군자(大夫君子)와 일반 서사(庶士) 등 크고 작은 벼슬아치는 자리에 있지 않고 임금 계신 곳에 모시고 연례(燕禮)와 사례(射禮)를 행하여 안락하고 영예(榮譽)롭다."

이것은 임금과 신하가 서로 더불어 사례에 뜻을 다하여 그것으로써 예(禮)와 악(樂)을 익히면 안락하고 영예롭다는 것을 말하는 것이다. 그래서 천자가 그것을 마련하고, 제후가 그것을 힘쓰는 것이다. 이것은 천자가 제후를 길러서 군대를 사용하지 않는 것이며, 제후가 스스로 덕(德)을 바르게 하는 기구인 것이다.

故 詩曰 曾孫侯氏[1] 四正 具擧[2] 大夫君子 凡以庶士 小大莫處 御于君所 以燕以射[3] 則燕則譽[4] 言君臣 相與盡志於射 以習禮樂 則安則譽也 是以天子 制之 而諸侯務焉 此 天子之所以養諸侯 而 兵不用 諸侯 自爲正之[5]具也

1) 曾孫侯氏(증손후씨) : 제후(諸侯)를 이르는 말이다. 제후는 그 시조인 제후에 대하여 자신을 증손(曾孫)이라고 일컫는 데서 유래하는 말.

2) 四正具擧(사정구거) : 네 번 정식 술잔을 모두 들다. 정(正)은 정작(正爵) 곧 정식 술잔을 뜻하고, 네 번은 먼저 빈(賓)에게 드리고, 다음에 임금에게 드리고, 경(卿)에게 드리고, 대부(大夫)에게 드리는 네 번이다. 곧 활쏘기에 앞서 행하는 연례(燕禮)를 말한다.

3) 以燕以射(이연이사) : 연례(燕禮)를 행하고 사례(射禮)를 행한다는 뜻.

4) 燕則譽(연즉예) : 안락하고 영예(榮譽)롭다는 뜻.

5) 正之(정지) : 덕(德)을 바르게 한다는 뜻.

5. 공자가 확상 땅에서 사례를 행할 때

공자가 확상(矍相)의 택지(澤地)에서 사례(射禮)를 행했는데, 대개 구경하는 사람이 담장을 두른 것 같았다.

사례가 사마(司馬)에게 이르르니 자로(子路)로 하여금 활과 화살을 들고 나가서 활쏘기를 권유하며 말하게 하기를

"전쟁에 나가 패(敗)한 장수나 나라를 망하게 한 대부나 붙어서 남의 후계자가 된 사람은 들어오지 말고, 그 나머지는 모두 들어오시오."

하니, 대개 가는 사람이 반이요, 들어가는 사람이 반이었다.

또 공망지구(公罔之裘)와 서점(序點)으로 하여금 술잔을 들고 말하게 하였다.

공망지구가 술잔을 들고 말하기를

"나이 어리거나 장년의 나이로서 부모에게 효도하며 어른을 공경하고, 60대나 70대의 노인으로서 예(禮)를 좋아하여 세속에 따르지 않고 자신의 몸을 닦아 죽음을 기다리는 사람이여! 이 자리에 있지 않습니까."

하니, 대개 가는 사람이 반이요, 있는 사람이 반이었다.

서점(序點)이 또 술잔을 들고 말하기를

"배우기를 좋아하여 게으르지 않고, 예(禮)를 좋아하여 변하지 않으며, 80대나 90대 이상의 장수한 노인으로서 도(道)를 일컬어도 어지럽히지 않은 사람이여! 이 자리에 있지 않습니까."

하니, 대개 남아있는 사람이 극히 적었다.

孔子 射於矍相[1]之圃[2] 盖觀者 如堵墙 射至于司馬[3] 使子路[4]로 執弓矢 出延射[5]曰 賁軍之將[6] 亡國之大夫 與爲人後者[7] 不入 其餘 皆入 盖去者 半 入者 半

又使公罔之裘[8] 序點[9] 揚觶[10]而語 公罔之裘 揚觶而語曰 幼壯
孝弟 耆耋[11]好禮 不從流俗 修身以俟死者 不 在此位也[12] 盖去者
半 處者 半

序點 又揚觶而語曰 好學不倦 好禮不變 旄期[13] 稱道不亂者 不
在此位也 盖廑有存者

1) 矍相(확상) : 노(魯)나라의 지명(地名).

2) 圃(포) : 습지(濕地). 택지(澤地).

3) 司馬(사마) : 사례(射禮)의 진행을 맡은 사람.

4) 子路(자로) : 공자의 제자. 자는 중유(仲由). 이름은 유(由).

5) 出延射(출연사) : 나가서 활쏘기를 권유하다. 연(延)은 권유한다는 뜻.

6) 賁軍之將(분군지장) : 전쟁에 패한 장수.

7) 與爲人後者(여위인후자) : 연고가 없이 붙어서 남의 후계자가 된 사람. 이
   런 사람은 비루한 자로 인정을 받는다.

8) 公罔之裘(공망지구) : 사람 이름. 공망(公罔)은 성(姓), 구(裘)는 이름.
   지(之)에는 뜻이 없다.

9) 序點(서점) : 사람 이름. 서(序)는 성, 점(點)은 이름.

10) 揚觶(양치) : 술잔을 들다.

11) 耆耋(기질) : 기(耆)는 60대의 노인, 질(耋)은 70대의 노인.

12) 不在此位也(부재차위야) : 이 자리에 있지 않으냐. 있다면 빈(賓)의 자리
    로 나오라는 뜻이다.

13) 旄期(모기) : 모(旄)는 80~90대의 노인. 기(期)는 백세의 노인.

6. 쏘아서 적중하면 제후가 된다

활쏘기는 역(繹)이라고 말하는데, 혹은 사(舍)라고도 한다. 역
(繹)이라는 것은 각각 자기의 뜻을 찾는 것이다. 그러므로 마음
이 평화롭고 몸을 바르게 하면 활과 화살을 잡는 것이 격식에 맞
고 단단하다. 활과 화살을 잡는 것이 격식에 맞고 단단하면 쏘아

서 적중한다.

그러므로 말이 있다.

"남의 아비된 자는 아비의 과녁을 만들고, 남의 자식된 자는 자식의 과녁을 만들고, 남의 임금된 자는 임금의 과녁을 만들고, 남의 신하된 자는 신하의 과녁을 만드는 것이다."

활쏘기는 각각 자기의 과녁을 쏘는 것이다. 그러므로 천자의 대사(大射)를 사후(射侯)라고 이르는데, 사후라는 것은 활을 쏘아 제후가 되는 것이다.

쏘아서 적중하면 제후가 되는 것이고, 쏘아서 적중시키지 못하면 제후가 되지 못하는 것이다.

射之爲言者 繹¹⁾也 或曰 舍²⁾也 繹者 各繹己之志也 故 心平體正 持弓矢審固 持弓矢審固 則射中矣³⁾ 故 曰 爲人父者 以爲父鵠⁴⁾ 爲人子者 以爲子鵠 爲人君者 以爲君鵠 爲人臣者 以爲臣鵠 故 射者 各射己之鵠⁵⁾ 故 天子之大射 謂之射侯 射侯者 射爲諸侯也 射中則得爲諸侯 射不中則不得爲諸侯

1) 繹(역) : 각각 자기의 뜻을 찾는다는 뜻. 곧 각각 이성(理性)의 소재(所在)인 바른 도리를 알아서 이에 따른다는 뜻.

2) 舍(사) : 도(道)에 머무른다는 뜻.

3) 射中矣(사중의) : 쏘아서 적중(的中)시킨다.

4) 鵠(곡) : 과녁.

5) 各射己之鵠(각사기지곡) : 각각 자기의 과녁을 쏘다.

7. 제사에 참여할 선비를 뽑는다

천자가 장차 제사를 지내려고 할 때에는 반드시 먼저 택지(澤地)에서 활쏘기를 익히는데, 택지는 사(士)를 선택하기 위한 곳이다.

　이미 택지에서 활쏘기를 익힌 뒤에 사궁(射宮)에서 활쏘기를 하여 쏘아서 맞춘 자는 제사에 참여함을 얻고, 맞추지 못한 자는 제사에 참여함을 얻지 못한다.

　제사에 참여함을 얻지 못한 자에게는 문책하고 영지(領地)를 깎았으며, 제사에 참여함을 얻은 자에게는 경사스러운 상을 내리고 영지를 더해 주었다. 작위(爵位)를 올리고 영지를 깎는다는 것이 이것이다.

　그러므로 남자가 태어나면 뽕나무로 만든 활과 쑥대로 만든 화살 여섯으로써 천지사방(天地四方)에 쏘았는데 천지사방은 남자의 할 일이 있는 곳이다. 그러므로 반드시 먼저 그 일이 있는 곳에 뜻을 두고, 그런 뒤에 감히 곡식을 먹였는데 이것을 반사(飯食)라고 이르는 것이다.

　天子 將祭 必先習射於澤¹⁾ 澤者 所以擇士也 已射於澤而后 射於射宮 射中者 得與於祭²⁾ 不中者 不得與於祭 不得與於祭者 有讓 削以地 得與於祭者 有慶 益以地 進爵絀地³⁾是也

　故 男子 生 桑弧 蓬矢六 以射天地四方 天地四方者 男子之所有事也 故로 必先有志於其所有事 然後 敢用穀⁴⁾也 飯食⁵⁾之謂也

1) 澤(택) : 택지(澤地). 물에 가까운 곳으로 넓고 비어 있는 땅.

2) 得與於祭(득여어제) : 제사에 참여함을 얻다.

3) 進爵絀地(진작출지) : 진작은 작위(爵位)를 올리다. 출지는 영지를 깎다.

4) 用穀(용곡) : 곡식을 사용한다. 여기서는 아기에게 젖을 먹인다는 뜻이다.

5) 飯食(반사) : 식사하는 일.

8. 자기를 이긴 자를 원망하지 않는다

　활쏘는 것은 인(仁)의 도(道)이다. 활쏘기의 바른 도는 자기에게서 구하여, 자기의 몸이 바르게 된 뒤에야 발사하는 것이니,

발사하여 맞추지 못하여도 자기를 이긴 자를 원망하지 않고 반성하여 자기에게서 구할 따름이다.

공자가 말하였다.

"군자(君子)는 다툴 바가 없으니, 다툰다면 반드시 활쏘기에서이다. 읍하고 사양하여 당(堂)에 오르고 당에서 내려와 술을 마시니 그 다툼이 군자답도다."

또 공자가 말하였다.

"활쏘는 사람은 무엇으로써 쏘며, 무엇으로써 듣는가. 소리를 따라서 화살을 발사하고 발사하여 정확한 과녁을 잃지 않는 사람은 그가 오직 현자(賢者)이다. 만약 저 불초(不肖)한 사람이라면 그가 장차 어찌 능히 맞출 수 있겠는가."

시(詩)에 이말하였다.

"활 쏘아 과녁에 적중시겨 그대가 술잔들기 바라네."

바란다는 말은 구(求)한다는 뜻이다. 과녁을 맞추어서 그것으로써 술잔을 사양하여 그대에게 마시게 하기를 구하는 것이다. 술이란 것은 노인을 봉양하기 위한 것이며, 병을 요양하기 위한 것이다. 과녁을 맞추어 그것으로써 술잔을 사양하기를 구하는 것은 봉양하는 것을 사양하는 것이다.

射者 仁之道也 求正諸己 己正而后 發 發而不中 則不怨勝己者 反求諸己[1]而已矣

孔子曰 君子 無所爭 必也射乎 揖讓而升[2] 下而飮[3] 其爭也 君子

孔子曰 射者 何以射[4] 何以聽[5] 循聲而發 發而不失正鵠者 其唯賢者乎 若夫不肖之人 則彼將安能以中 詩云[6] 發彼有的 以祈爾爵 祈 求也 求中以辭爵也 酒者 所以養老也 所以養病也 求中以辭爵者 辭養也

1) 反求諸己(반구저기) : 반성하여 자기에게서 구하다. 곧 자기의 잘못을 자기

에게서 찾는다는 뜻.

2) 揖讓而升(읍양이승) : 읍양하여 오르다. 곧 활을 쏘기 위해 당(堂)에 오를
   때 읍(揖)하고 사양하는 예절이 있다는 뜻.

3) 下而飮(하이음) : 내려와서 마시다. 곧 활쏘기를 마치고 당에서 내려와 술
   을 마신다는 뜻.

4) 何以射(하이사) : 무엇으로써 쏘는가. 곧 무엇을 가지고 활쏘기의 절도로 삼
   는가의 뜻으로 악(樂)의 음절을 들어서 절도에 맞게한다는 뜻.

5) 何以聽(하이청) : 무엇으로써 듣는가. 곧 무엇을 가지고 악(樂)의 음절(音
   節)을 들어서 절도에 맞게 하느냐는 뜻.

6) 詩云(시운) :『시경(詩經)』소아(小雅) 빈지초연편(賓之初筵篇).

제18장 투호(投壺)

이 편은 주인과 손〔賓〕이 연회(宴會)를 즐기면서 기예(技藝)를 겨루고 강론하는 예절을 기록한 것이다.

1. 투호(投壺)의 예(禮)는

투호(投壺)의 예(禮)는 주인이 화살을 받들고, 사사(司射)가 중(中)을 받들고, 사람으로 하여금 호(壺)를 잡게 한다.

주인이 청하여 말하기를

"저에게 구부러진 화살과 못생긴 병이 있어 청컨대 그것으로써 손님을 즐겁게 해드리고자 합니다."

하면, 손〔賓〕이 말한다.

"선생에게 맛있는 술과 좋은 안주가 있어서 제가 이미 대접을 받았는데, 또 거듭 즐겁게 해 주시겠다고 하시니 감히 사양하겠습니다."

그러면 주인이 또 말하기를

"구부러진 화살이요, 못생긴 병이어서 사양하실 것이 못되오니 감히 굳이 청합니다."

하면, 손이 또 말한다.

"저는 이미 대접을 받았는데도 또 거듭 즐겁게 해 주시겠다고 하시니 감히 굳이 사양하겠습니다."

그러면 주인이 또 말하기를

“구부러진 화살에 못생긴 병이어서 사양하실 것이 못되오니, 감히 굳이 청합니다.”

라고 하면 손이 말한다.

“제가 굳이 사양해도 승낙을 받지 못하오니 감히 공경하여 따르지 않겠습니까.”

投壺之禮 主人 奉矢[1] 司射[2] 奉中[3] 使人 執壺[4] 主人 請曰 某有枉矢哨壺[5] 請以樂賓 賓曰 子有旨酒嘉肴 某旣賜矣[6] 又重以樂 敢辭 主人 曰 枉矢哨壺 不足辭也[7] 敢固以請 賓曰 某旣賜矣 又重以樂 敢固辭 主人曰 枉矢哨壺 不足辭也 敢固以請 賓曰 某 固辭不得命[8] 敢不敬從

1) 矢(시) : 화살. 투호(投壺)에서 병에다 던져 넣는 것.

2) 司射(사사) : 투호의 예(禮)를 맡은 사람.

3) 中(중) : 투호에 쓰는 산(算)가지를 담는 그릇.

4) 壺(호) : 투호에서 화살을 던져서 넣는 병.

5) 枉矢哨壺(왕시초호) : 왕시는 구부러진 화살로 겸양(謙讓)하는 말이다. 초호는 못생긴 병이라는 뜻으로 이것 또한 겸양하는 말이다.

6) 旣賜矣(기사의) : 이미 대접을 받았다는 뜻.

7) 不足辭也(부족사야) : 사양할 것이 못된다.

8) 不得命(부득명) : 승낙을 받지 못하다. 명(命)은 승낙으로 풀이된다.

2. 투호를 시작하는 예절

손〔賓〕이 두 번 절하면서 화살을 받으려고 하면 주인이 조금 비켜서면서 절을 사양한다고 말하고, 주인이 동쪽 계단 위에서 절하면서 화살을 보내면 객이 조금 비켜서면서 절을 사양한다고 말한다.

이미 절을 하고 화살을 받으면 앞으로 나아가 두 기둥 사이로

投壺主賓就筵全圖(투호주빈취연전도)

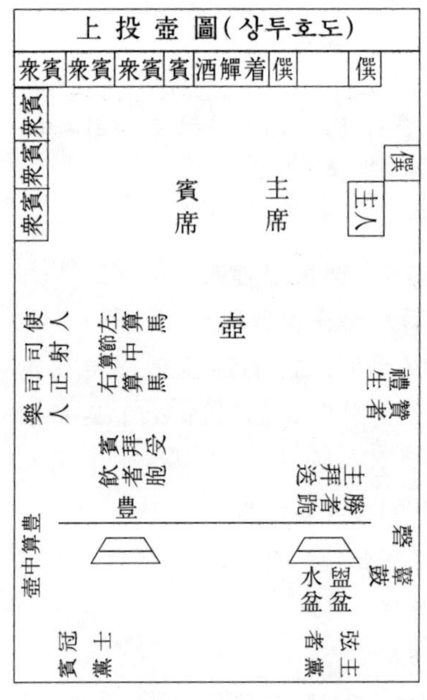

갔다가 물러나 제위치로 돌아와서 읍(揖)하고 손에게 자리에 앉게 한다.

사사(司射)가 나아가 병을 놓을 곳을 마련하는데, 병과 손의 자리 사이는 화살 2개 반의 거리로 한다.

제자리로 돌아와서는 중(中)을 설치하고 동면(東面)하여 8개의 산가지를 들고 일어선다.

그리고는 손에게 청하여 말하기를

"순투(順投)는 넣으시고, 비투(比投)는 계산하지 마십시오. 이긴 사람은 이기지 못한 사람에게 술을 마시게 합니다. 정작(正爵)이 이미 행해지면, 청컨대 승리한 자를 위하여 말을 세우겠습니다. 하나의 말에 두 개의 말이 따르고, 세 개의 말이 이미 서면, 청컨대 산가지가 많은 것을 경하(慶賀)하겠습니다."

라고 하는데, 주인에게 청하는 것도 또한 이와 같이 한다.

賓 再拜受主人 般還曰辟[1] 主人 阼階[2]上 拜送 賓 般還曰辟

已拜受矢 進卽兩楹間 退反位 揖賓就筵

司射 進度壺[3] 間以二矢半[4] 反位 設中[5] 東面 執八算興[6]

請賓曰 順投[7] 爲入 比投[8] 不釋 勝 飮不勝者[9] 正爵[10] 旣行 請

爲勝者 立馬[11] 一馬 從二馬 三馬 旣立 請慶多馬 請主人 亦如之

1) 般還曰辟(반선왈피) : 조금 비켜서면서 절을 사양하겠다고 말한다는 뜻.

2) 阼階(조계) : 동쪽에 있는 계단. 주인이 오르내리는 계단이다.

3) 度壺(도호) : 병을 놓을 자리를 마련한다는 뜻.

4) 間以二矢半(간이이시반) : 병과 손님 자리의 사이는 화살 2개 반의 거리로 한다는 뜻.

5) 設中(설중) : 중(中)은 산가지를 담는 그릇이니, 산가지 담는 그릇을 설치한다는 뜻.

6) 執八算興(집팔산흥) : 8개의 산가지를 들고 일어서다. 한 번의 경기에 주인과 객이 함께 8개의 화살을 던지는 것이므로, 8개의 산가지를 들고 승부의 수를 계산하는 것이다.

7) 順投(순투) : 화살이 제대로 병에 들어가는 것.

8) 比投(비투) : 주인과 손이 교대로 화살을 던지는데, 상대가 던지기 전에 연거푸 던지는 일. 이런 경우에는 화살이 들어가도 인정하지 않는다.

9) 勝飮不勝者(승음불승자) : 승자(勝者)가 패자에게 술을 마시게 하다.

10) 正爵(정작) : 정당한 예로 마시게 하는 술잔.

11) 馬(마) : 말. 곧 산가지를 말한다.

3. 투호를 끝마친 후에는

현자(弦者)에게 명(命)하기를

"청컨대 이수(貍首 : 시의 이름)를 연주하여 화살 던지는 시간이 한결같게 하라."

라고 하면, 태사(太師)가 대답한다.

"그렇게 하겠습니다."

좌우의 사람들에게 화살이 갖추어졌다고 말하고 번갈아 던질 것을 청한다. 들어간 것이 있으면 사사(司射)가 앉아서 산가지 하나를 놓는다. 손의 일당(一黨 : 일행)은 오른쪽에 있고, 주인의 일당은 왼쪽에 있는다.

화살 던지기가 끝나면 사사가 산가지를 들고 말하기를

"좌편과 우편이 다 화살 던지기를 끝냈으니, 청컨대 계산하겠습니다. 산가지 2개를 한 전(純)으로 하고 한 전씩 집어서 일산(一算)을 남는 것으로 하겠습니다."

라고 하고는 드디어 남는 산(算)으로써 고하여 말한다.

"아무개는 아무개보다 많기가 몇 전(純)입니다."

남으면 남는다고 말하고, 같으면 좌우가 같다고 말한다.

작자(酌者 : 술잔에 술을 따르는 사람)에게 명(命)하기를

"청컨대, 술잔에 술을 따라라."

라고 하면 작자가 대답한다.

"그렇게 하겠습니다."

벌주(罰酒)를 마시는 사람은 모두 꿇어앉아서 술잔을 받들고 말하기를

"사관(賜灌 : 따르는 술을 받다)"

이라고 하며, 이긴 사람도 또한 꿇어앉아서 말하기를

"경양(敬養 : 공경히 받다)"

이라고 한다.

命弦者[1] 曰 請奏貍首[2] 間若一[3] 大師[4] 曰諾

左右 告矢具 請拾投[5] 有入者 則司射 坐而釋一筭焉 賓黨 於右[6] 主黨 於左

卒投[7] 司射 執筭曰 左右 卒投 請數二筭爲純[8] 一純以取 一筭爲奇[9] 遂以奇筭 告曰 某賢[10] 於某 若干純 奇則曰奇 鈞則曰左右 鈞

命酌[11] 曰 請行觴[12] 酌者 曰 諾 當飲者 皆跪 奉觴曰 賜灌[13] 勝者는 跪 曰 敬養[14]

1) 弦者(현자) : 현악기(絃樂器)를 연주하는 사람. 곧 악공(樂工).

2) 貍首(이수) : 일시(逸詩)의 편명(篇名).

3) 間若一(간약일) : 투호의 절도로 삼아 화살 던지는 시간이 한같게 하라는 뜻.

4) 大師(태사) : 악공(樂工)의 우두머리.

5) 拾投(습투) : 번갈아 던진다는 뜻.

6) 右(우) : 사사(司射)의 앞 조금 남쪽. 좌는 사사의 앞 조금 북쪽을 말한다.

7) 卒投(졸투) : 화살 던지기가 끝났다는 뜻.

8) 二筭爲純(이산위전) : 산가지 2개를 1전(一純)으로 한다. 순(純)은 전 (全)과 같다.

9) 爲奇(위기) : 남는 것으로 한다. 기(奇)는 남는 것.

10) 賢(현) : 많다는 뜻으로 풀이된다.

11) 酌(작) : 술을 따르는 사람. 작자(酌者).

12) 行觴(행상) : 술잔에 술을 따르다.

13) 賜灌(사관) : 내려주신 술이라는 뜻으로, 승자(勝者)의 재주를 기리는 뜻.

14) 敬養(경양) : 공경하여 봉양(奉養)한다는 뜻으로 역시 존경하는 말이다.

4. 이긴 사람에게 경하하다

정작(正爵)이 이미 행해지면, 말을 세우겠다고 청한다. 말은 각기 그 산가지에 세우되 하나의 말에 두 말이 따라서 경하(慶賀)하는데, 경하하는 예(禮)에 말하기를

"세 말이 이미 갖추어졌으니, 청컨대 많은 말을 경하합니다."

라고 하면, 손과 주인이 다 말한다.

"좋다."

정작(正爵)이 이미 행해지면 말을 거두겠다고 청한다.

산가지의 많고 적은 것은 그 자리를 보는데, 화살은 방 안에서는 5부(五扶)요, 당상(堂上)에서는 7부(七扶)요, 마당 가운데에서는 9부(九扶)이다.

산가지의 길이는 1자 2치이며, 병의 모가지 길이는 7치이며, 병의 배의 길이는 5치이며, 병 입구의 지름은 2치 반이며, 용량(容量)은 1말 5되를 담을 수 있다.

병의 안에는 팥으로 채우는데, 그 화살이 튀어서 나오기 때문이다. 병은 자리에서 2개 반의 거리에 놓고, 화살은 산뽕나무나 가시나무로 만드는데 그 껍질을 벗기지 않고 만든다.

正爵 旣行 請立馬[1] 馬 各直其筭 一馬 從二馬以慶 慶禮 曰 三馬 旣備 請慶多馬 賓主 皆曰 諾 正爵 旣行 請徹馬

筭多少 視其坐 籌[2] 室中 五扶[3] 堂上 七扶 庭中 九扶 筭長 尺二寸 壺頸脩[4] 七寸 腹脩 五寸 口徑 二寸半 容斗五升 壺中 實小豆[5]焉 爲其矢之躍而出也 壺 去席二矢半 矢以柘若棘[6] 毋去其皮

1) 請立馬(청입마) : 말을 세우자고 청하다. 여기까지로서 승부가 끝났으므로 사사(司射)가 말을 세우라고 청하는 것이다.

2) 籌(주) : 화살.

3) 扶(부) : 네 숟가락 정도의 넓이.

4) 壺頸脩(호경수) : 병 모가지의 길이.

5) 小豆(소두) : 팥.

6) 柘棘(자극) : 자는 산뽕나무로 단단하고 무겁다. 극은 가시나무.

5. 거만하지 말고 희롱하지 말라

노(魯)나라에서 제자(弟子)에게 명령하는 말이 있다.

"거만하지 말고 희롱하지 말며, 어른에게 등을 보이고 서지 말며, 멀리 서서 말하지 말라. 어른에게 등을 보이고 서거나 멀리 서서 말하는 자에게는 통상적인 관례에 따라 벌배(罰杯 : 벌주)가 있을 것이다."

그리고 설(薛)나라에도 제자에게 명령하는 말이 있다.

"거만하지 말고 희롱하지 말며, 어른에게 등을 보이고 서지 말며, 멀리 서서 말하지 말라. 이와 같은 자에게는 벌을 줄 것이다."

고(鼓)는 ○□○○□□○□○○□반(半)○□○□○○○

□□○□○는 노고(魯鼓)이다. ○□○○○□□○○□□
○□○○□□○반(半)○□○○○□□는 설고(薛鼓)이다.
반(半) 이하를 취하는 것은 투호(投壺)의 예(禮)로 삼고, 이
것을 다 쓰는 것은 사례(射禮)로 삼는다.
사사(司射)와 정장(庭長) 및 관사(冠士)와 서 있는 사람은
모두 손의 일당(一黨)에 속하는 것이요, 악인(樂人 : 음악을 연주
하는 사람)과 사자(使者 : 심부름꾼)와 동자(童子)는 모두 주인의
일당에 속한다.
노고(魯鼓)는 ○□○○□□○○ 반(半) ○□○○□○○○
○□○□○이다. 설고(薛鼓)는 ○□○○○○□□○□○○○
○□○□○○□○ 반(半) ○□○□○○○○○□○이다.

魯令弟子[1]辭 曰 毋憮[2] 毋敖[3] 毋偝立[4] 毋踰言[5] 偝立踰言 有常
爵[6] 薛[7]令弟子辭 曰 毋憮毋敖 毋偝立 毋踰言 若是者는 浮[8]
鼓 ○□○○□□○□○○○ 半 ○□○□○○○□□○□
魯鼓 ○□○○○□□□○○□□○□○○□□□ 半 ○□○
○○□□○는 薛鼓
取半以下爲投壺禮 盡用之爲射禮
司射 庭長[9] 及冠士[10] 立者 皆屬賓黨 樂人 及使者[11] 童子 皆屬
主黨
魯鼓 ○□○○□○○ 半 ○□○○□○○○□○□○ 薛
鼓 ○□○□○○□○□○□○○□○○□□ 半 ○□
○□○○○○□□

※ ○와 □는 사례(射禮)와 투호례 때에 고(鼓)와 비(鼙)를 치는 음절(音節)을 기록
하는 것인데, ○는 비(鼙) 곧 마상고(馬上鼓)를 쳐서 내는 음적이요, □는 고(鼓)
곧 북을 쳐서 내는 음절이다.
1) 弟子(제자) : 여기서는 나이 어린 사람이라는 등이다.
2) 毋憮(무무) : 거만하지 말라.

3) 敖(오) : 희롱한다는 뜻으로 풀이된다.

4) 偝立(배립) : 어른에게 등을 보이고 서는 것.

5) 踰言(유언) : 멀리 서서 말하는 것.

6) 常爵(상작) : 상례(常例)의 벌배(罰杯). 벌주(罰酒).

7) 薛(설) : 제후국(諸侯國)의 이름.

8) 浮(부) : 벌(罰). 벌주(罰酒).

9) 庭長(정장) : 사정(司正).

10) 冠士(관사) : 외인(外人)으로 와서 투호(投壺)를 보는 사람 중에 이미 관
례(冠禮)를 한 사람.

11) 使者(사자) : 주인의 심부름을 하는 사람.

제19장 향음주의(鄕飮酒義)

 이 편은 고을 사람들이 모여서 잔치를 열고 술을 마시는데 쓰이는 예절이다. 또 모임에서 술을 마시면 활쏘기 대회를 여는데 이것을 향사(鄕射)라고 한다. 3년마다 한번씩 대회를 열어서 현자와 능한 자를 선발한다고 하였다.

1. 향음주(鄕飮酒)의 의의

 향음주(鄕飮酒)의 의의는 주인이 상문(庠門)의 밖에서 손님에게 절하여 맞이하고, 들어와서 3번 읍(揖)한 뒤에 계단에 이르며, 3번 사양한 뒤에 당(堂)에 오르는 것은 존양(尊讓)을 다하는 까닭이다.

 손을 씻고 잔을 드는 것는 정결을 다하는 까닭이요, 배지(拜至 : 손님을 맞이하여 인사하는 것)하고 배세(拜洗)하며 배수(拜受)하고 배송(拜送)하며 배기(拜旣)하는 것은 공경을 다하는 까닭이다.

 존양하고 정결하고 공경하는 것은 군자(君子)가 서로 접촉하는 까닭이다.

 군자가 존양하면 다투지 않으며, 정결하게 하고 공경하면 교만하지 않는다. 교만하지 않고 다투지 않으면 싸움과 논쟁이 멀어지고, 싸움과 논쟁을 하지 않으면 난폭하고 어지럽히는 재앙이 없을 것이다.

이것이 군자가 남으로부터의 재앙을 면하는 까닭이다.

그러므로 성인(聖人)이 도(道 : 禮)로써 그것을 제정(制定)한 것이다.

향인(鄕人)과 사(士)와 군자(君子)가 방호(房戶) 사이를 높이는 것은 손[賓]과 주인이 공유(公有)하기 때문이다. 현주(玄酒)가 있는 것을 높이 여기는 것은 그 질박함을 귀하게 여기기 때문이다. 음식이 동쪽 방에서 나오는 것은 주인이 그것을 바치는 것이요, 씻는 데가 동쪽 추녀 밑에 있는 것은 주인의 위치에서 스스로 정결하게 하여 그것으로써 손을 섬기기 위한 것이다.

鄕飲酒[1]之義 主人 拜迎賓于庠門[2]之外 入三揖而后 至階 三讓而后 升 所以致尊讓[3]也 盥洗揚觶 所以致絜也 拜至[4] 拜洗[5] 拜受[6] 拜送[7] 拜旣[8] 所以致敬也 尊讓絜敬也者 君子之所以相接也

君子 尊讓則不爭 絜敬則不慢 不慢不爭 則遠於鬪辨[9]矣 不鬪辨則無暴亂之禍矣 斯君子所以免於人禍也

故 聖人 制之以道

鄕人士君子[10] 尊於房戶之間 賓主 共之[11]也 尊有玄酒 貴其質也 羞 出自東房[12] 主人 共之也 洗當東榮[13] 主人之所以自絜而以事賓也

1) 鄕飲酒(향음주) : 향리(鄕里)에서 베푸는 음주(飮酒)의 예(禮).

2) 庠門(상문) : 향교(鄕校)의 문.

3) 致尊(치존) : 존경하고 사양함을 다하다.

4) 拜至(배지) : 주인이 손을 맞이하여 정중하게 절하는 일.

5) 拜洗(배세) : 주인이 잔을 씻은데 대해 손이 절하여 공경의 뜻을 표하는 일.

6) 拜受(배수) : 주인이 손님에게 잔을 올리면 손님이 절하고 잔을 받는 일.

7) 拜送(배송) : 주인이 절하면서 손에게 잔을 보내는 일.

8) 拜旣(배기) : 손이 술을 다 마시고 나서 절하는 일. 기는 진(盡)과 같다.

9) 鬪辨(투변) : 싸우고 논쟁(論爭)하다.

10) 鄕人士君子(향인사군자) : 향인은 향대부(鄕大夫), 사는 주(州)의 우두
    머리나 당(黨)의 우두머리, 군자는 경대부를 말한다. 경대부와 나라의 현자
    (賢者)의 음주에도 이와 같은 예를 사용한다.

11) 尊(준) : 술단지. 준(樽)과 같다.

12) 東房(동방) : 동쪽 방. 동쪽은 주인의 위치를 뜻한다.

13) 東榮(동영) : 동쪽 추녀 밑.

2. 손〔賓〕과 주인은 하늘과 땅을 상징한다

손〔賓〕과 주인은 하늘과 땅을 상징하고, 개(介)와 준(僎)은
음양(陰陽)을 상징하고, 세 손은 해와 달과 별의 삼광(三光)을
상징하는 것이다.

그것을 사양하기를 세 번 하는 것은 초승달이 초사흗날에 백
(魄)을 이루는 것을 상징하는 것이다.

사면에 앉는 것은 네 계절를 상징하는 것이다.

천지의 굳게 얼어붙은 기운은 서남쪽에서 시작하여 서북쪽에
서 성(盛)하는데, 이것은 하늘과 땅의 존엄(尊嚴)한 기운이며,
이것은 하늘과 땅의 의기(義氣)이다.

하늘과 땅의 온후한 기운은 동북쪽에서 시작하여 동남쪽에서
성하는데, 이것은 하늘과 땅의 성덕(盛德)의 기운이며, 이것은
하늘과 땅의 인기(仁氣)이다.

주인이 되는 사람은 손을 높이는 것이니, 그러므로 손은 서북
쪽에 앉고 개(介)는 서남쪽에 앉아서 손을 돕는다.

손이 되는 사람은 사람을 의(義)로써 대하는 것이다. 그러므로
서북쪽에 앉으며, 주인이 되는 사람은 사람을 인(仁)으로써 대
하는 것이니 그것으로써 덕(德)이 두터운 사람이다. 그러므로 동
남쪽에 앉으며, 준(僎)은 동북쪽에 앉아서 주인을 돕는다.

인(仁)과 의(義)가 접(接)하며 손과 주인이 일이 있으며, 도

마와 접시가 수에 맞게 있는 것을 성(聖)이라 말한다. 성이 서고 그것을 공경함으로써 거느리는 것을 예(禮)라고 말한다. 예로써 어른과 어린이의 차례를 형성하는 것을 덕(德)이라고 말하는데, 덕이라는 것은 몸에서 얻어지는 것이다.

그러므로 옛날의 예도(藝道)를 배우려는 사람은 장차 몸으로 얻으려고 하였으니, 그런 까닭에 성인(聖人)이 이것을 힘썼던 것이다.

賓主는 象天地也오 介儐[1]은 象陰陽也오 三賓[2]은 象三光[3]也오
讓之三也는 象月之三日[4]而成魄[5]也오
四面之坐는 象四時也라
天地嚴凝之氣[6] 始於西南 而盛於西北 此 天地之尊嚴氣也 此 天地之義氣也 天地溫厚之氣 始於東北 而盛於東南 此 天地之盛德氣也 此 天地之仁氣也 主人者 尊賓 故 坐賓於西北 而坐介於西南 以輔賓 賓者 接人以義者也 故 坐於西北 主人者 接人以仁 以德厚者也 故 坐於東南 而坐儐於東北 以輔主人也 仁義接 賓主 有事 俎豆 有數[7]曰聖 聖[8]立而將之以敬曰禮 禮以體長幼[9]曰德 德也者 得於身也 故 曰 古之學術道者[10]將以得身也 是故 聖人 務焉

1) 介儐(개준) : 개는 손을 보좌하는 사람. 준은 주인을 보좌하는 사람.

2) 三賓(삼빈) : 많은 손님 중의 세 사람의 장로(長老).

3) 三光(삼광) : 해와 달과 별.

4) 月之三日(월지삼일) : 초사흗날의 초승달.

5) 魄(백) : 달에서 형체는 있으면서 광채가 없는 부분.

6) 嚴凝之氣(엄응지기) : 굳게 얼어붙은 기운.

7) 有數(유수) : 수에 맞게 있다. 절도있게 수에 맞다.

8) 聖(성) : 통달(通達). 통명(通明).

9) 體長幼(체장유) : 장유(長幼)의 차례가 성립되다. 체(體)는 성립(成立)된

다는 뜻.

10) 學術道者(학술도자) : 예도(藝道)를 배우려는 자.

3. 예를 먼저 하고 재물을 뒤로 한다

제천(祭薦)하고 제주(祭酒)하는 것은 예(禮)를 공경하는 것이요, 폐(肺)를 씹는 것은 예를 맛보는 것이요, 술을 입에 대는 것은 예를 이루는 것이다.

이것을 자리의 끝에서 행하는 것은 그것이 자리의 바름을 말하는 것이요, 오로지 음식(飮食)을 먹기 위한 것이 아니고 예를 행하기 위한 것이니 이것은 예를 귀하게 여기고 재물을 천하게 여기는 까닭이다.

졸치(卒觶 : 술을 한 번에 비우는 일)하고 치실(致實)하는 것을 서쪽 계단 위에서 행하는 것은 그것이 자리의 바름을 말하는 것이요, 오로지 음식을 먹기 위한 것이 아니니 이것은 예를 먼저 하고 재물을 뒤로 한다는 뜻이다.

예를 먼저 하고 재물을 뒤로 하면 백성들 사이에 공경하고 사양하는 마음이 생겨서 서로 다투지 않게 된다.

祭薦祭酒[1] 敬禮也 嚌肺[2] 嘗禮也 啐酒[3] 成禮也 於席末[4] 言是席之正 非專爲飮食也 爲行禮也 此 所以貴禮而賤財也 卒觶[5] 致實[6] 於西階上 言是席之上 非專爲飮食也 此 先禮而後財之義也 先禮而後財 則民 作敬讓 而不爭矣

1) 祭薦祭酒(제천제주) : 제천은 주인이 올린 음식을 손이 즉석에서 제사하는 일. 제주는 제천(祭薦)하고 나서 다시 손이 술로 제사하는 일.

2) 嚌肺(제폐) : 제주(祭酒)하고 나서 손이 조(俎)에 놓인 폐(肺)를 맛보는 일.

3) 啐酒(쵀주) : 술을 입에 대어 조금 맛보는 일.

4) 席末(석말) : 자리의 끝. 자리의 서쪽 머리를 말한다.

5) 卒觶(졸치) : 잔에 든 술을 한꺼번에 비우는 일.

6) 致實(치실) : 잔에 가득 담긴 술을 다 마시는 일.

4. 향음주례는 노인을 봉양할 줄 알게 하는 것

향음주(鄕飮酒)의 예(禮)에서 60세 된 사람은 앉고 50세 된 사람은 서서 모시고 정사(政事)와 역사(役事)를 듣는 것은 어른을 존경하는 것을 밝히려는 까닭이다.

60세 된 사람에게는 3두(豆)를 놓고, 70세 된 사람에게는 4두(豆)를 놓고, 80세 된 사람에게는 5두(豆)를 놓고, 90세 된 사람에게는 6두(豆)를 놓는데, 이것은 노인을 봉양하는 것을 밝히려는 까닭이다.

백성이 어른을 존경하고 노인을 봉양할 줄을 안 뒤에라야 집안에 들어가 효제(孝悌)할 수 있는 것이며, 백성이 집안에 들어가 효제하고 밖에 나와 어른을 존경하고 노인을 봉양한 뒤에라야 가르침이 이루어지며, 가르침이 이루어진 뒤에라야 나라가 편안할 수 있는 것이다.

군자가 효(孝)라고 말하는 것은 집에 이르러서 날마다 그것을 보이는 것이 아니다. 모든 향사(鄕射)의 예에 맞게 하며 향음주(鄕飮酒)의 예(禮)로 그것을 가르쳐서 효제의 행(行)이 세워지게 하는 것이다.

鄕飮酒之禮 六十者 坐 五十者 立侍 以聽政役 所以明尊長[1]也 六十者 三豆[2] 七十者 四豆 八十者 五豆 九十者 六豆 所以明養老[3]也 民 知尊長養老而后 乃能入孝弟[4] 民 入孝弟 出尊長養老 而后 成敎 成敎而后 國可安也 君子之所謂孝者 非家至而日見之[5]也 合諸鄕射 敎之鄕飮酒之禮 而孝弟之行 立矣

1) 尊長(존장) : 어른을 존경하다.

2) 三豆(삼두) : 두(豆)는 나무로 만든 제기(祭器)이며, 세 접시로 풀이된다.

3) 養老(양로) : 노인을 봉양하다.

4) 孝弟(효제) : 효제(孝悌)와 같다.

5) 日見之(일견지) : 날로 그것을 보이다.

5. 세 번 읍하고 계단에 오른다

공자가 말하였다.

"내가 향음주(鄕飮酒)를 보고 교화(敎化)의 근본은 어진 사람을 높이고 어른을 숭상하는 것임을 알겠다. 주인이 친히 손과 개(介)를 초청하거든 많은 손이 스스로 그를 따라 문 밖에 이르면 주인이 손과 개(介 : 손을 보좌하는 사람)에게 절하고, 많은 손이 스스로 들어오니 귀천(貴賤)의 도리가 분별되는 것이다.

3번 읍(揖)하여 계단에 이르며, 3번 사양하여 손이 당(堂)에 오르며, 손이 이르기를 기다려 절하고 헌수(獻酬)하니 사양하는 절차가 성(盛)하다. 개에 이르러서는 생략하며, 많은 손에 이르러서는 당에 올라가 앉아서 제사하고 서서 마시는 것은 받고 작(酢)하지 않고 내려오니 융성하게 하고 줄이는 것의 의(義)가 분별되는 것이다.

孔子 曰 吾觀於鄕[1] 而知王道之易易也[2] 主人 親速賓及介 而衆賓 自從之 至于門外 主人 拜賓及介 而衆賓 自入 貴賤之義別矣 三揖至于階 三讓以賓升 拜至獻酬讓之節 繁 及介省矣 至于衆賓 升受坐祭立飮 不酢而降 隆殺[3]之義 辨矣

1) 鄕(향) : 향음주(鄕飮酒).

2) 易易也(이이야) : 교화(敎化)의 근본은 어진 사람을 높이고 어른을 숭상하는 것이라는 뜻.

3) 隆殺(융쇄) : 융(隆)은 높은 자에게 예가 더욱 높아지는 것. 쇄(殺)는 낮은

자에게는 예가 더욱 줄어드는 것.

6. 향음주에서 연주하는 음악은

악정(樂正)이 들어와 당(堂)에 올라가 노래 세 편을 마치면 주인이 그에게 술잔을 올리며, 생황(笙簧) 부는 사람이 들어와 당 아래에서 세 편의 곡조 불기를 마치면 주인이 또 술잔을 올린다.

당(堂) 위와 당 아래에서 교대로 세 편의 곡을 마치고 노래와 반주가 합하여 세 번을 마치면 악정이 음악이 갖추어졌음을 알리고 드디어 나간다.

그러면 한 사람이 술잔을 들어 이에 사정(司正)을 세우니, 능히 화락(和樂)하여 예를 잃지 않음을 알 수 있다.

工[1]入 升歌三終[2] 主人 獻之 笙[3]入三終 主人 獻之 間歌[4]三終 合樂[5]三終 工 告樂備 遂出 一人 揚觶 乃立司正焉 知其能和樂而 不流[6]也

1) 工(공) : 악정(樂正).

2) 歌三終(가삼종) : 세 편의 노래를 마친다는 뜻. 녹명(鹿鳴) 사모(四牡) 황 황자화(皇皇者華)의 3편의 시를 노래 부르는 것으로 한 편씩 끝나는 것을 종이라 한다.

3) 笙(생) : 생황(笙簧)을 부는 사람. 남해(南陔) 백화(白華) 화서(華黍)의 3편을 부르는데 당 아래에서 분다.

4) 間歌(간가) : 간(間)은 대(代)와 같으니, 당상(堂上)과 당하(堂下)에서 교대로 노래를 부르는 일. 먼저 당 위에서 어리(魚麗)를 부르면 당 아래에서 유경(由庚)을 분다. 다음에 당 위에서 남유가어(南有嘉魚)를 부르고 당 아래에서 승구(崇丘)를 불고 마지막으로 당 위에서 남산유대(南山有臺)를 부르고 당 아래에서 유의(由儀)를 분다.

5) 合樂(합악) : 노래와 반주(伴奏)가 섞이는 것. 악정이 관저(關雎)를 부르

면 작소(鵲巢)를 불어 합하고, 악정이 갈담(葛覃)을 부르면 채번(采蘩)으로 합하고, 악정이 권이(卷耳)를 부르면 채빈(采蘋)으로 합한다.

6) 不流(불류) : 예(禮)를 잃지 않다. 유(流)는 실례(失禮).

7. 귀천이 밝혀지면 융성과 생략이 분별된다

손〔賓〕이 주인에게 잔을 돌리고, 주인이 개(介)에게 잔을 돌리고, 개가 많은 손〔衆賓〕에게 잔을 돌리는데, 젊은이와 어른은 연령의 순으로써 하고 허드렛일 하는 사람에게 이르러 마친다. 그 어른에게 공손하게 하여 빠뜨리는 것이 없는 것을 알 수 있다.

내려왔다가 신을 벗고 올라가 앉아서 잔을 돌리는 일이 헤아릴 수가 없는데 음주(飮酒)의 절차를 아침에는 아침의 일을 폐(廢)하지 않고 저녁에는 저녁 일을 저버리지 않으며, 손이 나가면 주인이 절하여 보내 문장(文章)을 절제함이 마침내 이루어진다. 그 연회가 편안하고 어지럽지 않은 것을 능히 알 수 있다.

귀천(貴賤)이 밝혀지며, 융성하게 하고 덜어내는 것이 분별되며, 화락(和樂)하되 예를 잃지 않으며, 어른에게 공손하여 빠뜨리는 것이 없으며, 잔치가 편안하고 어지럽지 않으니, 이 5가지 행함은 넉넉히 그것으로써 몸을 바르게 가지고 나라를 편안하게 할 것이다.

저 나라가 편안하면 천하가 편안할 것이므로 "내가 향음주(鄕飮酒)를 보고 교화의 근본은 어진 사람을 높이고 어른을 숭상하는 것임을 알겠다."라고 말한 것이다.

賓이 酬主人 主人酬介 介酬衆賓 少長 以齒[1] 終於沃洗者[2]焉 知其能弟長而無遺矣

降說屨[3] 升坐[4] 脩爵無數 飮酒之節 朝不廢朝 莫不廢夕 賓出 主人 拜送 節文[5] 終遂[6]焉 知其能安燕[7]而不亂也

貴賤 明 隆殺辨 和樂而不流 弟長而無遺 安燕而不亂 此五行者
足以正身安國矣 彼國安而天下安 故 曰 吾觀於鄉 而知王道之易
易也

1) 以齒(이치) : 연치(年齒)로써 한다. 곧 연령 순으로써 한다.

2) 沃洗者(옥세자) : 허드렛일을 하는 사람.

3) 降說屨(강탈구) : 내려왔다가 신발을 벗다. 탈(說)은 탈(脫)과 같다.

4) 升坐(승좌) : 당에 올라가 앉다.

5) 節文(절문) : 문장(文章)을 절제하다.

6) 終遂(종수) : 충분히 갖추어지다. 마침내 이루다.

7) 安燕(안연) : 연회가 편안하다. 연(燕)은 연(宴)과 같다.

8. 개〔犬〕는 동쪽에서 삶고 씻는다

향음주(鄉飮酒)의 의의에 손을 세워 그로써 하늘을 상징하고,
주인을 세워 그로써 땅을 상징하고, 개(介)와 준(僕)을 세워 그
로써 일월(日月)을 상징하고, 3명의 손〔賓〕을 세워 해와 달과 별
을 상징하는 것이다. 옛날의 예의를 제정한 것이 하늘과 땅을 날
줄로 삼고 해와 달을 벼리로 삼아 해와 달과 별을 참여하게 한 것
은 정치와 교육의 근본인 것이다.

동쪽에서 개〔犬〕를 삶는 것은 양기(陽氣)가 동쪽에서 피어나
는 것을 본받는 것이요, 그것을 씻는 자리가 동쪽 계단에 있고 그
물이 씻는 자리의 동쪽에 있는 것은 하늘과 땅의 동해(東海)를
본받는 것이다.

현주(玄酒)가 있는 것을 높이는 것은 백성이 근본을 잊지 않
도록 가르치는 것이다.

鄉飮酒之義 立賓以象天 立主以象地 設1)介僕以象日月 立三賓
以象三光 古之制禮也 經2)之以天地 紀3)之以日月 參4)之以三光 政

敎之本也

　烹狗於東方 祖⁵⁾陽氣之發於東方也 洗之在阼 其水在洗東 祖天
地之左海⁶⁾也

　尊有玄酒는 敎民不忘本也라

1) 設(설) : 입(立)과 같다. 세우다.

2) 經(경) : 날줄. 곧 기(紀)의 본(本)이다.

3) 紀(기) : 벼리. 곧 경(經)이 되는 단서다.

4) 參(참) : 참여하다. 모시다.

5) 祖(조) : 본받다. 법(法)의 뜻.

6) 左海(좌해) : 동해(東海).

9. 손[賓]은 반드시 남쪽을 향한다

　손[賓]은 반드시 남쪽을 향한다. 동쪽 방향은 봄이다. 봄은 준
(蠢)이라고 말하는데, 만물을 생산하는 것은 성(聖)이다.

　남쪽 방향은 여름이다. 여름은 가(假)라고 말하는데, 기르고
성장시키고 크게 하는 것은 인(仁)이다.

　서쪽 방향은 가을이다. 가을은 수(愁)라고 말하는데, 그것을 모
아 거두어 들이고 때로는 살피는 것은 의(義)를 지키는 것이다.

　북쪽 방향은 겨울이다. 겨울은 중(中)이라고 말하는데, 중이라
는 것은 장(藏)이다.

　그래서 천자가 서려면 성(聖)을 왼편으로 하여 인(仁)을 향하
고, 의(義)를 오른편으로 하여 장(藏)을 등지는 것이다.

　賓必南鄉 東方者 春 春之爲言 蠢¹⁾也 産萬物者 聖²⁾也 南方者
夏 夏之爲言 假³⁾也 養之長之 假之仁⁴⁾也 西方者 秋 秋之爲言
愁⁵⁾也 愁之以時察 守義者也 北方者 冬 冬之爲言 中也 中者 藏⁶⁾
也 是以天子之立也 左聖鄉仁 右義偝藏也

1) 蠢(준) : 준동(蠢動). 곧 생(生)의 모습이다.

2) 聖(성) : 생성(生成)을 뜻한다.

3) 假(가) : 크다는 뜻. 곧 크게 자라게 한다는 뜻.

4) 仁(인) : 은의(恩義)를 뜻한다.

5) 愁(수) : 수(挈)와 같으며, 거두어 들인다는 뜻.

6) 藏(장) : 갈무리하다. 감추다.

10. 예는 정치와 교육의 근본이다

개(介 : 손님을 돕는 사람)는 반드시 동쪽을 향하는데 그 손과 주인의 중간에 위치한다.

주인은 반드시 동방에 있는데 동쪽 방향은 봄이다. 봄은 준(蠢)이라 말하는데 만물을 생산하는 것이다. 주인은 그것을 만들었으니 만물을 생산하는 것이다.

달은 초사흘날이면 백(魄)을 이루고, 석 달이면 계절을 이룬다.그래서 예(禮)에는 세 번 사양하는 것이 있다.

나라를 세우는 데에는 반드시 삼경(三卿)을 세운다. 향음주의 예에서 삼빈(三賓)을 세우는 것은 정치와 교육의 근본이며, 예(禮)를 크게 가지런히 하는 것이다.

介必東鄕 介賓主[1]也 主人 必居東方 東方者 春 春之爲言 蠢也 産萬物者也 主人者 造之[2] 産萬物者也 月者 三日則成魄 三月則成時[3] 是以禮有三讓 建國 必立三卿 三賓者 政敎之本 禮之大參也

1) 介賓主(개빈주) : 여기서의 개(介)는 간(間)과 같은 뜻이므로, 빈과 주인의 중간이라는 뜻.

2) 造之(조지) : 그것을 만들다. 곧 향음주의 예를 만들었다는 뜻.

3) 成時(성시) : 때가 이루어지다. 곧 춘하추동의 네 계절이 이루어진다는 뜻.

시간과 공간을 초월하여
영원한 고전으로 남아질 수 있는
과거속의 유산을 캐내어
메마른 우리들의 마음밭을
기름지게 가꾸어 줄 수 있는—

자유문고의 책들

1.정관정요
오 긍 지음/편집부 해역

당나라 이후 중국의 역대왕실이 모든 제왕의 통치철학으로 삼아오던 이 저서는 일본으로 건너가「도꾸가와 이에야스(德川家康)」가 일본 통일의 기틀을 마련하는데 큰 힘이 되었다.

● 258쪽/값 6,000 원 〈5쇄〉

2.식 경
편집부 편역

어떤 음식을 어떻게 섭취하면 몸에 좋은가? 어떻게 하면 건강하게 무병장수 할 수 있는가 등등. 옛 중국인들의 음식물 조리와 저장방법 등 예방의학적 관점에서 그 해답을 얻을 수 있다. 〈5쇄〉

● 258쪽/값 6,000 원

3.십팔사략
증선지 지음/이준영 해역

고대 중국의 3황 5제에서부터 송나라 말기까지 유구한 역사의 노정에서 격랑에 휘말린 인물과 사건을 시대별로 나눈 5천년 중국사를 한눈에 볼 수 있는 역사서. 〈6쇄〉

● 258쪽/값 6,000 원

4.소 학
조형남 해역

자녀들의 인격 완성을 위하여 성인이 되기 전 한번쯤 읽어야 하는 고전. 아름다운 말, 착한 행동, 교육의 기초 등, 인간이 지켜야 할 예절과 우리 선조들의 예의범절을 되돌아 볼 수 있다. 〈4쇄〉

● 328쪽/값 7,000 원

5.대 학
鄭佑永 해역

사회생활에서 지도자가 되거나 조직의 일원이 될 때 행동과 처세, 자신의 수양, 상하의 관계 등에 도움은 물론, 훌륭한 지도자로 성장할 수 있도록하는 조직관리의 길잡이이다. 〈3쇄〉

● 160쪽/값 5,000 원

6.중 용
曹康煥 해역

인간의 성(性)·도(道)·교(敎)의 구체적인 사항을 제시하였다. 도(道)와 중화(中和)는 항상 성(誠)을 가지고 살아가야 한다는 것과 귀신에 대한 문제 등이 심도있게 논의됐다. 〈3쇄〉

● 168쪽/값 5,000 원

7.신음어
呂 坤 지음/편집부 편역

한 국가를 경영하는 요체로써 인간의 마음, 인간의 도리, 도를 논하는 방법, 국가공복의 의무, 세상의 운세 그리고 성인과 현인, 국가를 경영하는 요체 등을 주제로 한 공직자의 필독서이다. 〈2쇄〉

● 256 쪽/값 6,000 원

8.논 어
金相培 해역

공자와 제자들의 사랑방 대화록. 공자(孔子)의 '배우고 때때로 익히면 즐겁지 아니한가.'로 시작되는 논어를 통해 공문 제자의 교육법을 알 수 있다. 〈5쇄〉

● 376 쪽/값 8,000 원

9.맹 자
全壹煥 해역

난세를 다스리는 정치철학. 백성이란 생활을 유지할 생업이 있어야 변함없는 마음을 가질 수 있고, 생업이 없으면 변함없는 마음을 가질 수 없다. 〈4쇄〉

● 464쪽/값 10,000 원

10.시 경

李相鎭·黃松文 해역

공자는 시(詩) 3백편을 한마디로 대변한다면 '사무사(思無邪)'라고 했다. 옛 성인들은 시경을 인간의 마음을 정화시키는 중요한 교육서로 삼았다. 각 시에 관련된 그림도 수록되어 있다. 〈2쇄〉

● 576쪽/값 12,000 원

11.서 경

李相鎭·姜明官 해역

요순(堯舜)시대부터 서주(西周)시대까지의 정사(政事)에 관한 모든 문서(文書)를 공자(孔子)가 수집하여 편찬한 책이다. 유학의 정치에 치중한 경전의 하나.

● 444쪽/값 6,000 원

12.주 역

梁鶴馨·李俊寧 해역

주역은 신성한 경전도 신비한 기서(奇書)도 아니다. 보는 자의 관점에 따라 판단을 내리도록 하는 것이 역의 기본이치이다. 주역은 하나의 암시로 그 암시를 통해 문제를 해결해 나가는 것이다. 〈4쇄〉

● 496쪽/값 12,000 원

13.노자도덕경

노재욱 편저

난세를 쉽게 사는 생존철학으로 인생은 속절없고 천지는 유구하다. 천지가 유구한 것은 무위 자연의 도를 수행하고 있기 때문이다. 제일 귀중한 것은 자기의 생명이다 라고 했다. 〈4쇄〉

● 272쪽/값 7,000 원

14.장 자

노재욱 편저

바람따라 구름따라 정처없이 노닐며 온 천하의 그 무엇에도 속박되는 것 없이 절대 자유로운 삶을 영위하는 소요유에서부터 제물론, 응제왕편 등 장주(莊周)의 자유무애한 삶의 이야기이다. 〈3쇄〉

● 260쪽/값 6,000 원

15.묵 자

박문현·이준영 해역

묵자(墨子)는 '사랑'을 주창한 철학자이며 실천가이다. 묵자의 이론은 단순하지만 그 이론을 지탱하는 무게는 끝없이 크다. 묵자의 '사랑'은 구체적이고 적극적이다.

● 552쪽/값 10,000 원

16.효 경

朴明用·黃松文 해역

효도의 개념을 정립한 것. 공자의 제자인 증자(曾子)는 효도의 마음가짐이 뛰어났다. 이 점을 간파한 공자가 증자에게 효도에 관한 언행을 전하여 기록하게 한 효의 이론서이다. 〈2쇄〉

● 232쪽/값 4,000 원

17.한비자(상·하)

노재욱·조강환 해역

약육강식이 횡행하던 춘추전국시대에 순자의 성악설(性惡說)을 사상적 배경으로 받아들여 법의 절대주의를 역설하였다. 법 위주의 냉엄한 철학으로 이루어졌다. 〈3쇄〉

● 상·532 쪽/값 10,000 원 ● 하·512 쪽/값 9,000 원

18.근사록

정영호 해역

내 삶의 지팡이. 송(宋)나라의 논어(論語)라 일컬어진 『근사록』은 송나라 성리학(性理學)을 집대성한 유학의 진수이다. 높은 차원의 철학적 사상과 학문이 쉽고 짧은 문장으로 다루어졌다. 〈4쇄〉

● 424쪽/값 8,000 원

19.포박자

갈 홍 지음/장영창 편역

불로장생(不老長生), 이것은 모든 인간의 소망이며 기원의 대상이다. 인간은 죽음을 초월할 수 있는가? 불로불사(不老不死)의 약은 있는가? 등등. 인간들이 궁금해 하는 사연들이 조명되었다. 〈5쇄〉

● 280쪽/값 6,000 원

20.여씨춘추 (12紀·8覽·6論)

鄭英昊 해역
● 12紀·376쪽/값 7,000 원
● 8覽·464쪽/값 9,000 원
● 6論·240쪽/값 4,000 원

진시황의 생부인 여불위(呂不韋)가 문객과 함께 심혈을 기울여 이룩한 저서로 사론서(史論書)이다. 유가(儒家)·도가(道家)·묵가(墨家)·병가(兵家)·명가(名家) 등의 설을 취합하고 있다. 『12기, 8람, 6론』으로 나뉘어 3천여 학자가 참여한 선진(先秦)시대의 학설과 사상을 총망라하여 다룬 백과전서. 〈2쇄〉

21. 고승전

혜 교 저/유월탄 편역

중국대륙에 불교가 들어 오면서 불가(佛家)의 오묘 불가사의한 행적들과 중국으로 전파되는 전도과정에서의 수난과 고통, 수도과정에서 보여주는 고승들의 행적 등을 기록한 기록문. 〈2쇄〉

● 260쪽/값 4,000 원

22. 한문입문

최형주 해역

조선시대의 유치원 교육서라고 하는 천자문, 이천자문, 사자소학, 계몽편, 동몽선습이 수록됨. 또 관혼상제 등과 가족의 호칭법 등이 나열되고 간단한 제상차리는 법 등이 요약되었다. 〈3쇄〉

● 232쪽/값 5,000 원

23. 열녀전

劉 向 저/박양숙 해역

역사에 큰 발자취를 남긴 89명의 여인들을 다룬 여성의 전기이다. 총 7권으로 구성되었으며 옛여성들이 지킨 도덕관을 한 눈에 볼 수 있는 교양서.

● 416쪽/값 7,000 원

24. 육도삼략

조강환 해역

병법학의 최고봉인 무경칠서(武經七書) 가운데 두 가지의 책으로 3군을 지휘하고 국가를 방위하는데 필요한 저서이다. 『육도』와 『삼략』의 두 권이 하나로 합한 것이다. 〈3쇄〉

● 296쪽/값 7,000 원

25. 주역참동계

최형주 해역

『주역참동계(周易參同契)』란 주나라의 역(易)이 노자의 도(道)와 연단술(練丹術)과 서로 섞여 통하며 『주역』과 연단은 음양을 벗어나지 못하며 노자의 도는 음양이 합치된다고 하였다. 〈3쇄〉

● 272쪽/값 6,000원

26. 한서예문지

이세열 해역

반고(班固)가 찬한 『한서(漢書)』 제30권에 들어 있는 동양고전의 서지학(書誌學)의 대사전이다. 한(漢)나라 이전의 모든 고전을 일목요연하게 볼 수 있는 서지학의 원조이다.

● 328쪽/값 7,000 원

27. 대대례

박양숙 해역

『대대례』의 정식 명칭은 『대대예기』이며 한(漢)나라 대덕(戴德)이 편찬한 저서로 공자(孔子)와 그의 제자들이 예에 관한 기록의 131편을 수집하여 집대성한 것이다.

● 344쪽/ 값 8,000원

28. 열 자

柳坪秀 해역

『열자』의 학문은 황제(黃帝)와 노자(老子)에 근본을 삼았고 열자 자신을 호칭하여 도가(道家)의 중시조라고 했다. 『열자』는 내용이 재미가 있고 어렵지 않은 것이 특징이다.

● 304쪽/값 7,000원

29. 법 언

揚雄 지음 / 崔亨柱 해역

전한(前漢)시대 사마상여(司馬相如)의 영향을 받아 대문장가가된 양웅(楊雄)의 문집이다. 양웅은 오로지 저술에 의해 이름을 남기고자 힘써 저술에 전념하였다.

● 312쪽/값 7,000원

30. 산해경

崔亨柱 해역

『산해경(山海經)』은 문학·사학·신화학·지리학·민속학·인류학·종교학·생물학·광물학·자원학 등 제반 분야를 총망라한 동양 최고의 기서(奇書)이며 박물지(博物志)이다.

● 408쪽/값 10,000 원　　　　〈3쇄〉

31. 고사성어 (세상이 보인다 돋보기 엿보기)

송기섭 지음
● 304쪽/값 7,000 원

일상생활에서 많이 쓰이는 중심되는 125개의 고사성어가 생기게 된 유래를 밝히고 1,000여개 고사성어의 유사언어와 반대되는 말, 속어, 준말, 자해(字解) 등을 자세하게 실어 이해를 도왔다. 〈3쇄〉

32. 명심보감·격몽요결

박양숙 해역
● 280쪽/값 6,000원

인간 기본 소양의 명심보감과 공부하는 지침을 가르쳐 주는 격몽요결, 학교의 운영과 학생들의 행동에 대한 모범안을 보여주는 율곡 이이(李珥) 선생의 학교모범으로 이루어졌다.　〈2쇄〉

33. 이향견문록

劉在建 엮음 / 李相鎭 해역
● 상·352쪽/값 8,000원 ● 하·352쪽/값 8,000원

일반적으로 많이 알려지지 않은 숨은 이야기 모음이다. 소문으로 알려져 있는 평범한 이야기도 있고, 기이한 이야기도 있고, 유명한 사람의 이야기를 능가하는 이야기도 있다.

34. 성학십도와 동국십팔선정

이상진 外 2인 해역
● 248쪽/값 6,000원

성학십도는 어린 선조(宣祖)가 성군(聖君)이 되기를 바라는 마음에서 퇴계 이황이 마지막 충절을 다해 집필한 것이다.
동국십팔선정은 우리나라 사람으로서 성균관의 문묘(文廟)에 배향(配享)된 대유학자 18명의 발자취를 나열한 것이다.　〈2쇄〉

35. 시자

신용철 해역
● 240쪽/값 6,000원

진(秦)나라 재상 상앙의 스승이었다는 시교의 저서로 인의(仁義)를 바탕에 깔고 유가(儒家)의 덕치(德治)를 바탕으로 '정명(正名)과 명분(名分)'을 내세워 형벌을 주창하였다.

36. 유몽영

張潮 지음·박양숙 해역
● 240쪽/값 6,000원

장조(張潮)가 쓴 중국 청대(淸代)의 수필 소품문학의 백미(白眉)로, 도학자(道學者)다운 자세와 차원높은 은유로 인간의 진솔한 삶의 방법과 존재가치를 탐구하였다.

37. 채근담

朴良淑 해역
● 288쪽/값 7,000원

명(明)나라 때 홍자성(洪自誠)이 지은 저서로 하늘의 이치와 인간의 정(情)을 근본으로 삼아 덕행을 숭상하고 명예와 이익을 가볍게 보아 담박한 삶의 참맛을 찾는 길을 모색하였다.

38. 수신기

干寶 지음/전병구 번역
● 462쪽/값 10,000원　〈2쇄〉

동진(東晉)의 간보(干寶)가 지은 것으로 '신괴(神怪)한 것을 찾다'와 같이 '귀신을 수색한다'의 뜻으로 신선, 도사, 기인, 괴물), 귀신 등등의 이야기로 이루어져 있다.

39. 당의통략

이덕일, 이준영 해역
● 457쪽/값 10,000원

조선 말기의 정치가이며 학자인 이건창이 지은 책으로 선조(宣祖) 때부터 영조(英祖) 때까지의 당쟁사이다. 음모와 모략, 드디어 영조가 대탕평을 펼치게 되는 일에서 끝을 맺었다.

40. 거울로 보는 관상 (원제 : 麻衣相法)

辛盛銀 엮음
● 400쪽/값 15,000원

달마조사와 마의선사의 상법(相法)을 300여 도록을 완비하여 넣고 완전 현대문으로 재해석하여 누구나 쉽게 알 수 있도록 꾸민 관상학의 해설서

41. 다경

박양숙 해역
● 240쪽/값 7,000원

당(唐)나라 육우(陸羽)의 『다경(茶經)』과 일본의 영서(榮西)선사의 『끽다양생기』를 합하여 현대문으로 재해석하고 도록으로 차와 건강을 설명하여 전통차의 효용성과 커피의 실용성을 겯들여 다루었다.

42. 음즐록

鄭佑永 해역
● 176쪽/값 6,000원

사회에 공헌을 하고 선행을 많이 쌓아 자신이 타고난 운명을 바꿀 수 있다는 저서. 음즐이란 말은 "하늘이 아무도 모르게 사람의 행하는 것을 보고 화와 복을 내린다'는 뜻에서 딴 것이다. 어떠한 행동이 얼마만큼의 공덕에 해당하는 가에 대한 예시도 해놓았다.

43. 손자병법

趙日衡 해역
● 272쪽/값 7,000원

혼란했던 춘추시대에 태어나 약육강식의 시대를 살며 터득한 경험을 이론으로 승화시킨 손자의 병법서. 전투에서 승리하는 데 필요한 모든 형세과 지형과 기세 등을 살펴 계략을 세우고 실행하는 것에 대한 설명. 현대인들에게는 처세술의 대표적인 책으로 알려졌다.

44. 사경

김해성 해역
● 288쪽/값 9,000원

'사람을 쏘려거든 먼저 사람을 쏘아라'라는 부제가 대변해 주듯이 활쏘기의 방법에 대한 개론이다. 활쏘기에 필요한 도구와 마음가짐, 손동작, 발 디디기, 몸가짐, 제도 등의 올바른 것을 제시하여 활쏘기 자체를 초월한 도(道)의 경지에 오르는 길을 설명하였으며, 활쏘기는 궁극적으로 덕(德)을 쌓는 길임을 말하고 있다. 관련된 도록을 넣어 보는 재미도 더했고, 본래 사경에는 활을 쏠 때의 예의에 관한 내용이 없어 『예기』에서 활과 관련된 예(禮)의 부분을 발췌하여 수록하였다.

이아

근 간

아주 오래전의 한문 대사전이다. 한문 글자 하나하나의 유래와 뜻과 음을 보여주고 그 글자가 어느 구절에 어떻게 어떠한 뜻으로 쓰였는지에 대해 자세하게 예를 들어가며 적고 있다. 우리가 많이 쓰고 있는 한문 글자 중에서 전혀 예상하지 못하던 글자의 뜻과 음, 그 글자가 쓰이는 구절을 새롭게 알게 된다.

예기(상·중·하)

근 간

옛날 사람들의 생활과 관련된 모든 것을 총망라하여 49편으로 구성해 놓은 생활지침서. 옛날 사람들이 어떤 문화를 가지고 살았으며, 어떤 것에 생활의 무게를 두었는가 하는 것들을 살필 수 있다. 또한 오늘날 그 의의를 되새겨 우리 생활에 접목시킴으로써 보다 나은 생활을 영위하는 데 토대가 될 수 있다.

101. 한자원리해법

金徹泳 엮음
● 232쪽/값 6,000원

한자가 이루어진 원리를 부수를 기본으로 나열하여 쉽게 풀어놓았다. 한자의 기본인 부수가 생겨나게 된 원리를 보여주어 한자에 쉽게 다가갈 수 있게 하였다. 〈2쇄〉

102. 쉽게 풀어 쓴 상례와 제례

金昌善 지음
● 248쪽/값 7,000원

편의주의에 밀려난 조상들이 지켰던 상례와 제례를 알기 쉽게 풀어 써서 그 의식에 스며있는 의의를 고찰하고 오늘날의 가정의례준칙상의 상례와 제례와도 비교하였다. 또한 상례와 제례가 실제 거행되는 50여컷의 사진들을 함께 실어 이해를 돕고 있다.

세계를 움직이는 999인의 명언 〈삶의 지혜를 주는 책〉

유태전 엮음
● 364쪽/값 9,000원

인류를 하나로 묶어 주는 언어를 통해 시대의 정신적 질병을 치료해 주는 999인의 명언을 모아 불안과 공포에 시달리는 현대인들에게 위안을 줄 수 있도록 꾸민 책.

동양학총서 〔44〕
사경(射經)

■동양학 편집고문
　朴良淑, 金官楷
■동양학 편집위원
　金相培, 金鍾元, 金昌完, 朴文鉉, 朴鍾巨, 宋基燮,
　辛盛銀, 李德一, 李相鎭, 李世烈, 任軒永, 全秉九,
　全壹煥, 曺康煥, 崔桂林, 趙應泰, 黃松文(가나다 順)

교　　열 : 이준영
편　　집 : 홍윤정
교　　정 : 강화진
표지장정 : 윤창율
전산조판 : 태광문화사
인　　쇄 : 남양인쇄
제　　본 : 기성제책사
유　　통 : (주)문화유통북스

판권본소유

단기　4332(서기 1999)년　12월　20일　초판1쇄 인쇄
단기　4332(서기 1999)년　12월　25일　초판1쇄 발행

해역자 — 金 海 星
펴낸이 — 李 俊 寧

펴낸곳 — 자유문고
150 - 046
서울 영등포구 당산동6가 121-73 영등빌딩 B동 401호
전화 · 2637 - 8988 · 676 - 9759(FAX)
등록 · 제2 - 93호(1979. 12. 31)

정가 9,000원　　　　ISBN 89 - 7030 - 045 - 7　　03150